Die Polygraphia des Johannes Trithemius nach der handschriftlichen Fassung

Band 2

Mittellateinische Studien und Texte

Editor

Thomas Haye (*Zentrum für Mittelalter- und Frühneuzeitforschung, Universität Göttingen*)

Founding Editor

Paul Gerhard Schmidt (†) (*Albert-Ludwigs-Universität Freiburg*)

VOLUME 56/2

The titles published in this series are listed at *brill.com/mits*

Die Polygraphia des Johannes Trithemius nach der handschriftlichen Fassung

Edition, Übersetzung und Kommentar

BAND 2

von

Maximilian Gamer

BRILL

LEIDEN | BOSTON

Titelbild: Wien, Österreichische Nationalbibliothek, Cod. 3308, f. 228ʳ: *tabula recta.*

The Library of Congress Cataloging-in-Publication Data is available online at https://catalog.loc.gov
LC record available at https://lccn.loc.gov/2021061406

Typeface for the Latin, Greek, and Cyrillic scripts: "Brill". See and download: brill.com/brill-typeface.

ISSN 0076-9754
ISBN 978-90-04-52508-5 (hardback, set)
ISBN 978-90-04-46709-5 (hardback, vol. 1)
ISBN 978-90-04-50774-6 (hardback, vol. 2)
ISBN 978-90-04-50775-3 (e-book, vol. 1)
ISBN 978-90-04-50776-0 (e-book, vol. 2)

Copyright 2022 by Koninklijke Brill NV, Leiden, The Netherlands.
Koninklijke Brill NV incorporates the imprints Brill, Brill Nijhoff, Brill Hotei, Brill Schöningh, Brill Fink,
Brill mentis, Vandenhoeck & Ruprecht, Böhlau and V&R unipress.
All rights reserved. No part of this publication may be reproduced, translated, stored in a retrieval system,
or transmitted in any form or by any means, electronic, mechanical, photocopying, recording or otherwise,
without prior written permission from the publisher. Requests for re-use and/or translations must be
addressed to Koninklijke Brill NV via brill.com or copyright.com.

This book is printed on acid-free paper and produced in a sustainable manner.

parentibus semper faventibus

Inhalt

Abbildungsnachweis IX

Vorbemerkungen 1

Handschriften 2

Drucke 14

Die (Pseudo-) Autographen 24

Recensio 29

Editionsprinzipien 32

Polygraphia Ioannis Tritemii 37
Ad imperatorem maximilianum 39
Prefacio 40
Pinax 42
Liber primus 45
Liber secundus 239
Liber tercius 395
Liber quartus 428
Liber quintus 458
Liber sextus 479
Appendix i: Ad germanum de ganai 500
Appendix ii: Diadoses ex polygraphia 501

Abbildungsnachweis

Die Abbildungen aus **W** (Wien, ÖNB, Cod. 3308) sind dem Digitalisat der Österreichischen Nationalbibliothek entnommen http://data.onb.ac.at/rec/AC13951146 (11.07.2021).

›alphabetum ex praeceptis grammaticalibus caroli magni‹, Schlüssel, **W**, 241^v 483
›alphabetum ex praeceptis grammaticalibus caroli magni‹, Muster, **W**, 242^r 484
›alphabetum scitorum‹, Geheimalphabet, **W**, 243^r 485
›alphabetum scitorum‹, Muster, **W**, 243^v 485
›aliud alphabetum otfridi‹, Schlüssel, **W**, 244^r 486
›aliud alphabetum otfridi‹, Muster, **W**, 244^r 486
›alphabetum ad arbitrium confictum‹, Schlüssel, **W**, 244^v 487
›alphabetum ad arbitrium confictum‹, Muster, **W**, 244^v 487
›alphabetum ⟨aet⟩hici‹, Schlüssel, **W**, 245^r 488
›alphabetum ⟨aet⟩hici‹, Muster, **W**, 245^r 488
›alphabetum normannorum‹, Schlüssel, Muster, **W**, 245^v 489
›alphabetum pharamundi‹, Muster, **W**, 245^v 489

Vorbemerkungen

Die Überlieferung der *Polygraphia* umfasst für die handschriftliche Fassung vier vollständige Handschriften und eine Teilhandschrift; die von Arnold als verschollen ausgewiesene sechste Teilhandschrift Coburg, LB, cod. S IV2, 65 cart,[1] heute Ms 24, erwies sich als von der Druckfassung abhängiges Exzerpt. Die Druckfassung umfasst sechs lateinische Drucke, von ihr abhängig ist die rezeptionsgeschichtlich relevante französische Übersetzung und Adaption von Gabriel de Collange. Der *Polygraphia* nahe assoziiert sind die *Diadoses*, für die ein handschriftlicher Zeuge vorliegt. Folgend wird, auch wenn diese Edition eine der handschriftlichen Fassung ist, ein vollständiger Überblick über alle Textzeugen, also auch diejenigen der Druckfassung gegeben. Für die Beschreibungen wird die paläographische Terminologie von Derolez genutzt.[2] Wasserzeichen werden nach den Referenznummern des Wasserzeichen-Informationssystem (WZIS) gegeben, soweit sie sich einem erfassten Zeichen zuordnen lassen. Die Lagen der eng gebundenen, wenig benutzten Papierhandschriften lassen sich nicht durchgängig feststellen, entsprechend sind sie nicht erfasst. Die Foliierung ist für nahezu alle Handschriften ungenau, solange die Seiten eindeutig ausgezeichnet sind, wird hier keine abweichende Zählung eingeführt. Für die Beschreibung der Druckausgaben werden durchgängig die konstanten Abmessungen der Textfelder und die Größe der beiden Haupttypen nach der Methodik von Haebler angegeben,[3] um einen Eindruck von Größe und Beschaffenheit der unter ökonomischem Druck im Verlauf des 16. Jahrhunderts sukzessive bescheidener ausfallenden Ausgaben zu geben.

---

1 Klaus Arnold, *Johannes Trithemius (1462–1516)*, Würzburg ²1991, S. 253, ders., Trithemius, Johannes, in: Deutscher Humanismus 1480–1520. Verfasserlexikon Bd. 2 (2013), Sp. 1089–1122, hier Sp. 1118.

2 Albert Derolez, *The Palaeography of Gothic Manuscript Books. From the Twelfth to the Early Sixteenth Century*, Cambrigde 2003.

3 Also nach der vollen Kegelhöhe über 20 Zeilen, vgl. *Konrad Haebler, Typenrepertorium der Wiegendrucke. Abt. i. Deutschland und seine Nachbarländer*, Halle a. S. 1905, S. x–xi.

Handschriften

W – Wien, Österreichische Nationalbibliothek, Cod. 3308,[1] (zuvor Cod. Ms. Philol. N. 25; Ms. Ambras. 499). Autographe Widmungshandschrift, Würzburg 1508.

Papier einheitlicher Qualität, 313×205 mm, iii+241 ff.; Wasserzeichen: Krone mit zweikonturigem Bügel mit Perle und Kreuz, sechs Perlen am Bügel, Reif mit fünf Perlen und Zacken, darüber fünf Zacken, auf dreien lateinische Kreuze: ‖ 22–23 mm, Breite 38 mm, Höhe 118 mm, entspricht DE6300-PO-52535. Zur ursprünglichen Ausstattung gehört der Goldschnitt mit Prägung: fünfblättrige Blüte[2] zentriert in einem, aus je zwei gepunkteten Linien bestehenden Rautengitter, Punkte an den Schnittpunkten. Der Einband dagegen wurde im 18. Jahrhundert ersetzt. Weißer Ledereinband mit mittiger Goldprägung des Doppeladlers, oben »E. A. B. C. V.« (*Ex Augustissima Bibliotheca Caeserea Vindobonensis*) und unten »17.G. L. B. V. S. B.55« (*Gerardus Liber Baron Van Swieten Bibliothecarius, 1755*). Zu dieser Neubindung gehören auch die Vorsatzblätter. Das vordere mit dem Wasserzeichen einer Lilie mit dreifachem durchgehendem Band ohne Beizeichen, das hintere mit zweikonturiger Ankermarke mit den Buchstaben IMP. Auf dem Buchrücken findet sich neben Autor und Titel die alte Signatur Cod. Ms. Philol. N. 25. Noch vor dieser Neubindung wurde mit bräunlicher Tinte eine allerdings ungenaue Foliierung eingetragen, die von f. 30 zu f. 40 springt.[3] Sie stammt wohl von der gleichen Hand wie die Signatur Ms. Ambras. 499 auf f. i^r, ist also wahrscheinlich dem kaiserlichen Bibliothekar Peter Lambeck nach 1665 zuzuordnen. Der Schriftraum reicht bis zu 160–165×120–125 mm mit einer Bleilinierung zu 24 Zeilen, einer Vorgabe der Wortlisten innerhalb der tabellarischen Anteile, die auch für die Textfelder eingehalten wird. Eine sonst weggeschnittene Lagensignierung *n.4.* findet sich auf f. 108^r unten rechts in roter Tinte, eine weitere *2.F.2* in dunkler Tinte auf f. 245^r.

W ist vollständig von Trithemius' Hand geschrieben, mit der Subskription Ἰωάννης ὁ τριτήμιος γέγραφα jeweils unter den Büchern i–iv identifiziert er sich

---

1 Die bislang detaillierteste beschreibung liefert Franz Unterkircher, *Die datierten Handschriften der österreichischen Nationalbibliothek von 1501 bis 1600*, Wien 1976 (= Katalog der datierten Handschriften in lateinischer Schrift in Österreich Bd. 4), S. 32, Abb. 38 (S. 52).

2 Vgl. Tafel II. ›Stempel des Trithemius-Buchbinders‹, Nr. 2, in Hans Thurn, *Die Handschriften aus benediktinischen Provenienzen*, Wiesbaden 1973 (= Die Handschriften der Universitätsbibliothek Würzburg Bd. 2,1) S. 298, S. xxiii.

3 Entsprechend endet W mit f. 251, diese Zahl gibt Unterkirchner für den Umfang.

© KONINKLIJKE BRILL NV, LEIDEN, 2022 | DOI:10.1163/9789004507753_014

HANDSCHRIFTEN

als Schreiber. Ausstattung und Seitengestaltung entsprechen seinen Gewohnheiten und Ansprüchen. Die Überschriften der Bücher und Kapitel sind in roter Minuskel gleicher Höhe wie derjenigen des Textes ausgeführt. Die erste Initiale eines Kapitels ist immer blau, die Initialen der untergeordneten Abschnitte im Wechsel rot und blau, in der Größe rangieren sie zwischen 3–5 Zeilen Höhe. Majuskeln fungieren nahezu ausschließlich als Satzanfangsmajuskeln und sind rot hinterlegt, im Fall der nachträglich ausgeführten Initialen ist der zweite Buchstabe des betreffenden Wortes entsprechend ausgezeichnet. Im Anhang an die *Diadoses* 63–65 berichtet Trithemius die Widmungshandschrift Kaiser Maximilian persönlich am 8. Juni 1508 in Linz am Rhein übergeben zu haben, an anderer Stelle meint er dagegen sich ohne genaues Datum abweichend zu erinnern, dies sei in Boppard geschehen.[4] **W** muss unmittelbar in die kaiserliche Sammlung nach Innsbruck gekommen sein, ist aber in den erhaltenen Verzeichnissen der Maximilian gehörigen Büchern nicht verzeichnet, später aber im Nachlassinventar Erzherzog Ferdinands II. vom 30. Mai 1596 und findet sich dann in den Ambraser Beständen.[5] Nach deren Sichtung durch den kaiserlichen Bibliothekar Peter Lambeck, der die oben erwähnten Spuren in Form der Ambraser Signatur und der Foliierung hinterließ, kam **W** 1665 in die Wiener Hofbibliothek.[6] 1755 wurde **W** mit einem der van Swieten Einbände neu gebunden.

Einen Eindruck der ursprünglichen Ausstattung vermittelt wahrscheinlich die Widmungshandschrift des *Liber octo quaestionum*, Wien, ÖNB, Cod. 11716,

---

4   Siehe Appendix ii, im Anschluss an die *Diadoses* 63–65 (S. 505) und Bd. 1, S. 41, Anm. 16.

5   Theodor Gottlieb, *Ambraser Handschriften: Büchersammlung Kaiser Maximilians I., mit einer Einleitung über den älteren Bücherbesitz im Hause Habsburg*, Leipzig 1900 S. 79, Anm. 2. Die Bücherbestände des Nachlassinventars Erzherzog Ferdinands II. nach Wien, ÖNB, Cod. 8228 sind erfasst bei *Knihovna arcivévody Ferdinanda II. Tyrolského. Katalog*, hg. von Ivo Purš und Hedvika Kuchařová, Praha 2015. **W** ist erfasst unter 5Co č. 216 (S. 411) *Polygraphia Ioannis Trithenii* [!], *in fol.* (für Cod. 8228, f. 596ʳ). Das Inventar listet ferner eine Druckausgabe *Polygraphia Ioannis abbatis Trithenii* [!], *in 4.* 5Co č. 264 (S. 418, für Cod. 8228, f. 598ʳ). Da ein Quartformat angegeben ist, kommen nur **b** oder **f** in Frage, und schließlich eine *Explanatio polygraphiae Ioannis Trithenii* [!], *in 8.* 5Co č. 649 (S. 479, für Cod. 8228, f. 613ʳ), das Octavformat suggeriert, dass es sich um die handschriftliche Fassung der *Clavis Polygraphiae* gehandelt haben könnte.

6   Lambeck listet 500 Handschriften, die nach Wien überführt wurden. Die Ambraser Signaturen entsprechen dieser Zusammenstellung, geben also keinen Rückschluss über die dortige Aufstellung, sondern entstanden bei der Sichtung der Bestände, vgl. etwa den *Horapollon latinus* von Willibald Pirckheimer, heute Wien, ÖNB, Cod. 3255 mit der Signatur Ms. Ambras. 498 auf f. 1ʳ und einer Foliierung von der gleichen Hand eingetragen wie in **W**; Peter Lambeck, *Commentariorum de Augustissima Bibliotheca Caesarea Vindobonensi*, 8 Bde., Wien 1665–1679 bei Matthäus Cosmerovius, hier Bd. 2 (1669), S. 743–988, **W** in diesem Katalog auf S. 988.

ebenfalls ein Trithemiusautograph von 1508. Für die wesentlich kleinere Handschrift 158 × 102 mm kam durchgehend das gleiche Papier wie für Cod. 3308 zum Einsatz, entsprechend des kleineren Formats sind die Wasserzeichen allerdings zerschnitten; gut sichtbar sind der untere Teil der Krone auf f. 106^r, der Bügel auf f. 114^r. Der geprägte Goldschnitt entspricht dem von Cod. 3308. Für Cod. 11716 ist zusätzlich der ursprüngliche Einband erhalten: braunes Leder, goldpunziert unter anderem mit drei verschiedenen Rollenstempeln, wobei das markante Rankenmuster mit Waldbeere und Vogel bei Thurn nicht erfasst zu sein scheint.[7] Metallbeschläge sind teilweise erhalten, die Schließen entfernt.

C – Celle, Bibliothek des Oberlandesgerichts Celle, Grupensche Stiftung C 23 (4°), Würzburg 1508.

Papier einheitlicher Qualität, 208 × 153 mm, vi+242+iix ff.; die Wasserzeichen liegen über dem Falz und lassen sich in der Höhe nicht exakt bestimmen, scheinen aber mit dem für **W** festgestellten DE6300-PO-52535 übereinzustimmen: Krone mit zweikonturigem Bügel mit Perle und Kreuz, sechs Perlen am Bügel, Reif mit fünf Perlen und Zacken, darüber fünf Zacken, auf dreien lateinische Kreuze: ‖ 22–23 mm., Breite 38 mm, Höhe wahrscheinlich 118 mm. Stark beriebener geprägter heller Ledereinband des Trithemiusbuchbinders mit zwei Schließen. Erkennbar sind an Stempeln Streicheisenlinien, ein Rollenstempel, ähnlich Nr. 19 und Nr. 5, Lilie in einer Raute, mittig eventuell Nr. 11.[8] Auf dem vorderen Deckel ist ein Titel aufgeklebt, in schwarzer Tinte ist mittig die Signatur 23 der Sammlung Grupen angebracht. Weitgehend durch den Beschnitt weggefallen finden sich vereinzelte Notizen am äußersten Seitenrand jeweils mittig, etwa auf f. 15^r *nō*, auf f. 76^v *h'nē*. Schriftraum 155–160 × 100–120 mm, Blindlinierung zu 24 Zeilen.

In der Subskription f. 242^r identifiziert sich der eine sauber kalligraphierte Symihybrida schreibende Kopist *Scriptus est Liber iste per me fratrem Ioannem weidnem professum monachum Sancti Stephani.* In der Seitengestaltung orientiert er sich an der Vorlage, die er aber etwas freier umsetzt. Überschriften und Initialen sind rot ausgeführt, die Satzanfangsmajuskeln rot hinterlegt. Abweichend sind die ›synsematischen Phrasen‹ innerhalb der Wortlisten der Bücher i und ii in rot ausgeführt. Zahlreiche Korrekturen von der Hand des Trithemius finden sich über das gesamte Buch. Diese beinhalten auch eine Berichtigung

---

7 Thurn, *benediktinische Provenienzen*, S. 298, dazu S. xxiii–iv. – Den mit fünfblättriger Blüte und Rautenmuster geprägten Goldschnitt weisen noch weitere 1507 gebundene Trithemius-handschriften auf, etwa Città del Vaticano, BAV, Pal. lat. 730.

8 Thurn, *benediktinische Provenienzen*, S. 298.

der Leseanordnung, da **C** bereits von Anfang an falsch gebunden war. Nach der *prefacio* zu Buch iii f. 184$^{r/v}$ folgen nicht die Wortlisten des dritten Buchs, sondern direkt das Nachwort f. 185$^{r/v}$. Die fehlenden vier Quaternionen mit dem Material des dritten Buchs finden sich ff. 224–239 in Buch vi eingebunden, dort stehen sie zwischen 6,7,2 und der Zodiaktabelle. Die Querverweise, die diesem Problem begegnen, finden sich auf ff. 184^v, 187^r, 223^v.

Auf f. i^r Titel und Besitzvermerk in einer humanistischen Kursive des 16. Jahrhunderts: *POLYGRAPHIA Domini Johannis Tritemii Abbatis Monasterii Sancti Jacobi Herbipolensis Franconiae ciuitatis manuscripta per Fratrem Joannem Werdnen*[!] *professum monachum Sancti Stephani Anno Domini CIƆ.IƆ.IIX. absoluta vero 21. mensis Maricii, eiusdem anni. Est melius clarum fieri, quam tempore nasci, Virtutem, si vis nobilis esse, cole. Labor omnia vincit Improbus.* In Kurrent darunter *Weltu? uberwinden alle Ding, die Arbeidt zum geferdten nimb. Daniel Brendell ab Homburch.* Auf f. 1^r am oberen Rand die Signatur beziehungsweise der Besitzvermerk (Christian Ulrich) *Grupen*. Zur Provenienz: Mit hoher Wahrscheinlichkeit handelt es sich bei **C** um das von Trithemius im Anhang an die *Diadoses* 65 erwähnte Belegexemplar für seine Bibliothek von dritter Hand.[9] Das Ende 1517 erstellte Inventar von St. Jakob listet einen Band »Sex libri polo(!)graphie« unter den in den Räumen des Abts vorgefundenen Büchern, der dann in den Besitz des Mainzer Erzbischofs Daniel Brendell von Homburg (1523–1582) gelangte und entsprechend in der späteren Aufstellung der Bücher von St. Jakob von ca. 1615 nicht mehr präsent ist.[10] Der Weg von **C** in die Stiftungsbibliothek des Christian Ulrich Grupen 1692–1767 bleibt unklar, das Verzeichnis der Handschriften der Stiftung, welches Anhaltspunkte geliefert haben könnte, ist nicht erhalten.[11]

---

9   Siehe Appendix ii, im Anschluss an die *Diadoses* 65 (S. 505), zum gleichen Schluss kommt bereits Arnold, *Johannes Trithemius*, S. 191, Anm. 39.

10   Das Inventar selbst ist 1945 verbrannt, vgl. Arnold, *Johannes Trithemius*, S. 212, Anm. 53, die Angabe hier nach Ivo Fischer, *Der Nachlaß des Abtes Johannes Trithemius von St. Jakob in Würzburg*, in: Archiv des historischen Vereins von Unterfranken und Aschaffenburg 66 (1927), S. 43–82, hier S. 72. Eine Abschrift des 19. Jahrhunderts findet sich in Città del Vaticano, BAV, Vat. lat. 11051, f. 17^r–29^v. Auf dieser basiert Klaus Arnold, *Das Nachlaßverzeichnis des Johannes Trithemius, Abt des Klosters St. Jakob in Würzburg, aus dem Jahr 1517*, in: Johannes Trithemius (1462–1516). Abt und Büchersammler, Humanist und Geschichtsschreiber, hg. von Klaus Arnold und Franz Fuchs, Würzburg 2019, S. 279–340. Arnold weist hier (S. 332) abweichend ohne Begründung **S** als das mutmaßliche Exemplar von St. Jakob aus. Der Bestand zur Zeit des Fürstbischofs Julius Echter von Mespelbrunn (1573–1617) ist gelistet bei Thurn, *benediktinische Provenienzen*, S. xxiv–v.

11   Vgl. Hiram Kümper, *Die mittelalterlichen und neuzeitlichen Handschriften der Stiftungsbibliothek am Oberlandesgericht Celle*, Wiesbaden 2018, S. 14. Kümper bespricht **C** ebd. S. 136–137.

6 HANDSCHRIFTEN

A – Augsburg, Staats- und Stadtbibliothek, 2° Cod. 136 (zuvor 9E2; D 116),[12] Augsburg ca. 1508–1515.

Papier drei verschiedener, aber vergleichbarer Qualitäten, 310×205 mm, ii+243+i ff.; Wasserzeichen: Ochsenkopf frei mit Ober und Unterzeichen an einkonturiger Stange, oben fünf blättrige Blume, unten zwei Kreuzsprossen, Dreieck mit Schrägen, drei Punkte: || 59–60 mm., Breite 50 mm., Höhe 166 mm, entspricht eventuell DE1635-PO-66178; Kreis mit Quer- und Längsstrich, einkonturiger Stern an Stange, || 63 mm, Breite 32 mm, Höhe 79 mm, entspricht eventuell AT3800-PO-160876; ein einzelnes Blatt f. 234 mit detailliertem Doppeladler darüber die Kaiserkrone; || ca. 26 mm (das Zeichen erstreckt sich über drei Bindedrähte, ist aber nicht zentriert) Breite ca. 70 mm, Höhe ca. 100 mm, Form und Abmessungen des Motivs entsprechen AT3800-PO-162338,[13] Position und Abstand der Bindedrähte weichen allerdings ab mit || 31 mm (auch hier ersteckt sich der Adler über drei Drähte, ist aber sauber zentriert). Die neuzeitliche Foliierung ist nicht konsequent: ff. 1–123, 133–202, 204–245, 247–254. Geprägter heller Ledereinband mit drei Rollenstempeln,[14] zwei Schließen, Spuren von je fünf entfernten Metallbeschlägen. Auf dem oberen Buchschnitt findet sich ein griechischer Kurztitel und eine Autorenangabe »Πολυ δπαν«, auf dem unteren die Signatur des Veit Bild in vier Buchstaben A[*cropolitanus*] F[*rater*] V[*itus*] B[*ildius*]. Auf der Innenseite des vorderen Buchdeckels ist das *ex libris* von St. Ulrich und Afra in Augsburg eingeklebt. Schriftraum 150–220×100–150 mm, Blind- und Bleilinierung zu 24 Zeilen, die Zeilengröße variiert je nach Schriftart.

Es finden sich acht verschiedene Schriftregister von zumindest zwei Händen. Spilling identifiziert die Hand des Veit Bild für ff. 1ʳ–7ᵛ, 73ᵛ–87ᵛ, die gesamt auch Korrekturen und Reklamanten ausführt. Es handelt sich um eine Semihybrida currens. Markant ist das Minuskel b mit dem doppelten Bogen eines Majuskel B. Ansonsten ist das Buch in einander abwechselnden Varianten von zum Teil stark stilisierter Hybrida geschrieben. Spilling identifiziert für ff. 120ʳ–144ᵛ und 236ʳ–253ʳ die erste Hand von Augsburg, Staats- und Stadtbibliothek, 2° Cod. 207, markant ist die nach links weit ausgreifende Schaft-

---

12 Die bislang detaillierteste Beschreibung liefert Herrad Spilling, *Die Handschriften der Staats- und Stadtbibliothek Augsburg 2° Cod 101–250*, Wiesbaden 1984 (= Handschriftenkataloge der Staats- und Stadtbibliothek Augsburg 3), S. 59–60.

13 Vgl. die Folgenummern AT3800-PO-162339 bis AT3800-PO-162343.

14 Für zwei der Stempel verweist Spilling auf Kyriss 87, Nr. 2 und 4, siehe Ernst Kyriss, *Verzierte gotische Einbände im alten deutschen Sprachgebiet*, Tafelband 2., Stuttgart 1956, Tafel 177.

HANDSCHRIFTEN

spaltung. Die übrigen Schriftgrade rangieren von Semihybrida formata (in Imitation einer Textualis mit doppelter Schaftbrechung) bis hin zu currens. In der Seitengestaltung folgt **A** offenbar strikt seiner Vorlage, in Buch vi auffällig sogar mit dem Seitenumbruch, siehe die ff. 239^v–243^v wiederholt nicht vollständig ausgenutzten Blätter. Überschriften und Initialen sind rot ausgeführt, die Satzanfangsmajuskeln rot hinterlegt. Wahrscheinlich wurde die Abschrift von St. Ulrich und Afra organisiert.[15] Spillings Datierung 1508–1529 nach den Lebensdaten von Veit Bild möchte ich enger fassen, da **A** eine sorgfältige Abschrift der unmittelbaren α-Gruppe ist.[16] Entsprechend halte ich eine Abschrift vor 1515 für plausibel, eine noch frühere Datierung scheint mir wahrscheinlich.

S – Stuttgart, Württembergische Landesbibliothek, Cod. poet. et phil. 2° 89,[17] (vor 1980 Cod. misc. 2° 8), Würzburg 1510–1514.

Papier vier verschiedener aber vergleichbarer Qualitäten, 275 × 200 mm, 224 ff.; Wasserzeichen: Wappenschild, drei Lilien, Schild bekrönt, Vierblatt und Minuskel t, || ca. 21 mm, Breite 29 mm, Höhe 81 mm, sehr ähnlich zu AT3800-PO-128538 (Abweichung bei den Endstücken des Querbalkens des t und dem Abstand der Bindedrähte); Krone mit zweikonturigem Bügel mit Kreuz ohne Perle, sechs Perlen am Bügel, Reif mit fünf Perlen und Zacken, darüber fünf Zacken, auf dreien lateinische Kreuze, || 32 mm, Breite 46 mm, Höhe 104 mm, dieses Zeichen entspricht nicht dem in **W** genutzten DE6300-PO-52535; ähnlicher scheint AT3800-PO-52485 allerdings mit || 25 mm; Wappenschild, Majuskel B flankiert von Lilien darüber eine Krone, Schild bekrönt, mit Vierblatt und Buchstabe c, || ca. 22–24 mm, Breite 33 mm, Höhe 73 mm, sehr ähnlich scheint DE2730-PO-128351; Ochsenkopf ohne Beizeichen, senkrecht, glatt gebogene Stirn, Augen frei innen anliegend, || ca. 37 mm, Breite 31 mm, Höhe 45 mm. Heller Ledereinband mit Rollen und Einzelstempeln aus Hirsau,[18] die Schließe

---

15   Das Papier mit dem kaiserlichen Doppeladler wäre in St. Ulrich und Afra denkbar, wo Veit Bild 1503 eingetreten war, zu dessen Biographie siehe Anne-Katrin Ziesak, *Bild, Veit*, in: Deutscher Humanismus 1480–1520 Verfasserlexikon, Bd. 1 (2008), Sp. 190–204.

16   **W**, **C** und **A** stehen einander sehr nahe und sind möglicherweise jeweils voneinander unabhängige Reinschriften des ursprünglichen Entwurfs α. Siehe dazu die Überlegungen in der Recensio, S. 29–30.

17   Die bislang detaillierteste Beschreibung liefern Wolfgang Irtenkauf / Ingeborg Krekler, *Codices poetici et philologici*, Wiesbaden 1981 (= Die Handschriften der Württembergischen Landesbibliothek Bd. 2), S. 58–59.

18   Irtenkauf/Krekler identifizieren die Motivstempel Kyriss Tafel 29, Nr. 4,5,7,8 und das Schriftband Maria Nr. 1, siehe Ernst Kyriss, *Verzierte gotische Einbände im alten deutschen Sprachgebiet*, Tafelband 1., Stuttgart 1956, Tafel 29. Zu ergänzen sind die Stäbchen mit Win-

ist entfernt, auf dem vorderen Deckel ist in Goldprägung »OBER.RATH« als Besitzvermerk angebracht, der Titel ist klein mit bräunlicher Tinte in Gothico-Antiqua am oberen Rand eingetragen, ebenso verblasst auf dem Buchrücken. Schriftraum 180–185 × 110–120 mm, Bleilinierung mit bis zu 30 Zeilen.

S ist in drei Ausführungsgraden von Gothico-Antiqua geschrieben. Die Einordnung als Trithemiusteilautograph in der Literatur hängt von einem entsprechenden Vermerk auf f. 1^r ab, ist paläographisch aber nicht nachvollziehbar.[19] Die unvollständige Abschrift umfasst nur die ersten vier Bücher mit teilweise abweichender Seitengestaltung. Ihren Wortlisten ist kein Alphabet beigefügt, die Zeilenzählung für Buch iii ist abgesehen von f. 188^r jeweils nur für die erste Zeile angegeben, Buch iv ist abweichend in drei Spalten angelegt, für die abschließende Seite f. 221^r mit vier Spalten hat der Kopist am rechten Rand eine Zeilenzählung in griechischer Notation mit roter Tinte eingetragen. Die ›synsematischen Phrasen‹ innerhalb der Wortlisten der Bücher i und ii sind rot ausgeführt. Insgesamt macht S einen uneinheitlichen Eindruck. Die großzügig angelegte Abschrift wurde für die ersten zwei Bücher und die *prefacio* des dritten ff. 2^r–184^v mit recht hohem Aufwand geplant. So sind die roten Überschriften nur für die einleitenden Texte, für Widmungsbrief, *prefacio* und *pinax* eingetragen, danach jedoch nicht mehr, der Platz dafür ist aber vorgesehen und freigelassen. Gleiches gilt für die Initialen, ihre Anlage ist vorgesehen aber keine einzige ist ausgeführt worden, genauso sind die Satzanfangsmajuskeln nicht farblich hervorgehoben. Innerhalb des dritten Buchs verändert sich der Charakter der Handschrift. Die zuvor kalligraphierte Schrift wird flüchtiger und innerhalb der Textbestandteile ohne weitere Berücksichtigung von farblicher Auszeichnung monochrom durchgeschrieben, das rote Zeilenschema für Buch iii nur angedeutet. Das Explicit von Buch iii (3,1,11) wurde in S f. 201^v nicht kopiert, die Datierungen von Buch iv weichen ab. Für dessen *prefacio* ersetzt die bloße Angabe »1510«, f. 202^v, Zeile 4,0,17, darunter steht irrtümlich *Incipit Liber Sextus*. Für das Explicit ersetzt die Angabe *finem libri quarti polygraphie imponimus anno 1514* die Zeile 4,1,14. Der Text bricht nach Buch iv, f. 221^v ab, allerdings finden sich nach einer leeren Seite auf f. 222^v erneut die ersten neun Positionen von Buch iv, Sp. 97, 98 und die erste von Sp. 99. Einige Korrekturen wurden von einer dritten Hand in einer der des Trithemius ähnelnden Gothico-Antiqua eingetragen: f. 68^v (Buch i, Sp. 246, i) und f. 73^v (Buch i, Sp. 267, l), allerdings enthalten diese Einträge keine signifikanten Buchstaben für eine

---

keln EBDB s004164 (Referenznummer Einbanddatenbank [EBDB]), die einen Rahmen auf dem vorderen Einbanddeckel bilden und auf dem hinteren alleiniges Schmuckmerkmal sind.

19 Siehe unten S. 27.

HANDSCHRIFTEN

eindeutige Zuordnung. Weiter zeigt S Nutzungsspuren in Form von Hervorhebungen und Unterstreichungen in roter Tinte: für 0,1,26, f. 4^r *N.B.* am Rand; 0,2,9, f. 5^r ist der ganze Satz unterstrichen; 0,2,21, f. 5^v, *circulum facito, si longum*; 0,2,25, f. 5^v, *postea ... et si*; 0,2,36, f. 6^r, auch hier ist der ganze Satz unterstrichen.

Das Titelblatt f. 1^r trägt vier Einträge von verschiedenen späteren Händen: 1. *Polygraphia Trittemii manu autoris scripta* in humanistischer Kursive des frühen 16. Jahrhunderts. 2. Der württembergische Besitzvermerk *In die fürstliche Obernrhats Bibliothec gehörig.* 3. *Polygraphia Trithemii correcta, et meliorata est, in eiusdem Authoris Steganographia: Contra eum scripsere Wierius, Bovillius, et Cardanus; quos insequuti sunt Blasius Vigenereus, Boissardus, & Duretus. Pro Auhore scripsere Sigismundus Abbas Ordinis Sancti Benedicti in libro, cui titulus: Trithemius sui ipsius vindex, &c: Explicatores Adam Tannerus, & qui agmen ducit *sub quo nomine latet Dux Brunovicensium Augustus* Gustavus Selenus.* 4. *Ex ore Domini Gabrielis Naudaei Parisiensis adposuit in rei memoriam Jacobus Stoffelius.* Diese beiden trotz leicht abweichender Schrift in Bezug stehenden Einträge sind vermutlich in der zweiten Hälfte des 17. Jahrhunderts gemacht worden.

Heinzer nimmt eine Vermittlung von Würzburg nach Hirsau über den dortigen Prior und Bibliothekar Nikolaus Basellius an.[20] Alternativ wäre denkbar, dass S zusammen mit dem zweiten Band der *Annales Hirsaugienses*, München, BSB, Clm 704, der ebenfalls auf 1514 datiert, nach Hirsau kam, wo sie dann gebunden wurde.[21] Nach der Aufhebung Hirsaus 1535 gelangt S in die herzoglich württembergische Bibliothek, die Bibliothek des fürstlichen Oberrats. Nachgewiesen ist sie dort durch einen Brief Herzog Ludwigs von Württemberg vom 27. Februar 1579, der die württembergischen *trithemiana* listet.[22]

---

20   Felix Heinzer, *Klosterreform und mittelalterliche Buchkultur im deutschen Südwesten*, Leiden 2008, S. 141–142.

21   Für die *Annales* als Auftragsarbeit siehe Klaus Schreiner, *Abt Johannes Trithemius (1462–1516) als Geschichtsschreiber des Klosters Hirsau. Überlieferungsgeschichtliche und quellenkritische Bemerkungen zu den „Annales Hirsaugienses"*, in: Rheinische Vierteljahresblätter 31 (1966/67), S. 72–138, hier insb. S. 76.

22   Robert Uhland, *Bayern und Württemberg im Austausch von Schriften des Abts Johannes Trithemius*, in: Zeitschrift für Württembergische Landesgeschichte 40 (1981), S. 119–125, hier S. 123–124: *Eiusdem Polygraphia, liber manu Authoris scriptus.*

10 HANDSCHRIFTEN

Wo – Wolfenbüttel, Herzog August Bibliothek, Cod. Guelf. 8. Aug. fol.[23] Würzburg 1515.

Papier einheitlicher Qualität, 330×210 mm., iii+249+ii* ff., foliiert i–iii, iv–ix (*Praefationes*), 1–243, i*–ii*; Wasserzeichen: Krone mit zweikonturigem Bügel mit Perle und Kreuz, sechs Perlen am Bügel, Reif mit fünf Perlen (die Perlen sitzen unterhalb des Reifs) und fünf Zacken, darüber fünf Zacken, auf dreien lateinische Kreuze: || 30 mm, Breite 39 mm, Höhe 113 mm, das Zeichen entspricht nicht denjenigen von **W** oder **S**, nahe kommen DE2730-PO-52625 und DE2730-PO-52626. Geprägter heller Ledereinband mit Streicheisenlinien und Einzelstempeln.[24] Die historische Foliierung in dunkler Tinte zählt mit zahlreichen Sprüngen und Doppelzählungen. Die *prefacio* ist nicht foliiert. Schriftraum ca. 245×135 mm, Blindliniierung zwischen 24–30 Zeilen, ab f. 222ʳ, den Tabellen von Buch v Bleiliniierung. Überschriften und Explicit der Bücher sind in Rot geschrieben, die Initialen nicht ausgeführt, vereinzelte Majuskeln sind rot hinterlegt.

Wo enthält eine für Germain de Ganay personalisierte Kopie der *Polygraphia* in humanistischer Kursive einer Hand. Arnold ordnet sie als autograph ein, was sich paläographisch allerdings nicht nachvollziehen lässt.[25] Die Anpassungen betreffen Widmung und die Kryptogramme des sechsten Buchs. Der Widmungsbrief an Maximilian ist in **Wo** durch ein persönliches, auf den 20. Juni 1515 datiertes Anschreiben an de Ganay ersetzt, zudem sind die generischen Kryptogramme in Buch vi teilweise mit personalisierter Information umgeschrieben. Weitere Abweichungen zeigen sich vor allem in der Seitengestaltung: Buch iii und iv sind abweichend dreispaltig angelegt, die Zeilen und Spaltenzählung für Buch iii ist nicht notiert. Für das Kryptogramm 6,6,9, auf f. 240ᵛ fügte der Kopist eine zwischen den Zeilen in roter Tinte eingetragene

---

23   Katalogisiert bei Otto Heinemann, *Die Handschriften der herzoglichen Bibliothek zu Wolfenbüttel. Die Augusteischen Handschriften 1. Codex Guelferbytanus A. Augusteus 2° bis 11.10 Augusteus 2°*, Wolfenbüttel 1890, Nd. Frankfurt am Main 1965 (= Kataloge der Herzog August Bibliothek Wolfenbüttel. Neue Reihe Bd. 4), S. 252 unter Nr. 2099.

24   Zwei der Elemente, ein Schriftband Maria und eine sechs blättrige Blüte, mit gespaltenen Blütenblättern und zwei Blattkränzen finden sich in ähnlicher Form unter den Stempeln des ›Trithemiusbuchbinders‹, siehe Thurn, *benediktinische Provenienzen*, S. 298, Nr. 3 und Nr. 14.

25   Zunächst sah Arnold **Wo** als »die unter Tr.'s Aufsicht entstandene Abschrift für Germanus de Ganay«, Arnold, *Johannes Trithemius*, S. 191, Anm. 40; im gegenüber der Erstausgabe von 1971 überarbeiteten Werkverzeichnis der Ausgabe von 1991 ordnet er sie ohne Begründung als autograph ein, S. 252, ebenso im Verfasserlexikon Deutscher Humanismus, Bd. 2 (2013), Sp. 1118. Für meine Einordnung siehe S. 27–28.

HANDSCHRIFTEN

Umschrift ein. Von allen Handschriften der *Polygraphia* zeigt **Wo** die meisten Nutzungsspuren. Hervorgehoben in grüner und roter Tinte sind 0,2,2, f. iv[v] *NB.* am Rand und unterstrichen *Sunt ... ad deum*; 0,2,9, f. iv[v] mit zeigender Hand am Rand und unterstrichen *In ... datur, sed*; 0,2,41–47 f. vi[r] mit zeigender Hand am Rand; 3,0,13–16, f. 177[v] sind am Rand farblich hervorgehoben. Von einer anderen Hand in dunkler Tinte eingetragen ist zu *ton grammaton* in 5,0,4, f. 221[r], die Erklärung *id est literarum*; zu *metathesis* in 5,1,9, f. 231[r], *id est transpositio literarum*, für Buch vi von einer weiteren Hand die Auflösungen der Kryptogramme, wann immer diese von der *salutatio angelica* abweichen, ff. 235[r], 236[v] 237[r], 237[v], 239[v], 242[v]. In seinen *Cryptomenytices* erwähnt Herzog August, die Handschrift im Glauben erworben zu haben, es handle sich um einen Autographen: *ad comparationem ipsius authographi Trithemiani (quod alicubi bona fide nacti sumus, & penes nos conservamus)*.[26] Dass die Eintragungen in **Wo** von seiner Hand rühren scheint allerdings unwahrscheinlich.[27]

Co – Coburg, Landesbibliothek Ms 24,[28] (zuvor cod. S iv 2, 65 cart.), nach 1518.

Pergament, Papier ii+28+ii+34+ii ff., 136 × 92 mm. Pergamenteinband mit Aufschrift 1447.

Pergament- und Papieranteil scheinen von der gleichen Hand in humanistischer Kursive geschrieben zu sein. Sie bilden je einen thematischen Block.

Die Pergamentblätter beinhalten eine Sammlung von verschiedenen magischen Inhalten, die mit apokryphem christlichem Material durchsetzt sind. Es handelt sich vor allem um Gebete und Beschwörungen, aber auch um Sammlungen von Sigillen, diejenigen von f. 17[v] sind als *figurae Salomonis* ausgewiesen.

Der Papieranteil, einheitlich aber ohne Wasserzeichen, enthält die Wortlisten von Buch iv der *Polygraphia* nach der Druckfassung **b**: Sp. 5–12, 3–4, 13–30, 37–118, je zwei Spalten pro Seite, die Spalten sind in Tinte eingezeichnet, keine Liniierung, f. 28[v] *finis adest libri poligraphiae quarti Joannis Tritemii abbatis*. Hieran schließen sich, ff. 29[r]–31[v], Exzerpte aus Buch vi an, ebenfalls nach der Druckfassung. Schwerpunkt liegt auf den Alphabeten, **Co** ff. 29[r]–31[r]

---

26 Gustavus Selenus, *Cryptomenytices et Cryptographiæ Libri ix.*, Lüneburg 1624 bei Johann i. und Heinrich [von] Stern [Stella], S. 281.

27 Verglichen mit der runden Kursive des Diariums, Wolfenbüttel, HAB, Cod. Guelf. 42.19 Aug. 2⁰ oder des Bücherradkatalogs (benutzt wurde BA I 324).

28 Katalogisiert bei Ilona Hubay, *Die Handschriften der Landesbibliothek Coburg*, Coburg 1962 (= Kataloge der Landesbibliothek Coburg 5), S. 43.

vgl. **b** ff. r_1^r, r_1^r, q_5^r (in dieser Form aber aus der *Clavis Polygraphiæ* C_3^r), q_4^v, q_4^v, q_2^r, q_2^v, q_3^v, q_1^v, q_3^v sowie Schemata zur lateinischen Buchstabentransposition. Ergänzt werden die Alphabete durch einige Übernahmen aus den Paratexten der Druckfassung: **Co** f. 29^r *Hoc fuit alphabetum Iaimielis magni regis Articorum cognomento Megalopii ...*, vgl. **b** f. r_1^r, *Ponamus & huius alphabeti exemplum, ut probemus in eo posse latere secretum ...*, vgl. **b** f. C_3^r; **Co** f. 29^r *His cum nostris literis numerandi principiis recte intellectis ...*, vgl. **b** f. q_4^v; **Co** f. 30^r *Si quis pro suo arbitrio nouum sibi uoluerit effingere alphabetum ...*, **b** f. q_3^v; **Co** f. 30^v *Hichus iste Francus cum Marcomero de Scithie finibus ad ostia Reni uenit ...*, vgl. **b** ff. q_3^v–q_4^r. Abschließend enthält **Co** einige weitere Schriftsysteme, wobei das nicht trithemianische Material auffällig durch ein leeres Blatt f. 32 separiert gestellt wurde. Drei Runenalphabete, *Rume* überschrieben, die offensichtlich nicht nach der *Polygraphia* angelegt sind auf f. 33^r; auf ff. 33^v–34^v vier orientalische Alphabete/Syllabare: arabisch, syrisch, ›nestorianisch‹ (eigentlich koptisch), abessinisch. Wahrscheinliche Quelle für diese Schriftsysteme ist Bernardus de Breydenbach, *Peregrinationes in terram sanctam*, Mainz 1486 bei Erhard Reuwich, ISTC ib01189000. Vgl. das arabische **Co** f. 33^v mit Breydenbach f. 75^r; syrisch **Co** f. 33^v mit Breydenbach f. 80^r; ›nestorianisch‹ (eine Fehlzuschreibung, in den *Peregrinationes* folgt hierauf das Kapitel *De Nestorianis et eorum errores*) **Co** f. 34^r mit Breydenbach f. 81^r; abessinisch **Co** f. 34$^{r/v}$ mit Breydenbach f. 84^r.[29] Das letzte Alphabet **Co** f. 34^v lässt sich nicht eindeutig zuweisen, scheint aber möglicherweise zum Teil aus den Glyphen von **b** f. q_2^r zusammengesetzt.

---

29   Zu den Alphabeten bei Breydenbach: Kristian Bosselmann-Cyran, *Das arabische Vokabular des Paul Walther von Guglingen und seine Überlieferung im Reisebericht Bernhards von Breidenbach*, in: Würzburger medizinhistorische Mitteilungen 12 (1994) S. 153–182; Heinz Grotzfeld, *Arabische Wortlisten in Pilgerhandbüchern des 15. Jahrhunderts*, in: Proceedings of the 14th Congress of the Union Européenne des Arabisants et Islamisants. Budapest, 29th August – 3rd September 1988, hg. von Alexander Fodor, Bd. 2, Budapest 1995, S. 33–47; Balázs J. Irsay-Nagy, *Zum koptischen Alphabet des Bernhard von Breydenbach (1486)*, in: From Illahun to Djeme Papers Presented in Honour of Ulrich Luft, hg. von Eszter Bechtold et al., Oxford 2011, S. 87–94; Hartmut Bobzin, *Miszellen zur Geschichte der Äthiopistik*, in: Festschrift Ewald Wagner zum 65. Geburtstag, hg. von Wolfhart Heinrichs und Gregor Schoeler, Bd. 1, Stuttgart 1994, S. 82–98, hier S. 92–95; Peter T. Daniels, *Ha, La, Ḥa or Hōi, Lawe, Ḥaut: The Ethiopic Letter Names*, in: Semitic Studies. In Honor of Wolf Leslau on the Occasion of His Eighty-fifth Birthday November 14th, 1991, hg. von Alan S. Kaye, Bd. 1, Wiesbaden 1991, S. 275–288.

HANDSCHRIFTEN   13

U – Uppsala, Universitetsbiblioteket C IV,[30] Autograph, Würzburg 1507–1509.

Papier, vi+156+viii ff., 200 × 130 mm, Schriftraum 185 × 110 mm, Bleilinierung zu
34 Zeilen, rote Überschriften und Initialen. »Holzdeckel mit reich verzier-
tem hellbraunem Lederbezug des frühen 16. Jh. Plattenpressung. Hauptmotiv
das sog. Granatapfelmuster; übrige Stempel s. Katalog Würzburg 1973. Taf. II.
Nr. 14. 18. [...] Schließen nicht erhalten. Die Hs. stammt aus dem St. Jakobs-
kloster in Würzburg [...] dann im Besitz der Familie Mieg in Straßburg. Ein-
tragung auf dem vorderen Innendeckel: S. C. F. C. N. M. [= Sebastianus Caroli
filius Caroli nepos Mieg.] Darunter: Nunc Sebastiani S.F. Miigii à Boffzheim.
Die Hs. wurde nach dessen Tod von dem in Straßburg studierenden Johannes
Schefferus erworben. Er wurde 1648 Professor in Uppsala. Aus seinem Nachlaß
gelangte die Hs. in den Besitz der Universitätsbibliothek«.[31] Der autographe
Codex beinhaltet die *Laudes sancti Joseph nutricii Domini*, die *Opera minora
de sancta Anna, Orationes supplicatoriae*, die *Questiones in evangelium Joannis, Questiones in psalmos*, die *Diadoses Polygraphiae* ff. 115ʳ–114ᵛ, die *Oratio ad
clerum bambergensem* und den *Liber octo quaestionum*. Die Zusammenstellung
weist zwar einen gewissen Fokus auf um 1508 entstandene Texte auf, scheint
aber in erster Linie thematisch zusammengestellt, was die *Diadoses* noch mehr
als Fremdkörper erscheinen lässt. Eine Verbindung bietet lediglich die explizite
Aussageebene des steganographischen ›Supertexts‹, suggestiv ein Argument
dafür, dass die autogenerativen Gebete der *Polygraphia* i und ii für Trithemius
eine Bedeutung über ihre pragmatische Notwendigkeit hinaus hatten.

---

30   Detailliert beschrieben in Margarete Andersson-Schmitt und Monica Hedlund, *Mittelal-
     terliche Handschriften der Universitätsbibliothek Uppsala: Katalog über die C- Sammlung:
     Bd. 1. C I–IV, 1–50*, Stockholm 1988 (= Acta Bibliothecae R. Universitatis Upsaliensis 26,1)
     S. 13–19. Ich konnte diese Handschrift nicht persönlich einsehen und gebe daher die Anga-
     ben der Beschreibung von Anderson-Schmitt/Hedlund wieder.

31   Ebd. S. 13.

Drucke

b – Basel 1518 bei Michael Furter / Adam Petri, VD16 T 1994, VD16 T 1968.

Textfeld ca. 185×120 mm mit sehr großzügigen Seitenrändern, annähernd im goldenen Schnitt, hochwertiges Papier, 262 ff., Sign. a–b⁶, A⁸ B–Z⁶, ²a–²b⁶ c–m⁶ n⁸ o–r⁶, ²A⁶, ²B–²C⁴ (p₂ ist fälschlich als o₂ bezeichnet), Haupttypen: Antiqua 91 mm, Rotunda 150 mm, Rubriken (Schrift des Titelblatts f. a₁ʳ, Überschriften und Diagramme für die Bücher v und vi, ff. o₁ʳ–r₄ᵛ, C₁ᵛ, C₂ʳ, C₃ʳ), Initialen mit pflanzlichen Motiven. Titel: *Polygraphiae libri sex, Ioannis Tritemii abbatis Peapolitani, quondam Spanheimensis, ad Maximilianum Caesarem.*

Der Kolophon weist Johannes Haselberg als Herausgeber aus, nennt aber weder Drucker noch Druckort, f. r₅ᵛ: *Impressum aere ac impensis integerrimi bibliopolae Ioannis Haselbergi de Aia Constantiensis diocesis, anno, M.D.XVIII. Mense iulio.* Ähnlich für die *Clavis Polygraphiae*, f. C₃ᵛ, die in **b** als separater Titel angelegt ist. Haselberg wirkte mit kaiserlichem Privileg als Herausgeber einer Reihe von *trithemiana* – ein Abdruck des Privilegs findet sich in seiner Ausgabe des *De origine regum et gentis francorum*, Mainz 1515 bei Johann Schöffer, f. *₁ᵛ, ebenso in den *Sermones et exhortationes ad monachos*, Straßburg 1516 bei Johannes Knoblouch, f. a₁ᵛ.[1] In **b** wird auf den Titelblättern auf dieses Privileg verwiesen, auch wenn es nicht erneut abgedruckt wurde; auf dem Haupttitel *Cum gratia et priuilegio Cæsareæ Maiestatis*, auf dem der *Clavis*: *Cum Priuilegio de non imprimendo seu uendendo per alium in decem annis sub pœna prout in literis.* Als Druckort für **b** nennt die ältere Literatur irrtümlich Oppenheim nach der Zuordnung von Georg Wolfgang Panzer zu Jakob Köbel in Anlehnung an die von Köbel 1515 ebenfalls für Haselberg gedruckten *Octo questiones*.[2] Die korrekte Zuordnung des luxuriösen Drucks zu Michael Furter und Adam Petri in Basel ergab sich aus den verwandten Drucktypen. Frank

---

1 Johannes Trithemius, *De origine regum et gentis francorum*, Mainz 1515 bei Johann Schöffer, VD16 T 1973; ders., *Sermones et exhortationes ad monachos*, Straßburg 1516 bei Johannes Knoblouch, VD16 T 2007; wiedergegeben ist das Privileg ebenfalls bei Ferdinand Roth, *Johann Haselberg von Reichenau, Verleger und Buchführer, 1515–1538*, in: Archiv für Geschichte des Deutschen Buchhandels 18 (1896), S. 16–28, hier S. 26–27. Eingeräumt wird ein exklusives Publikationsrecht für das gesamte Reichsgebiet auf zehn Jahre nach Druckfreigabe von Konrad Peutinger: *& per Honorabilem fidelem nobis dilectum Conradum Peutinger doctorum & Consiliarium nostrum, reuisum & admissum fuerit.*

2 Georg Wolfgang Panzer, *Annales Typographici ab anno 1501 ad annum 1536*, Bd. 7, Nürnberg 1799, S. 491 Nr. 23; Johannes Trithemius, *Liber Octo questionum ad Maximilianum Cesarem*, Oppenheim 1515 bei Jakob Köbel, VD16 T 1986; Ferdinand Roth, *Die Buchdruckerei des Jakob*

DRUCKE   15

Isaac stellte den Bezug zu Adam Petri her; Josef Benzing korrigierte, dass es
sich bei der von Isaac als Rot. 150 mm erfassten um eine Rotunda 156 mm von
Michael Furter handle. Allerdings scheint trotz dieser Kritik die Messung von
Isaac die korrekte zu sein.[3] Dennoch sind beide Buchdrucker mit der *Polygraphia* verbunden. Das Basler Vergichtbuch nennt den zwischen dem 5. März und
2. Mai 1517 verstorbenen Furter als Drucker, Petri scheint das Projekt dann zum
Abschluss gebracht zu haben.[4] Inhaltlich umfasst **b** die überarbeitete Druckfassung der *Polygraphia*, wobei zwischen der Widmung an Maximilian und
der *Praefatio* als Zusatz eine knappe biographische Skizze mit einem Werkverzeichnis eingefügt wurde, den *Pinax siue index lucubrationum Ioannis Tritemii
[…] ex epistola Ioannis Duraclusii discipuli eius, ad Nicolaum hamerium emela-
num* ff. a$_3$^{r}–a$_5$^{r}. Als separater Titel beigebunden ist die erstmalig hier greifbare
Clavis Polygraphiae,[5] ihr letztes Blatt f. ^{2}C$_4$^{r} ist mit einem Lagenschema für das

---

    *Köbel, Stadtschreibers zu Oppenheim, und ihre Erzeugnisse (1503–1572). Ein Beitrag zur Biblio-
    graphie des XVI. Jahrhunderts*, Leipzig 1889, S. 33 weist erstmalig auf diese Verwechslung hin.

3   Frank Isaac, *An Index to the early printed books in the British Museum. Part 2. 1501–1520 Italy,
    Switzerland and Eastern Europe*, Bd. 2, London 1938, S. 234 Nr. 14325; Josef Benzing, *Johann
    Haselberg, ein fahrender Verleger und Schriftsteller 1515–1538*, in: Archiv für Geschichte des
    Buchwesens 7 (1965), Sp. 301–316, hier Sp. 307–308; ich habe diese Messungen an den beiden
    Exemplaren der Herzog August Bibliothek Wolfenbüttel A: 12.3 Rhet. 2° und M: Fb 128 über-
    prüft und messe 150 mm, die von Benzing ermittelten 156 mm entsprechen einer Kegelhöhe
    von 21 Zeilen.

4   Karl Stehlin, *Regesten zur Geschichte des Buchdrucks 1501–1520. Aus den Basler Archiven*, in:
    Archiv für Geschichte des Deutschen Buchhandels 14 (1891), S. 10–98, hier Reg. 2065 (S. 79),
    Furter als Drucker nennt auch Reg. 2022 (S. 69). Das Exemplar der Basler Karthause, heute UB
    Basel D F IV 14, enthält einen Schenkungsvermerk Petris. Eine Reproduktion davon gibt Frank
    Hieronymus, *1488 Petri – Schwabe 1988. Eine traditionsreiche Basler Offizin im Spiegel ihrer frü-
    hen Drucke*, Basel 1997, Bd. 1, S. 190, siehe ebendort für das Zeitfenster von Michael Furters
    Tod. Benzing nimmt aufgrund Reg. 2065 eine Mitfinanzierung des Furterdrucks durch Petri
    an, vgl. Benzing, *Johann Haselberg*, Sp. 307–308.

5   Für die *Clavis Polygraphiae* konnte trotz einiger Hinweise auf eine als separates Heft angelegte
    handschriftliche Fassung keine von der Druckfassung unabhängige Überlieferung gefunden
    werden. Siehe den Widmungsbrief *Ad maximilianum* 9 nach der handschriftlichen Fassung,
    das Begleitschreiben an Germain de Ganay in **Wo**, Appendix i 3, sowie an die *Diadoses* ange-
    hängt, Appendix ii 64–65, zusätzlich die autobibliographischen Verzeichnisse in den *Annales
    Hirsaugienses*, München, BSB, Clm 704 f. 312^r, St. Gallen 1690 bei Schlegel, VD17 39:128468X,
    Bd. 2, S. 693., und in den Nachträgen zum cat. ill. vir. germ. Würzburg, UB, M.p.th.f.64b,
    f. 113^r, mit Incipit: *Clauem polygraphie ad eundem* [cesarem] *li. i. Nemo cum ista legerit.* In **b**
    beginnt die *Clavis* f. A$_2$^{r} *Nemo qui legerit ista.* Vgl. Paul Lehmann, *Merkwürdigkeiten des Abtes
    Johannes Trithemius*, München 1961, S. 73 und Ernst Gustav Vogel: *Unbekanntes Zeugniss eines
    Zeitgenossen über Johann Trittheim und dessen Schriften*, in: Serapeum 18 (1854), S. 273–284,
    hier 279. Im Nachlassinventar Erzherzog Ferdinands II. vom 30. Mai 1596 nach Wien, ÖNB,
    Cod. 8228, f. 613^r findet sich eine *Explanatio polygraphiae Ioannis Trithenii* [!], *in 8.* 5Co č. 649
    in *Knihovna arcivévody Ferdinanda II. Tyrolského. Katalog*, hg. von Ivo Purš und Hedvika Kuch-

16   DRUCKE

gesamte Buch bedruckt. *Polygraphia* und *Clavis* beginnen jeweils mit einem
aufwändigen Titelblatt, je einem Abzug desselben Holzschnitts:

> Maximilian, in profile to r., wearing the imperial crown and mantle, sits
> l. on a throne, holding the sceptre in his r. hand and raising his l. hand,
> of which the first two fingers are extended like a priest's fingers in the
> act of blessing. Trithemius, bareheaded, in the Benedictine habit, with his
> mitre on the ground before him, kneels and offers to the Emperor a bound
> volume fastened with a padlock. This alludes to the cryptic character of
> the book, a treatise on writing in cipher. Another person, probably Jacob
> [!] Haselberg, bookseller, of Reichenau, near Constance, the publisher of
> the book, stands behind the author, and offers two keys in his r. hand to the
> Emperor. The keys allude to the second part of the work, entiteld "Clavis
> Polygraphiae". The abbot's chaplain, a young monk, stands in the back-
> ground holding the crozier. The ceiling of the room is supported by two
> columns. Single border. No signature. [108×94] The woodcut described
> above is flanked by two fluted columns [each 108×7] [...] which serve to
> fill up intervals between the woodcut and the border described below. [...]
> The border is composed of four blocks. (*a.*) In the bottom panel [36×106]
> the author of the book, identified by the inscription .IO. TRITHEMIVS.
> Vested as an abbot, reclines in the attitude of Jesse in the representation of
> the genealogy of Christ, with his head resting on his l. hand. A stem issuing
> from below the morse of his cope divides at once into two branches,
> which ascend to l. and r. through the upright panels on either side. (*b.*) The
> stem in the l. panel [220×26] bears three flowers from which issue half-
> length figures of philosophers holding respectively an armillary sphere
> and a sextant, and a third person who holds the end of a scroll. The arms of
> the empire stand at the top, those of Trithemius, quartered with the arms
> of the monastery of St. James, at the bottom. (*c.*) The corresponding panel
> on the r. side [219×26] has two philosophers holding respectively a pair of
> compasses and a square rule, and above them a third person who holds
> the end of a scroll. The arms of Austria stand at the top, those of Lorenz
> von Bibra, Bishop of Würzburg, at the bottom. (*d.*) The oblong panel at
> the top [24×106] contains merely the remainder of the two scrolls.[6]

----

ařová, Praha 2015, S. 479. Da die *Clavis* nur in **b** als seperater Titel angelegt ist, es sich bei **b**
aber um ein Quartformat handelt, deutet das Oktavformat auf die handschriftliche Fassung
der *Clavis*.

6 Campbell Dodgson, *Catalogue of early German and Flemish woodcuts preserved in the depart-*

DRUCKE 17

Für den Titel der *Clavis* sind die beiden Säulen, die als Platzhalter zwischen Titelholzschnitt und Seitenstücken dienen, vertauscht. Campbell Dodgson weist den unsignierten Holzschnitt dem Nürnberger Hans Springinklee zu.[7] Maria Lanckoroúska will dagegen eine Arbeit im Umfeld der Werkstatt Burgkmeier sehen.[8]

f – Frankfurt 1550 bei Cyriacus Jacob, VD16 T 1995, VD16 T 1969.

Textfeld ca. 140–145 × 90 mm, 280 ff., Sign. *–****4, a–e⁴, A–Z⁴, Aa–Zz⁴, ²a–²e⁴, f–i⁴, ²d–i⁴, Haupttypen: kursive Antiqua 90 mm, kursive Antiqua 120 mm, Rubriken $c_1{}^v$, $c_2{}^r$, $²d_1{}^r$–$i_3{}^v$, einfache Initialen, Druckermarke $i_4{}^v$.[9] Titel: *Polygraphiæ libri sex, Ioannis Trithemii abbatis Peapolitani, quondam Spanheimensis, ad maximilianum Cæsarem. Accessit clauis Polygraphiæ liber unus, eodem authore. Continentur autem his libris ratio, qua potest alter alteri quæcunque uoluerit non solum occulte, uerum etiam interdum citra suspitionem significare. Ostendunt et Methodum tam in docendo quam discendo utilissimam. Præterea facultatem profundissima quæque artium ac disciplinarum mysteria intelligendi. Additae sunt etiam aliquot Locorum Explicationes, eorum præsertim in quibus admirandi operis Steganographiæ principia latent, quæ quidem ingeniosis occasionem præbent, longe mairora & subtiliora inueniendi. Per Virum eruditissimum Adolphum a Glauburg, Particium Francofortensem. Francoforti 1550.* In Kolophon und mit seiner Druckermarke identifiziert sich der Drucker Cyriacus Jakob.

Die von **b** definierte Druckfassung der *Polygraphia* erfuhr in der Ausgabe von Cyriacus Jakob eine umfassende Neuordnung. Die *Clavis* ist hier kein separierter Titel mehr, sondern ff. ****$_3{}^r$–$c_4{}^r$ in Anschluss an die einleitenden Texte nach den *utilitates huius operis* plaziert. Darauf folgen neu hinzugefügt die *Apologia Ioannis Tritemii præposita Steganographiæ* ff. $d_1{}^r$–$d_2{}^r$, eine gekürzte, im

---

    ment of prints and drawings in the British Museum, Bd. 1, London 1903, Nr. 76, S. 405–406 und Nr. 77, S. 406.

7   Hieronymus, *eine Basler Offizin*, Bd. 1, S. 190: »Widmungsbild und Einfassungsbordüren sind dem Basler Holzschnitt der Zeit stilistisch in ihrem durch die Schraffierung bewirkten gleichmäßigen Grauton völlig fremd und so auch von C. Dodgson mit Recht dem Nürnberger Hans Springinklee zugewiesen worden«. Die Holzschnitte sind später bei Petri wiederverwendet worden, siehe ebd. S. 200.

8   Maria Lanckoroúska: *Burckmair oder der Monogrammist H.B.?* in: Guttenberg-Jahrbuch 1955, S. 107–113, hier S. 111–113. Ihre vom haselbergschen Druckprivileg abhängige Argumentation berücksichtigt die Ergebnisse von Isaac und Dodgson nicht.

9   *Cor regis in manu domini*, Marke II. nach Josef Benzing, *Der Drucker Cyriacus Jacob zu Frankfurt am Main 1533 (1539)–1551*, in: Archiv für Geschichte des Buchwesens 4 (1961), Sp. 1–18, hier Sp. 16.

18 DRUCKE

Wortlaut variierende Fassung der *Praefatio Steganographiae*,[10] und die bereits auf dem Titelblatt angekündigte *Expositio clarissimi uiri Adolphi a Glauburg patricii Francofordensis, cum exemplis eorum quę ab authore uel prœterita sunt, uel minus perspicue tractata* ff. $d_2{}^r$–$e_4{}^r$.[11] Gegenüber **b**, wo innerhalb der Wortlisten der Bücher i und ii, soweit sie mit β übereinstimmen,[12] Trithemius' Graphie weitgehend abgebildet wurde, normalisiert **f** die Orthographie durchgängig.

k_1 – Köln 1564 bei Johann Birckmann und Werner Richwin, VD16 T 1996, VD16 T 1970

Textfeld ca. 125×70 mm, 298 ff., Sign. A–Z[8], Aa–Ll[8], Mm[9], Nn[8], Oo[9], die beiden um ein Blatt erweiterten Lagen beinhalten um auf das ca. 1,5-fache des Seitenformats ausfaltbare Blätter: Mm_1 die *Tabulae* aus Buch v und Oo_5 das *Orchema numerale* aus Buch vi; Haupttypen: kursive Antiqua 82 mm, Antiqua 98 mm, an Kapitelanfang Initialen mit figürlichen Motiven. Titel wie **f**: *Polygraphiæ* [...] *Francofortensem. Coloniœ, Apud Ioannem Birckmannum, & Wernerum Richwinum. 1564.*

Birckmann reduzierte Format und Ausstattung auf einen Oktavband ohne Rubriken. Sein unveränderter Nachdruck von **f** ist fehlerhaft. In der biobibliographischen Information findet sich auf f. 6[v] ein Fehler, den alle folgenden Drucke übernehmen: *quorum ad minus octoginta* [*octingenta* in **b**, **f**] *calamo in pergameno & papyro decenter fuerunt conscripta.*[13] Eine weitere signifikante Abweichung im Kryptogramm der *Secunda figura expansionis tabulœ rectœ* f. $Mm_2{}^v$ statt »azpalspbw« steht »azpalspaw«. Die Foliierung bis einschließlich Ll_8 (das *Exordium* zu Buch v) ist immer wieder ungenau: 1–55, 65, 57–199, 100–170.

---

10   Im Vergleich zur Druckausgabe der *Steganographia*, Frankfurt 1608 bei Matthäus Becker d. J. für Johann Berner, VD17 23:277600X, ff.):($_2{}^r$):($_4{}^v$, teilweise scheint die *Apologia* näher zum Vorwort der *Clavis Steganographiae* S. [3–6]($A_2{}^r$–$A_3{}^v$).

11   Zu Glauburgs *Expositio* siehe hier zur Rezeption, Bd. 1., S. 63.

12   **b** und **Wo** weisen innerhalb des tabellarischen Materials der Polygraphia gemeinsame Veränderungen gegenüber der von α abhängigen Handschriften auf, die ich auf β zurückführe. Siehe dazu die Überlegungen in der Recensio, S. 30–31.

13   Ebenso in Johannes Trithemius, *Opera Historica*, ed. Marquard Freher, 2 Bde., Frankfurt 1601 von Andreas Wechel Erben, Claude de Marne und Johann Aubry Erben, VD17 23:231165H, unveränderter Nachdruck Frankfurt 1966, hier Bd. 1, f. $^*_5{}^v$ nach k_1 oder k_2.

DRUCKE

19

k$_2$ – Köln 1571 bei Johann Birckmann und Dietrich Baum, VD16 T 1997, VD16 T 1971

Textfeld ca. 125×70 mm, 306 ff., Sign. A–Z^8, Aa–Pp^8, die beiden ausfaltbaren Zusatzblätter stehen außerhalb des Lagenschemas und wären nach f. Mm$_5$ und nach f. Pp$_3$ einzusetzen;[14] Haupttypen: kursive Antiqua 84 mm, Antiqua 93 mm, an Kapitelanfang z. T. von k$_1$ abweichende Initialen mit figürlichen und pflanzlichen Motiven. Titel: [...] *Coloniae, Apud Ioannem Birckmannum, & Theodorum Baumium. 1571.*

Birckmann veröffentlichte in geänderter Verlagsgemeinschaft eine neu gesetzte Ausgabe mit von k$_1$ abweichendem Zeilen- und Seitenumbruch.[15] Eine Paginierung reicht bis S. 554, f. Mm$_5$^{v} (das *Exordium* zu Buch v), Maximilian wird in Titel und Widmung nun als Maximilian I. benannt. k$_2$ führt in der *Clavis* zu Buch v, S. 70 einen Fehler in einem der Kryptogramme ein, den alle folgenden Drucke übernehmen »fuzf« statt »snzf«.

s$_1$ – Straßburg 1600 bei Lazarus Zetzner, VD16 T 1998, VD16 T 1972

Textfeld ca. 125×70 mm, 321 ff. Sign. A–z^8, A–R^8 (a$_2$ und a$_4$ sind fälschlich als A$_2$ und A$_4$ bezeichnet, b$_5$ als a$_5$, R$_5$ als R$_7$), eine auf das ca. 2,5-fache einer Seite ausfaltbare Tafel (*Orchema numerale*) f. 605, Sign. zwei mal drei, als auf der Spitze stehendes Dreieck, angeordnete Sterne, wird nach f. P$_6$ eingesetzt; Haupttypen: kursive Antiqua 83 mm, Antiqua 93 mm, florale Initialen am Kapitelanfang. Titel: *Ioannis Trithemii abbatis Peapolitani, quondam Spanheymensis ad Maximilianum I. Cæsarem Libri Polygraphiæ VI. Quibus præter clauem et obseruationes Adolphi a Glauburg Patricii Francofurtensis. Accessit nouiter eiusdem Autoris Libellus de septem Secundeis seu intelligentiis orbes post Deum mouentibus. Opus reconditissimæ scientiæ, in quo & Steganographiæ principia latent, & methodus tam in docendo quam discendo ingeniosis ostenditur utilissima & prorsus admirabilis. Argentinae Sumptibus Lazari Zetzneri Bibliopolæ.* M.DC.

Zetzner[16] übernimmt den Text von k$_2$, auch wenn er auf S. 2 in der *Salutatio* angibt, verschiedene Ausgaben einschließlich einer Handschrift aus dem

---

14 Tatsächlich hat keines der Exemplare, die ich einsehen konnte, diese Blätter enthalten.

15 Richwin war 1565 verstorben, die Kooperation mit Baum begann 1566, vgl. Christoph Reske, *Die Buchdrucker des 16. und 17. Jahrhunderts im deutschen Sprachgebiet. Auf Grundlage des gleichnamigen Werkes von Josef Benzing. 2., überarbeitete und erweiterte Auflage*, Wiesbaden 2015, S. 483–485.

16 In Zetzners Portfolio findet sich mit Bezug zur Kryptologie neben der *Polygraphia* noch ein nicht autorisierter Nachdruck von Giovanni Battista della Portas, *De furtiuis literarum notis uulgo de ziferis libri IIII*, Neapel 1563 bei Scotus, unter dem abgewandelten Titel *De*

20 DRUCKE

Besitz von Trithemius' Bruder Jakob verglichen zu haben: *Conquisitis itaque undique uariis editionibus eas cum nouissima diligenter contuli, & praeterea M.S. etiam exemplar Iacobi Trithemii Ioannis fratris addidi, & collatione cum reliquis editionibus instituta iis, paucis exceptis fere simile inueni.* Als Neuerung findet sich in Buch v nach der Darstellung des *Orchema* nun eine *Orchematis Expansio*, S. 568–571, diese ist tatsächlich nach der handschriftlichen Fassung ergänzt; in den Kryptogrammen der *Clavis* übernimmt s_1 die Fehler von k_2 und fügt neue hinzu: S. 72 »ifvqyn« statt »ifyqyn«. In der für die *Polygraphia* nun durchgängigen Paginierung ist wegen des eingezogenen Blattes auf f. 605 S. 606 doppelt gezählt. Angesetzt mit neuer Paginierung bei fortlaufendem Lagenschema ist das im Haupttitel angekündigte *De septem secundeis* nach der Ausgabe von Cyriacus 1545.[17] Motiviert war dieser Zusatz wohl durch die Darstellung der Einleitung von Buch vi der *Polygraphia*.

$s_1{}^a$ – Straßburg 1600 bei Lazarus Zetzner, VD16 ZV 17498

Diese seltene Variante zu s_1 ergänzt eine zusätzliche Lage *8 und tauscht a8 aus, ab f. $b_1{}^r$ (S. 17) ist sie identisch mit s_1.[18] Das veränderte Titelblatt liest *Ioannis* [...] *admirabilis: Cum præfatione Georgii Pfluegeri Germani. Procurante Lazaro Zetznero Bibliopola Argentinense.* M.DC.

Auf ff. $a_2{}^v$–$a_8{}^v$ sind die *epistola dedicatoria* und die *epistola Ioannis Duraclusii* mit gleicher Type und Initiale wie in s_1 neu gesetzt, hier allerdings unter reich-

---

    occultis literarum notis seu artis animi sensa occulte aliis significandi, aut ab aliis significata expiscandi enodandique libri IIII, Montbéliard 1593 bei Jacques Foillet, *expensis Lazari Zetzneri*; 1603 in Straßburg unter eigenem Namen. 1606 druckt er in Straßburg unter gleichem Titel [....] *libri quinque* die von Della Porta überarbeitete und erweiterte zweite Auflage *De furtuis literarum notis uulgo de ziferis libri quinque. Altero libro superacuti, & quamplurimis in locis locupletati*, Neapel 1602 bei Subtile nach. Dazu Gerhard F. Strasser: *Die europäische Rezeption der kryptologischen Werke Giovanni Battista Della Portas*, in: Morgen-Glantz 18 (2008), S. 83–112, hier S. 87: »Ein eindeutiges Plagiat«.

17   Die Textgeschichte des *De septem secundeis, id est intelligentiis, siue spiritibus mouentibus orbes* im Druck berührt in weiten Teilen dieselben Personen wie diejenige der *Polygraphia*. Erstausgabe von Johannes Marquard, vermittelt durch Johannes Haselberg 1522 in Nürnberg bei Hieronymus Höltzel, VD16 T 2001, dort ebenfalls 1522 eine deutsche Übersetzung *von den syben Geysten*, VD16 T 2005. Grundlage der weiteren Rezeption ist die korrumpierte Ausgabe 1545 ›Ex Archetypo conscriptus‹ bei Cyriacus Jakob [...] *siue Spiritibus Orbes post deum mouentibus* in Frankfurt, VD16 T 2002. Ein um ein Briefkorpus erweiterter Nachdruck dieser Ausgabe erschien bei Johann Birckmann in Köln 1567, VD16 T 2003, VD16 T 1979. Nach den Drucken in s_1 und s_2 zuletzt in den *Opera Historica*, ed. Marquard Freher, Bd. 1, f. **$_4{}^r$–***$_1{}^r$ als *De Septem Secundeis* [...] *libellus, siue Chronologia mystica*.

18   Benutzt wurde das Exemplar der Forschungsbibliothek Gotha 8° 154/3.

DRUCKE

lichem Gebrauch von Nasalstrichen, zum Teil auch weiteren Kürzungen, die von Zetzner in diesem Druck (s_1) sonst nicht gebraucht wurden. Die *Salutatio* des Typographen, in s_1 S. 2, entfällt. Neu hinzu kommen ein Widmungsgedicht an Martin Aichman f. *$*_1^v$ sowie die 17-seitige *Praefatio* von Georg Pflüger ff. *$*_2^r$–a_2^r. In dieser ist die Ausgabe Martin Aichmann, dem Kanzler von Württemberg und Caspar Cangiesser, dem Erzieher von Ludwig Friedrich von Württemberg-Mömpelgard gewidmet. Pflüger zeigt sich hier als Apologet der *Polygraphia* und des Trithemius, zudem sagt er hier von sich, er habe den in s_1 von Zetzner allgemein für sich reklamierten Textvergleich vorgenommen: *nullum laborem subterfugiamus: nouissimam editionem cum duabus aliis uetustissimis & altero M.S. Iacobi Trithemii Ioan. fratris diligenter contulimus*, f. a_1^v. Allerdings spricht das Vorwort Pflügers auch explizit konfessionelle Positionen an, was die duale Anlage des Drucks erklären könnte. Möglicherweise hat tatsächlich Georg Pflüger den Neudruck der *Polygraphia* angeregt. Lazarus Zetzner jedenfalls muss von Anfang an geplant haben s_1 und s_1^a parallel zu produzieren und zu vermarkten. Indizien hierfür sind die leere Seite 16, f. a_8^v, die in s_1 nach den hier nicht verdichtet gesetzten Vortexten übrigblieb, der rege Kürzungsgebrauch in den ersten beiden Quaternionen von s_1^a, um den Seitenumbruch einhalten zu können, sowie die Seitenzählung von s_1^a, die erst inmitten der *Praefatio* des Georg Pflüger nach 14 ungezählten Seiten mit der Lage a einsetzt. Dass Zetzner mit seiner pragmatischen Verlagspolitik eine konfessionelle Positionierung für einen so spezialisierten Druck als kontraproduktiv erachtet haben würde, scheint plausibel.[19]

s_2 – Straßburg 1613 bei Lazarus Zetzner, VD17 23:299575R

Textfeld ca. 125 × 70 mm, 353 ff., Sign. A–Z⁸, Aa–Xx⁸, die ausfaltbare Tafel f. 605 wie bei s_1; Haupttypen: kursive Antiqua 83 mm, Antiqua 93 mm, während die vorangehenden Ausgaben für das tabellarische Material auf ein Rotunda bzw. Fraktur ›w‹ zurückgreifen, experimentiert s_2 mit einem Antiqua ›w‹; zum Teil von s_1 abweichende florale Initialen. Titel: *Ioannis […] mouentibu, cum aliquot epistolis ex opere Epistolarum utilissimis. Opus reconditissimæ […] admirabilis. Argentorati, Sumptibus Lazari Zetzneri Bibliopolæ. Anno M.DC.XIII.*

Neu gesetzte Ausgabe mit abweichendem Zeilen- und Seitenumbruch. Zetzner versuchte hier durch die Inklusion des Briefkorpus aus Birckmanns Aus-

---

19   Vgl. hierzu die Charakterisierung Zetzners von Rita Sturlese, *Lazar Zetzner, «Bibliopola Argentinensis». Alchemie und Lullismus in Straßburg an den Anfängen der Moderne*, in Sudhoffs Archiv 75 (1991), S. 140–162, hier insb. S. 140–141.

gabe des *De septem secundeis* von 1567 einen Mehrwert zu generieren:[20] Gedruckt sind mit vom *De septem secundeis* aus fortlaufender Paginierung S. 28–29 ep. fam. 1,33; S. 30–36, ep. fam. 1,34; S. 36–38, ep. fam. 1,37; S. 38–48 an Johannes von Westerburg 10. März 1503, die lateinische Fassung liegt scheinbar nur in dieser Überlieferung vor, ebenso S. 48–57 an Joachim I. von Brandenburg 26. Juni 1503;[21] S. 57–66 ep. fam. 1,23; S. 67–69, ep. fam. 1,38; S. 70–71 ep. fam. 1,49; S. 71–73 ep. fam. 2,48; S. 74–85 ep. fam. 2,51; S. 86–88 ep. fam. 2,59; S. 89–90, ep. fam. 2,60.

p – französische Adaption Paris 1561 bei Jacques Kerver und Benoît Prévost

Textfeld ca. 190×12 mm, 318 ff., Sign. ã^8, ẽ^8, a–z^8, A–G^8, H^4, I–P^8, Haupttypen: Antiqua 113 mm, Antiqua 135 mm, Druckermarke P$_8$^{v}. Durchgehend foliiert ab a$_1$. Titel: *Polygraphie et uniuerselle escriture Cabalistique de M.I. Tritheme Abbé, Traduicte par Gabriel de Collange, natif de Tours en Auuergne. A Paris, Pour Iaques Keruer demeurant en la rüe sainct Iaques, à l'enseigne de la Licorne. 1561. Auec priuilege du roy.*

Die Charles IX. gewidmete Übersetzung des Gabriel de Collange ist tatsächlich eine recht freie Adaption in fünf Büchern auf der Grundlage von f.[22] Die Bücher i und ii sind durch ein französisches mit 376 Spalten ersetzt, die Wortlisten der Bücher iii und iv in sichtbarer Anlehnung stark verändert. Näher an der Vorlage sind stellenweise die Übersetzungen der *Apologia*, der *Praefatio*, von Buch v und Buch vi, sowie die der korrespondierenden Teile der *Clavis* und die der *Expositio* von Glauburg. ›&‹ ersetzt in den Alphabeten und Tabellen das für das Französische nicht relevante ›w‹ der Vorlage. Auffällig orientiert sich die von Prévost für Kerver aufwändig gedruckte Ausgabe in Format und Ausstattung mehr an **b** als an f.[23] Die Titelblätter der drei Teile des Buchs zeigen je einen aufwändig geschnittenen Rahmen mit wissenschaftlichen Instrumenten und Kervers Einhörnern, umseitig jeweils ein Portrait de Collanges f. ã$_1$, f. 293 B$_1$, f. 245 I$_1$. Ab. f. 167 X$_7$ druckt Prévost die Tabellen von Buch iv und v, also die Entsprechungen der Bücher v und vi der *Polygraphia*, gemäß seiner

---

20 Siehe oben Anm. 17. Die Angabe der *Epistolae familiares* folgend nach Freher, *Opera Historica*, ed. Marquard Freher, Bd. 2, S. 436–574; die Erstausgabe von Jakob Spiegel, Hagenau 1536 bei Peter Braubach, VD16 T 1978 hat noch keine Zählung der Briefe.

21 Vgl. das Briefregister in Arnold, *Johannes Trithemius*, S. 269 und 270.

22 Zeitnahe biobibliographische Information zu Gabriel de Collange bietet [François Grudé,] Sieur de la Croix du Maine, *Premier volume de la bibliotheque* [...], Paris 1584, S. 111–112.

23 Für Prévost siehe den Kolophon f. 243^v (H$_3$^{v}); Kerver ist außer auf den Titeln noch mit seinem Einhorn mit Schild auf f. 300^v (P$_8$^{v}) präsent.

DRUCKE 23

Vorlage **f** mit Rubriken, gleiches gilt für die *Clavis*, die de Collange zusammen mit der *Expositio* wieder aus dem Haupttext herausgezogen und unter einen nachgestellten Subtitel mit eigenem Titelblatt gestellt hat. Die *Apologia Ioannis Trithemii præposita Steganographiæ* steht nun als allgemeine *Apologie* massiv umgeschrieben unter den einleitenden Texten vor dem eigentlichen *Prologue sur toute la Polygraphie*. Der dritte Teil von **p** läuft unter de Collanges eigenem Namen: *Tables et Figures Planispheriques, extensiues & dilatiues des recte et auerse, seruants à l'uniuerselle intelligence de toutes escritures, tant metathesiques, transpositiues, mythologiques, numerales, anomales, que orchemales.* Bemerkenswert sind hier vor allem die dreizehn beweglichen Chiffrierräder.

Auch die französische *Polygraphie* wurde mehrmals nachgedruckt. Der Universal Short Title Catalogue listet neben dem Druck von 1561, USTC Nr. 1225 unter Kervers Namen noch einen Nachdruck von 1563, USTC Nr. 83721 und einen dritten von 1571, USTC Nr. 38433. Nachgedruckt wird sie weiter als Plagiat auch unter dem Namen Dominique de Hottinga, *Polygraphie et uniuerselle escriture Cabalistique contenant cinq liures, auec les tables et figures concernats l'effaict & l'intelligence de l'occulte escriture* [...], Emden 1620 bei Helwich Kallenbach d. Ä. Hinweise auf die Autorschaft Trithemius' und die Übersetzungstätigkeit de Collanges sind hier weitgehend bis vollständig getilgt. Unter dem Titel Dominique de Hottinga, *Polygraphie ou methode uniuerselle de l'escriture cachée: auec les tables & figures* [...], Groningen 1621 bei Jean Sas, diese Ausgabe scheint ab S. 9, Lagensignatur B, mit Kallenbach 1620 identisch. Unter dem Titel *Polygraphie et uniuerselle escriture Caballistique de M.I. Tritheme Abbé. Auec les Tables & Figures* [...]. *Traduicte par Gabriel de Collange, natif de Tours en Auvergne. A Paris, Pour Iaques Keruer demeurant en la ruë sainct Iaques, à l'enseigne de la Licorne, & de nouueau l'An 1625. Auec priuilege du roy.* Kerver war 1583 verstorben, die Ausgabe ist wiederum von der ersten Lage abgesehen identisch mit Kallenbach 1620.[24]

---

24 Als Plagiate sind Kallenbachs Ausgaben bereits gelistet bei Ernst Gustav Vogel, *Ein Merkwürdiges Doppelplagiat*, in: Serapeum 17 (1856), S. 343–347; Emil Weller, *Die falschen und fingierten Druckorte. Repertorium der seit Erfindung der Buchdruckerkunst unter falscher Firma erschienen deutschen, lateinischen und französischen Schriften. Bd. 2 enthaltend die französischen Schriften / Dictionaire des ouvrage français portant de fausses indications des lieux d'imprimeurs. Depuis le XVIᵉ siècle jusqu'aux temps modernes*, Leipzig 1864, S. 11.

Die (Pseudo-) Autographen

Vor der *Recensio* der handschriftlichen Fassung der *Polygraphia* soll zunächst der Autographenstatus derjenigen Handschriften überprüft werden, denen ein solcher zugeschrieben wird. Zweifelsfrei ist er für **W**. Trithemius' Hand weist sich hier durch die Subskription Ἰωάννης ὁ τριτήμιος γέγραφα am Ende der Bücher i–v aus,[1] ff. 113^v, 192^v, 210^v, 226^v und 237^v; Buch vi ist, wahrscheinlich um den Schriftspiegel nicht zu verletzten, nicht entsprechend ausgezeichnet worden. Zusätzlich vermerkt Trithemius sowohl im Widmungsbrief *Ad maximilianum* 7 ebenso wie am Ende der *Diadoses* 65, dass er dem Kaiser ein von eigener Hand geschriebenes Exemplar übergeben werde, respektive übergeben habe. Trithemius' charakteristisch-klare, ebenmäßig-elegante Schrift, wie sie hier in Erscheinung tritt, wird üblicherweise als humanistische Kursive bezeichnet, beziehungsweise als eine solche, auch wenn ihr »alle ›kursiven‹ Züge abzusprechen sind«.[2] Dem entgegen möchte ich seine Hand als Gothico-Antiqua nach der Definition von Derolez[3] einordnen, denn, strikt betrachtet – auch in Anbetracht von Trithemius' klarem Bekenntnis zum Vorbild der *antiqui*, wie er es im *De laude scriptorum* (ed. Arnold), S. 66,7–14 (Kapitel 8) ablegt – finden sich in seiner Schrift, wenn auch mit der Klarheit einer humanistischen Hand, eine Vielzahl gotischer Züge (vgl. Abbildung 1). Kursiv ist sie nur insofern, als dass alle Minuskelbuchstaben eine ebenmäßige Rechtsneigung aufweisen. Die Majuskeln, nahezu ausschließlich als Satzanfangsmajuskeln genutzt, sind zumeist stärker aufgerichtet, rangieren von geringfügig weniger Neigung als die der Minuskel bis hin zu beinahe senkrecht in Bezug auf die Linierung. Oberlängen messen zwischen 2/3 und der ganzen Höhe des mittleren Schriftbandes. Die volle Höhe haben dabei fast ausschließlich die Langschäfte von b, d, h, l und t im Verbund einer ct Ligatur. Unterlängen sind deutlich stärker ausgeprägt mit zumeist der gleichen Höhe des mittleren Schriftbands. Schäfte, insbesondere Langschäfte, haben einen feinen Anstrich, der im Fall von Oberlängen zum Teil so dicht anliegen kann, dass beinahe der Eindruck von Keulchen entsteht.

Zum Buchstabenbestand: Einteiliges a, der Bogen setzt am oberen Ende der Haste an und entfernt sich deutlich sichtbar von dieser, oft ist er nicht vollständig geschlossen; c wird aus zwei Ansätzen aus geradem Vertikal- und an dessen Spitze angesetztem Horizontalstrich gebildet; ausschließlich gerades d;

---

1 Trithemius' griechische Hand orientiert sich möglicherweise an einer späten mittleren Minuskel und beinhaltet einige unziale Majuskelformen, vor allem H und N.

2 Arnold, *Johannes Trithemius*, S. 68.

3 Derolez, *Palaeography*, S. 176–181, besonders S. 178.

© KONINKLIJKE BRILL NV, LEIDEN, 2022 | DOI:10.1163/9789004507753_016

DIE (PSEUDO-) AUTOGRAPHEN   25

e ohne Querbalken, der Bogen schließt in sich nach innen; f mit Unterlänge; g ist der charakteristischste Buchstabe dieser Schrift: der obere Körper in der Form eines hier mit einem Haarstrich geschlossenen c, sodass der Eindruck eines Dreiecks entsteht, die geschlossene runde Schleife ist meist größer als der obere Teil, es entsteht der Eindruck einer Sanduhr oder einer auf beiden Seiten entsprechend geschlossenen 5; bei h setzt der Bauch am unteren Ende des Schafts an, von dem er sich sofort entfernt und in einer tiefen Unterlänge endet; i zumeist mit Punkt, vor allem bei ambivalenten Positionen, bei Dopplung (bei der Notation lateinischer Zahlen das jeweils letzte) mit Unterlänge in Endposition; die Bögen bei m und n sind nahezu gerade und laufen zum folgenden Schaft hin nach oben; r ausschließlich in gerader Form; s mit Doppelformen gerades, in Endposition rundes und ›Rücken‹-s: ſ, s, в,[4] gerades ſ dabei mit Unterlänge; der Querbalken des t ausschließlich auf der rechten Seite; rundes u, an Wortanfang auch variabel spitzes, als Majuskel, Einzelbuchstabe oder lateinische Zahl immer v; x, der Balken von links unten nach rechts oben mit deutlicher Unterlänge. Die Buchstaben stehen zum Teil so dicht, dass sie einander berühren, eine Ligatur bildet aber nur ct, der Schaft des t biegt sich hier nach vorne zum c hinab, berührt dieses aber nicht, sondern läuft noch über ihm in einer Haarlinie aus; et ist grundsätzlich ausgeschrieben; bei Dopplung von ſſ ist das zweite, ebenfalls gerade ſ im Vergleich geringfügig nach oben versetzt, pp steht in Bogenverbindung.

Dieser Befund zeigt sich mit minimalen Abweichungen auch in weiteren Trithemius-Autographen:[5] München, BSB, Clm 703; Clm 704; Uppsala, UB, C IV; Città del Vaticano, BAV, Pal. lat. 730; Pal. lat. 850; Pal. lat. 929; Wien, ÖNB, Cod. 11716; Würzburg, UB, M. ch. f. 126. Einen besonderen Fall stellt Würzburg, UB, M. ch. f. 340, da hier keine Reinschrift eines literarischen Textes, sondern mit dem *Registrum omnium receptorum et expositorum* für St. Jakob 1514/1515, 30 ff. als Schmalfolio eine Alltagsschrift dokumentiert vorliegt.[6] Das

---

4   Das auf die Höhe des mittleren Schriftbands reduzierte Majuskel B ist eine Approximation der aus der Kursive abgeleiteten Buchstabenform, vgl. im Bernhard Bischoff, *Paläographie des römischen Altertums und des abendländischen Mittelalters*, Berlin [4]2009, S. 175 (28), Derolez, *Palaeography* S. 93 (74), 151 (69).

5   Für diese Untersuchung konnten nicht alle mutmaßlichen Trithemius-Autographen berücksichtigt werden. Die Auswahl ergab sich durch die Verfügbarkeit von Digitalisaten, ergänzt durch Handschriften, die ich im Verlauf meiner Arbeit persönlich eingesehen habe. Dennoch scheint die Auswahl repräsentativ, nicht berücksichtigte Handschriften datieren ebenfalls in den hier abgedeckten Zeitraum und scheinen von ihren Beschreibungen durch die angeführten Beispiele mit abgedeckt.

6   Unter dem Titel ergänzt Trithemius [...] *per me iohannem tritemium abbatem* [...], zu dieser Handschrift siehe Lehmann, *Merkwürdigkeiten*, S. 48–49.

Rechnungsbuch zeigt in unterschiedlich flüchtiger Form die beschriebene Gothico-Antiqua für die einzelnen Posten, summiert deutlich kursiviert, in der Regel mit den Worten *Summa istius ...* und einer Kostenangabe. Konsistent weist die Schrift hier die Merkmale auf, die Trithemius' Hand in den gelisteten Handschriften der Würzburger Dekade kennzeichnen. Ein weiteres Zeugnis für Geschäftsschrift liefert die Sammlung Wien, ÖNB, Cod. 9045* *Excerpta ex libris Chronicis Abbatis Spanhamiensis cum Glosa Stabii. Epistolae quaedam Trithemii ad Maximilianum imp.*, die von Johannes Stabius 1517 aus in Würzburg in Trithemius' Nachlass vorgefundenen Materialien zusammengestellt worden ist.[7] Neben Trithemius' bekannter Hand und den Anmerkungen, die Stabius eigenhändig eingefügt hat, finden sich zumindest vier verschiedene Kursiven und eine in Buchstabenform und Bildung der Hand des Trithemius sehr ähnliche, aber aus extrem breiten Zügen zusammengesetzte, sehr aufrechte Schrift – deutlich abweichend ist das h, der Bauch zieht parallel zum Schaft unter die Zeile ff. 33$^{r/v}$. Eindeutig zu Trithemius gehören die Einträge auf den ff. 14^v, 26^v, 30$^{r/v}$, 32$^{r/v}$ und die Notiz am oberen Rand von f. 33^r.

Zu Erscheinungsbild und Layout: Kennzeichnend für die autographen Reinschriften der *trithemiana* ist der großzügige Rand annähernd im Goldenen Schnitt zur Breite des Schriftspiegels und dessen unbedingte Einhaltung dahingehend, dass am rechten Rand Kürzungen zum Einsatz kommen, die in der ansonsten kürzungsarmen Schrift eigentlich keinen Gebrauch finden. Im Fall der Wortlisten der *Polygraphia*, die sich einem solchen Blockbild zwangsweise entziehen, entsteht auf manchen Seiten der Eindruck, dass die Worte nicht nach sprachlichen Erwägungen, sondern in erster Linie nach der Optik eines gefälligen, wellenförmigen Zeilenumbruchs platziert sind.[8] Die Buchstaben sind aus generell sehr feinen Zügen, mit minimalem Unterschied zwischen Haar- und Schattenstrich zusammengesetzt – in den späteren Handschriften scheint der Federzug kräftiger zu werden.

Neben W wird auch S in der Literatur, wohl nach dem historischen Vermerk auf dem Titelblatt, als Teilautograph der *Polygraphia* gelistet.[9] S weist scheinbar

---

7 Dazu Arnold, *Johannes Trithemius*, S. 174; Transkription von Stabius' Notizen und den Briefen bei Joseph Chmel, *Die Handschriften der k. k. Hofbibliothek in Wien im Interesse der Geschichte, besonders der österreichischen*, Bd. 1, Wien 1840, S. 312–320.

8 Diesen Eindruck habe ich in W tatsächlich auf den meisten Seiten gewonnen, besonders eindrücklich zeigt sich das Phänomen bereits früh auf f. 17^v (Buch i, Sp. 39–40) oder f. 19^r (Sp. 45–46), in der folgenden Edition lässt er sich aufgrund der abweichenden Unterschneidung der Typographie und dem Nichtgebrauch von Kürzungen nur erahnen.

9 Siehe oben S. vii bei S zum Titelblatt f. 1 (1.). Diese Zuordnung findet sich dann bei Arnold, *Johannes Trithemius*, S. 252, bei Irtenkauf/Krekler, *Codices poetici et philologici*, S. 58 und bei Arnold im Verfasserlexikon Deutscher Humanismus, Bd. 2 (2013), Sp. 1118.

DIE (PSEUDO-) AUTOGRAPHEN

drei verschiedene Hände auf, wahrscheinlich aber drei unterschiedliche Register einer einzelnen Hand. Eine manierierte Gothico-Antiqua (a) ff. 2^r–6^v (vgl. Abbildung 2), eine reguläre, kalligraphisch ausgeführte Gothico-Antiqua (b) ff. 7^r–191^r (vgl. Abbildung 3) die im Verlauf in der Ausführung flüchtiger wird, und zuletzt eine sehr flüchtige Gothico-Antiqua (c) ff. 191^r–221^v (vgl. Abbildung 4) die sich stellenweise stark einer gotischen Kursive annähert, insb. ff. 191^v, 192^r.

Kennzeichnend für Schrift (a) sind die vollständig aufgerichteten Buchstaben, tendenziell zweistöckiges a, gerades d, g erscheint fast viereckig mit links aus dem unteren Zug ausgehender offener Schleife und Fähnchen, der Bauch des h setzt bei etwa 1/3 der Höhe der Haste an und endet mit schwacher Unterlänge des Bauches, ausschließlich gerades r mit ausgeprägter Unterlänge, s in allen drei Formen – rundes s findet sich (nicht ausschließlich) auch im Wortinneren bei Dopplung sf an erster Stelle, wobei das runde s oben in horizontaler Linie mit dem Schaft des geraden f verbunden ist, ebenso in entsprechender Verbindung zum Teil bei st, gerades f mit Unterlänge. Langschäfte deuten zum Teil unmerklich Schaftbrechung an. Die Oberlängen der ersten und die Unterlängen der letzten Zeile sind extrem verlängert bis zu fünffacher Höhe des mittleren Schriftbandes, dabei sind manche der verlängerten Schäfte der oberen Spalte teilweise gespalten.

Schrift (b) ist sehr ähnlich, hat allerdings innerhalb der Wortlisten immer ›unziales‹ rundes d, zum Teil dreistöckiges g in Form einer 9 mit angesetztem, gestauchtem ɔ; r steht ohne Unterlänge auf der Linie, selten findet sich die Gewohnheit sf bei Dopplung, die Regel sind hier zwei gerade ff.

Schrift (c) hat wiederum nur gerades d, g ist immer die dreistöckige Form von (b), der untere Stock ragt um fast die Länge des oberen nach vorn. Wie bei (a) steht doppeltes s in der Form sf. Insgesamt steht (c) Trithemius' Hand augenscheinlich am nächsten. Die Formen sind oft sehr ähnlich, was allerdings vor allem für die weniger aussagekräftigen Buchstaben gilt; dementgegen steht aber das eigenwillige g und die graphische Gewohnheit des sf, die sich in keinem der von mir eingesehenen Trithemius-Autographen wiederfindet.

Wo wurde zuletzt von Arnold als Autograph ausgewiesen.[10] Die Handschrift (vgl. Abbildung. 5) ist durchgängig in einer an Trithemius' Gothico-Antiqua orientierten humanistischen Kursive einer Hand geschrieben, allerdings etwas stärker aufgerichtet: Einstöckiges a, die Schlaufe an der Haste anliegend und im

---

10   Siehe oben S. 10, Anm 25. Wie oben S. 11 bemerkt, glaubte bereits Herzog August ein Autograph erworben haben. Dem bibliophilen Sammler stand für seine Einschätzung allerdings kein Vergleichsmaterial zur Verfügung.

Gegensatz zu Trithemius' Hand immer vollständig geschlossen; c aus Schaft und Querbalken; gerades d; g überwiegend in Form eines oben geschlossenen s, die Schleife weist zwei bis dreifache Breite des Körpers auf, sehr selten in einer Trithemius' ähnlicheren Form aus geschlossenem c mit angesetzter, auch hier überproportionaler Schleife; h mit Unterlänge des Bauchs; kursives r mit Fahne auf der linken Seite und zurückgebogenem Schaft; gerades f mit Unterlänge, rundes s in Endposition, vereinzelt bei Dopplung fs an zweiter Stelle. In Ligatur steht ct vollständig geschlossen, et weitgehend als &. Vereinzelt Restitution des Diphthongs bei æ, gelegentlich als ę – konsequenter bei œ.

Trithemius' Hand zeigt in den eingangs genannten Beispielen eine außerordentliche Schreibdisziplin und Konsequenz: Auch dann, wenn sie sich wie im Rechnungsbuch der Kursive annähert, bleiben Buchstabenbildung, Abfolge von Doppelformen und Ligaturen konsistent. Gleichzeitig wirkt sie in ihrem näheren Umfeld als Stilvorbild. Dritte orientieren sich in Details oder im Ganzen an ihr, was eine Abgrenzung im Einzelfall schwierig macht.[11] Dennoch möchte ich aufgrund des geschilderten Befundes **Wo** und auch **S** ungeachtet des historischen Vermerks *a manu autoris scripta* als Arbeiten Dritter einordnen. Zu den paläographischen kommen Argumente der Textqualität. Beide Kopisten dokumentieren ein merklich schwächeres Textverständnis, nicht nur im Vergleich mit dem Autographen **W**, sondern auch in dem mit den Kopien **A** und **C**. Unsicherheit besteht bei der Graphie der *Graecolatina*, im Gegensatz zu Trithemius' sorgfältiger Auszeichnung mit Satzanfangsmajuskeln ist der Gebrauch von Majuskeln in **Wo** beliebig, die Interpunktion willkürlicher. Zuletzt zeigt der Schreiber von **Wo** einen stärkeren Einfluss humanistisch-orthographischer Ideale, als er etwa in Trithemius' späten Autographen sichtbar wird – neben dem bereits genannten Diphthong stellenweise qu statt c.

---

11 Außer **S** und **Wo** finden sich weitere Handschriften, deren Zuordnung zu Trithemius ich problematisch finde, etwa Würzburg, M.ch.q. 27, »Unausgeglichenes Autograph des Trithemius« nach Thurn, *benediktinische Provenienzen*, S. 159. Die klar nach Trithemius' Hand modellierte humanistische Kursive weist einige für ihn sehr untypische Merkmale auf: sehr runder Duktus, abweichend gebildetes g, unsystematisch Diphthonge als æ Ligatur, & Ligatur, vereinzelt fs bei Dopplung.

Recensio

Die Zeugen der handschriftlichen Fassung der *Polygraphia* stehen einander zeitlich wie auch räumlich sehr nahe, und ebenso – ungeachtet der angerissenen Verständnisschwierigkeiten – in der Textqualität. Trithemius berichtet an verschiedener Stelle, im Widmungsbrief *Ad maximilianum 7* und in Anschluss an die *Diadoses 65*, dem Kaiser ein von eigener Hand geschriebenes Exemplar übergeben zu haben – und, dass er eine Kopie von dritter Hand für sich behalten habe. Damit ist die Widmungshandschrift W, die nach der Übergabe am Mittelrhein in der kaiserlichen Sammlung verblieb und bei der es sich, wie oben beschrieben, um eine autographe Reinschrift handelt, zweifelsfrei zuzuordnen. Weiter sprechen mehrere Indizien dafür, C als die erwähnte Kopie dritter Hand anzusehen: Die Subskription eines Schreibers aus St. Stephan in Würzburg, der Einband mit Stempeln des Trithemiusbuchbinders und vor allem das genutzte Papier. Es trägt die gleichen Wasserzeichen wie dasjenige von W, ein Papier das Trithemius 1508 scheinbar für mehrere Projekte nutzte und das sicherlich er dem Kopisten zur Verfügung stellte.[1] Hinsichtlich des Texts stehen W und C einander sehr nahe, sind aber separate Reinschriften einer gemeinsamen Vorlage α. Sichtbar wird dies an an einem deutlichen ›Systemfehler‹ in Buch 1, Sp. 117, m: W verzeichnet hier in Konflikt mit Sp. 117, k ein zweites Mal *subuenias*, C das intendierte *subuenitote*. W ist selbst keine absolut getreue Reinschrift von α, sondern weist einige minimale Eingriffe in die Formulierung auf. Im Wesentlichen sind dies Ergänzungen von Worten, die in den übrigen Handschriften nicht zu finden sind, etwa *apparencia* 0,1,12 oder *ponemus* 0,2,1. Eine gewisse Divergenz zeigen weiter auch die Musterbeispiele der historischen Geheimschriften in Buch vi. W kürzt hier die Vorlagen zum Teil nach ästhetischen Gesichtspunkten 6,4,10, entfernt vollständig 6,4,11b oder teilweise: dies betrifft bezeichnenderweise die volkssprachlichen Anteile von 6,4,14 und 6,4,16.

Auch A gibt, genauso wie C, die vollständige ›Langfassung‹ der Kryptogramme in Buch vi. Innerhalb der Textbestandteile nimmt A eine Zwischenstellung zwischen W und C ein, trägt an vielen Stellen Varianten je nach der einen oder anderen, ohne dass diese Varianten an sich sonderlich aussagekräftig wären, etwa in 0,1,7 mit der Wortstellung *natura contulit* nach W und der Variante *implorent* nach C. Eindeutiger als diese polygenetischen Varianten ist

---

1 Wie erwähnt findet sich das gleiche Papier auch in der zeitnah entstandenen Widmungshandschrift des *Liber octo quaestionum*, Wien, ÖNB, Cod. 11716, siehe oben S. 3–4.

in **A** das Fehlen der in **W** ergänzten Worte, wie oben genannt etwa 0,1,12 *apparencia* oder 0,2,1 *ponemus*. Auffällig ist weiter die sklavische Detailbesessenheit des zweiten Kopisten, der die Zierelemente in den Überschriften der *tabule* und *expansiones* von Buch v, so wie sie von den bekannten Abschriften nur **W** aufweist, akribisch abzeichnet, dergestalt, dass er f. 236ᵛ (vgl. **W**. f. 235ᵛ) bei *Orchematis expansio*, exakt »:Orchematis expansio:–:–«, auf der rechten Seite eines der Elemente aus Doppelpunkt und Strich tilgt, nachdem er zunächst versehentlich statt zwei drei gezeichnet hatte. Möglicherweise ist **A** ungeachtet der räumlichen Distanz als weitere, als dritte Reinschrift von α zu bewerten, was tendenziell für eine Frühdatierung dieser Handschrift sprechen würde.

Etwas weiter entfernt von α ist **S**, dass sich zweifelsfrei als von **C** abhängige Kopie einordnen lässt. Johannes Weidner, dem Kopisten von **C**, unterlief in 0,1,14 ein markanter Fehler in der Wortstellung (und Satzeinteilung), der mittels allerdings sehr fein ausgeführter Blockade und Verweiszeichen richtiggestellt wurde: **C**, f. 3ʳ, Z. 2 [...] *spiritus philophotos // quorum primi apparebant / Alios uero misophotos // laruati quociens mittebantur* [...]. Der Kopist von **S** erkannte die diskreten Korrekturverweise nicht und übernimmt f. 3ᵛ, Z. 4–5 die fehlerhafte Wortstellung.

Die jüngste Handschrift **Wo** entstand datiert nach dem Begleitbrief im Sommer 1515. Wie bereits erwähnt[2] zeigt sie die deutlichsten intentionalen Eingriffe. Der Widmungsbrief an Maximilian ist durch ein Begleitschreiben an Germain de Ganay ersetzt. Die Kryptogramme in Buch vi sind teilweise personalisiert (6,3,7, 6,4,3 und 6,4,10); wie in **W** sind hier die volkssprachlichen Anteile unterdrückt, was sich für **Wo** durch den Adressaten erklärt. Das Anschreiben, siehe hier Appendix i, suggeriert, dass diese Kopie unter Zeitdruck entstand. Tatsächlich ist sie sicherlich die nachlässigste unter den bekannten Abschriften. Im Wortlaut des Textes zeigt **Wo** als jüngste der Handschriften noch keinerlei Annäherung an **b** und die Druckfassung der *Polygraphia* – bemerkenswerterweise dafür eine innerhalb der Wortlisten. Das tabellarische Material der ersten vier Bücher ist der einzige Bestandteil, den **b** direkt und weitgehend unmodifiziert aus der handschriftlichen Fassung übernahm. Ein Abgleich insbesondere der lateinischen Wortlisten zeigt immer wieder übereinstimmende Abweichungen bei **Wo** und **b** gegenüber **W**, **C**, **A** und **S**, aber auch immer wieder Divergenzen zwischen **Wo** und **b**. Das tabellarische Material von **Wo** und **b** geht daher, wie ich denke, auf eine gemeinsame, gegenüber der α-Gruppe veränderte Vorlage β zurück. Diese gemeinsamen β-Abweichungen stellen die Summe der signifikanten Abweichungen inner-

---

2 Siehe oben S. 10.

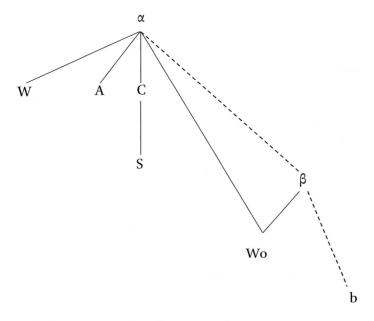

halb des ersten Buches. Überwiegend gehen sie auf Zeilensprünge zurück, so etwa im ersten Fall von Sp. 6, g–p, wo in β das für g vorgesehene *christicolis* übersprungen wurde und stattdessen die folgenden Worte nach oben rücken, entsprechend tritt *fidelibus* an seine Stelle, das übergangene *christicolis* wird dann bei p nachgetragen. Dies begegnet durch das gesamte Buch hinweg, in größerem Umfang etwa Sp. 44, h–r, Sp. 59, d–e, Sp. 66, f–k, Sp. 166, k–z, Sp. 329, k–v, Sp. 331, d–m, aber auch wiederholt in kleinerem Umfang bei der Drehung von lediglich zwei Elementen. Ein direkter Bezug von **b** zu **Wo** scheint allerdings unwahrscheinlich in Anbetracht der Varianten, die **b** nicht übernommen hat, siehe etwa Buch i, Sp. 10, i, l–o, s, x, Sp. 13 e, t, Sp. 63, q–r und weitere. Entsprechend vermute ich für das tabellarische Material einen Hyparchetyp, der weiter ausgearbeitet zur Vorlage der Druckfassung **b** wurde.

Editionsprinzipien

Die einzelnen Bestandteile der *Polygraphia* und die mit ihr in Bezug stehenden Texte weisen, wie zuvor skizziert wurde, eine unterschiedliche Überlieferungslage auf. Die *Polygraphia* selbst untergliedert sich in: 1. den Widmungsbrief *Ad maximilianum*, enthalten in **W, C, A** und **S**; 2. die Textanteile der *Polygraphia*: *Prefacio, Pinax*, die *Prefaciones* und Texte zu den Büchern i–iv, Buch v und Buch vi, enthalten in **W, C, A, S** und **Wo**; 3. die tabellarischen Anteile der *Polygraphia*, die Wortlisten der Bücher i–iv, enthalten nach α in **W, C, A, S**, nach β in **Wo** und **b**; dazu treten 4. der Begleitbrief an Germain de Ganay in **Wo** (als Appendix i); 5. die *Diadoses polygraphie* in **U** (als Appendix ii). Aufgrund dieser Situation werden diese Texte unterschiedlich behandelt.

Im Fall der *Polygraphia* (mit einem Autographen und weiteren autornahen Handschriften, mit Spuren eines Hyparchtypen, der zumindest für das tabellarische Material vage auf die weitere Arbeit deutet, auf der dann die Druckfassung gründet) schien es wenig gewinnbringend den Urtext zu rekonstituieren. Stattdessen wird eine Edition der Fassung von letzter Hand gegeben, die repräsentativ die Textgestalt der Handschriften und Trithemius' Arbeit an der *Polygraphia* dokumentiert. Textgrundlage ist dementsprechend die autographe Widmungshandschrift **W** unter Berücksichtigung von **C** als Idiograph und **Wo** als der am stärksten abweichenden, aber wohl dennoch idiographen Handschrift. **W** mit einer weiteren unmittelbaren Abschrift von α abzugleichen war zwingend geboten, denn als autographe Reinschrift[1] weist sie, wie in der Recensio dargestellt, eine Reihe von intentionalen Veränderungen im Textteil auf, sowie, innerhalb des tabellarischen Materials der Bücher i–iv, zahlreiche zu korrigierende Kopierfehler. Im Endeffekt hätte auch **A** zur Dokumentation der Veränderungen gegenüber α, die Trithemius bei der Reinschrift von **W** vornahm, genutzt werden können. **C** erhielt hier den Vorzug, da diese Abschrift zweifelsfrei nahezu parallel zu **W** entstand und da **C** von Trithemius selbst sorgfältig durchkorrigiert wurde, auch wenn er einige Fehler übersehen hat. Der

---

1 Johan P. Gumbert, *Autographs of historians in the Northern Netherlands*, in: Medieval Autograph manuscripts. Proceedings of the XVIIth Colloquium of the Comité International de Paléographie Latine held in Ljubljana, 7–10 September 2010, hg. von Nataša Golob, Turnhout 2013, S. 39–47, hier S. 39, schlägt den Begriff des ›auto-apograph‹ für eine vom Autor selbst geschriebene Kopie vor, ebd. Anm. 3: »Note that the scribe, being the author, is entitled to modify his text; but, being at the same time a copyist, he may make any of the common scribal errors«.

EDITIONSPRINZIPIEN   33

Text folgt **W** ohne den ursprünglichen Entwurf α rekonstituieren zu wollen. Die geringfügigen Diskrepanzen zwischen **W** als Auto-Apographen und dem Idiographen **C** sind entsprechend dem Apparat zu entnehmen.

Die Graphie ist weitgehend **W** entnommen. Doppelformen werden typografisch nicht erfasst; im Fall von u/v wurde zu u vereinheitlicht, als Majuskel, Zahlzeichen und Einzelbuchstabe bleibt entsprechend Trithemius' Gewohnheit v. Das Kürzungssystem ist mit einer Ausnahme (einer ambivalenten Suspensionskürzung in 6,4,13) eindeutig und daher stillschweigend aufgelöst; *litera*, fast immer als Kontraktion geschrieben, folgt Trithemius' Graphie, wie in **W**, f. 3^v (0,1,22) ausgeschrieben.

Die Interpunktion wurde modernisiert und versucht einen Kompromiss zwischen einer modernen syntaktischen und der in **W** vorhandenen rhetorischen Interpunktion zu finden. **C** weist eine, im Vergleich zu **W** vereinfachte, aber inkonsequent eingetragene Interpunktion auf, die Zeichensetzung in **Wo** ist unsystematisch. **W** unterscheidet einfachen und Doppelpunkt für kurze und längere Pause, der einfache Punkt dient weiter zur Auszeichnung von nonverbalen Bestandteilen, vor allem von römischen Zahlen und Einzelbuchstaben. Weitere Satzzeichen sind Klammer und Fragezeichen, die für die Edition grundsätzlich beibehalten wurden. Die in **W** relativ konsequent verfolgte Praxis Partizipialkonstruktionen, seltener auch Accusativus cum infinitivo mit Satzzeichen abzugrenzen, lässt sich nur sehr bedingt beibehalten; ich habe mich aber darum bemüht, zumindest die von Trithemius vorgegebenen längeren Sprechpausen abzubilden, durch Kommata oder, wenn nicht dies nicht möglich schien, durch einen Halbgeviertstrich.

Auch die Seitengestaltung folgt im Wesentlichen den von Trithemius in **W** gegebenen Vorgaben. Rubriken sind rot gesetzt, die Satzanfangsmajuskeln fett hervorgehoben, zwei aufeinanderfolgenden Majuskeln indizieren, da Trithemius auf eine Initiale stets eine entsprechend ausgezeichnete ›Satzanfangsmajuskel‹ folgen lässt, eine in der Edition nicht als solche abgebildete Initiale. Die Alphabete und Kryptogramme des sechsten Buchs, die nicht auf griechischen oder lateinischen Buchstaben basieren, sind als Abbildungen aus **W** gegeben. Aufgrund des abweichenden Seitenumbruchs sind die seitlich angebrachten Alphabetschlüssel nicht exakt an der Position, die sie in **W** innehaben; auch die Abschriften zeigen hier bei der Positionierung eine pragmatische Flexibilität. Ergänzt wurden eine Satzzählung mit jeweils hochgestellter Zahl am Satzanfang und für die tabellarischen Anteile der Bücher i, ii und iv eine Spaltenzählung. Die als Rubrik gesetzte Spalten und Zeilenzählung in Buch iii wurde bereits von Trithemius vorgesehen. Die Satzzählung folgt der Vorgabe der rubrizierten Satzanfangsmajuskeln in **W** – mit geringfügigen Abweichungen zeigen auch **C**, **S** und **A** diese Einteilung. (Kapitel-) Überschriften sind nicht gezählt, die *prefaciones* werden gemäß Trithemius Zählweise, die die *prefaciones* nicht berücksichtigt (siehe Buch vi), als Kapitel 0 angegeben.

Für die einzelnen Teile gilt:

1. Der Widmungsbrief *Ad maximilianum* ist wie eingangs genannt in **Wo** nicht enthalten, weshalb diese Handschrift im Apparat nicht in Erscheinung tritt. Einige handschriftlich überlieferte Briefe des Trithemius, darunter dieser und das in Appendix i präsentierte Schreiben an Germain de Ganay, wurden von Arnold ediert.[2] An zwei Stellen trifft seine Lesung meiner Meinung nach nicht zu. Ich habe sie dennoch im Apparat unter der Sigle a aufgeführt. Hiervon abgesehen wurde der Widmungsbrief genauso behandelt wie die übrigen Textanteile der *Polygraphia*

2. Die Textanteile der *Polygraphia*, *Prefacio*, *Pinax*, die *Prefaciones* und Texte zu den Büchern i–iv, Buch v und Buch vi, wurden wie oben ausgeführt behandelt. Für sie wurden im Apparat textkritische Bemerkungen, die Varianten von **C** und **Wo** einschließlich der von Trithemius in **C** ausgeführten Korrekturen erfasst. Diese Korrekturen sind kurz beschrieben, einfache Tilgungen ~~durchgestrichen~~ indiziert. Als Varianten nicht erfasst sind die Homophone ci/ti, sowie abweichende Zahlennotation in Worten oder arabischen Ziffern in **C** und **Wo**. Zusätzlich im Apparat erfasst sind die Transliterationen der Kryptogramme in Buch vi. Es zeigte sich als wenig verständlich, die Abweichungen der anderen Zeugen innerhalb dieser Kryptogramme ebenfalls in Geheimschrift zu geben. Entsprechend sind die Varianten von **C** und **Wo** zur Transliteration aus **W** ebenfalls in lateinischer Umschrift gegeben.

3. Die tabellarischen Anteile der *Polygraphia*, das heißt die Wortlisten der Bücher i–iv, wurden editorisch und im Apparat abweichend behandelt. Offensichtliche Kopierfehler in **W** wurden nach **C** korrigiert. Homophone im weitesten Sinn wurden im Apparat nicht aufgenommen. Erfasst sind nur eindeutig fehlerhafte oder das System beinflusssende Varianten. Die Wortlisten sind das einzige Element, bei dem sich handschriftliche und Druckfassung so nahestehen, dass eine Berücksichtigung von **b** sinnvoll möglich ist. Entsprechend wurde **b** mit den genannten Einschränkungen berücksichtigt und ermöglicht so einen Ausblick auf β. Der Apparat erfasst Varianten für die Wortlisten nach Spaltennummer und Buchstabe anstelle der Zeilennummer. Dies ermöglicht, den systematischen

---

2 Klaus Arnold, *Ergänzungen zum Briefwechsel des Johannes Trithemius*, in: Studien und Mitteilungen zur Geschichte des Benediktiner-Ordens und seiner Zweige 83 (1972), S. 176–204. Nr. 8, An Kaiser Maximilian, S. 195–196; Nr. 12, An Germanus de Ganay, S. 203–204.

EDITIONSPRINZIPIEN

Charakter vieler Veränderungen in **Wo** und **b** innerhalb der lateinischen Wortlisten der Bücher i und ii leichter zu erkennen. Änderungen in einer Spalte, etwa das Ausfallen, beziehungsweise Überspringen eines Wortes, können zu einem Nachrücken der folgenden Worte führen, so dass eine Variante sich über mehrere Zeilen auswirken kann. Die zwischen den Spalten stehenden ›synsemantischen Phrasen‹ sind jeweils über die Ziffer ihrer vorangehenden Spalte erfasst, wobei ein einfacher senkrechter Strich ›|‹ das Ende der regulären Spalte indiziert. In **Wo** sind die ›synsemantischen Phrasen‹ oft nicht in der Mitte des Alphabets unter m/n notiert, sondern nach beiden Richtungen verschoben, was im Apparat nicht erfasst wird. Weiter sind in **Wo** oft drei Elemente statt der üblichen zwei notiert, vermerkt wird hier nur, wenn eine neue Phrase zu den vorhandenen hinzutritt. Nicht berücksicht wurde die in einigen Zeugen angelegte, aber unsystematische Interpunktion für die Schemata. Für die systematisch gebildeten Kunstworte des dritten Buchs sind die Varianten über die von Trithemius vorgegebene Spalten und Zeilenzählung erfasst. Hierbei ist zu berücksichtigen, dass β die Seitengestaltung von vier Spalten je Seite zu drei Spalten verändert, was sich auf deren durchlaufende Zeilenzählung auswirkt. Im Fall von **Wo** ist dieser Unterschied wenig relevant, da die Zählung in dieser Handschrift nicht eingetragen wurde. Im Fall von **b** weichen die Zeilennummern, unter denen die entsprechenden Worte im Druck gelistet sind, von den hier gegebenen entsprechend ab. Für die frei gebildeten Kunstworte der Listen in Buch iv ist die Varianz zwischen den Zeugen zwangsweise stark ausgeprägt. Hier sind nur systematische Veränderungen bei **Wo** und **b** deskriptiv erfasst.

4. Der Begleitbrief an Germain de Ganay (als Appendix i) findet sich lediglich in **Wo**. Im Apparat erfasst sind textkritische Anmerkungen und die Lesungen von Arnold als **a**. In der unsystematischen Satzeinteilung von **Wo** sind die Grenzen der Satzperioden nicht ersichtlich markiert und wurden daher von mir ergänzt.

5. Die *Diadoses polygraphie* (als Appendix ii) sind unikal in U überliefert. Es handelt sich um eine praktische Demonstration der ersten beiden Bücher der *Polygraphia* mit einer encodierten Nachricht. Der Text folgt dem autographen U in Graphie und Zeichensetzung, um das von Trithemius intendierte System zu zeigen. Offensichtliche Fehler wurden korrigiert und im Apparat vermerkt. Auffällig ist das häufige Fehlen von ›synsemantische Phrasen‹, Trithemius hat diese entweder beim Encodieren oder bei der Reinschrift übersprungen. Sie sind in ⟨spitzen Klammern⟩ nachgetragen. Für den Annex zu den *Diadoses* im Klartext 61–65 habe ich die Interpunktion nach den oben genannten Kriterien angepasst.

Polygraphia Ioannis Tritemii

∴

Im kritischen Apparat verwendete Siglen

W Wien, Österreichische Nationalbibliothek, Cod. 3308
C Celle, Bibliothek des Oberlandesgerichts Celle, Grupensche Stiftung C 23 (4°)
Wo Wolfenbüttel, Herzog August Bibliothek, Cod. 8. Aug. fol.

a Klaus Arnold, *Ergänzungen zum Briefwechsel des Johannes Trithemius*, in: Studien und Mitteilungen zur Geschichte des Benediktiner-Ordens und seiner Zweige 83 (1972), S. 176–204. Nr. 8 ›An Kaiser Maximilian‹, S. 195–196; Nr. 12 ›An Germanus de Ganay‹, S. 203–204.
b München, Bayrische Staatsbibliothek, 2 P.lat. 545#Beibd.1
U Uppsala, Universitetsbiblioteket, C IV

Ad serenissimum inuictissimumque romanorum imperatorem maximilianum, epistola ioannis tritemii abbatis.

[1] GLoriosissimo inuictissimoque romanorum imperatori maximiliano ioannes tritemius abbas felicitatem. [2] Cogitanti mihi nuper ac animo crebrius reuoluenti, ad quem polygraphie nostre opus, quod estate proxima inchoatum hieme compleui, muneris uice transmitterem, maiestas tua serenissima inter primos dignior omnes uisa est, propterea quod non solum bonis fortune excellis reliquos, uerum quod amplius est, eciam donis gracie superas uniuersos. [3] Adiiciendum quod ipse mihi persuasi, neminem scire mysteria huius operis decere magis quam te, qui iure tam humano quam diuino tocius mundi es dominus, cunctorumque regum ac principum unicus post deum imperator. [4] At uero consideracione humilitatis proprie tandem in me substiti, metuens presumpcionis incidere periculum, quale asellus ille quondam emulacione catelli apud esopum legitur incurrisse. [5] Cum ecce supra caput mihi serenitatis tue nuncius astat, nihil tale cogitanti literas exhibet sacratissimo nomine tuo confirmatas, quibus me coram maiestati tue iubes assistere, nescio quorum incitatus relacione, qui me supra quam senciam intelligere existimant, res phame non satis comparantes. [6] Verum hiemis asperitate perterritus aduentum meum ad sacram presenciam maiestatis differre post festa paschalia compulsus fueram; interea opus ipsum, non sine maximo labore comsumaui, quod nomini tuo gloriosissimo diuina (ut credo) prouidencia pre ceteris dicandum ordinauit. [7] Suscipe nunc igitur, sacratissime imperator, polygraphiam ipsam, quam manibus meis tue maiestati humilime offero scriptam, ea benignitate, mansuetudine et clemencia, qua seruorum tuorum obsequia fideliter tibi oblata admittere et suscipere soles. [8] Erunt enim tue maiestati olim in rebus arduis et archanis tuto nunciandis non inutiles he lucubraciones nostre, quibus ab origine mundi similes uise non fuerunt. [9] Clauem reserantem secreta huius uoluminis maiestati tue consignare seorsum statui, ut quod te scire decet solum, absque uoluntate serenitatis tue nulli fiat penitus manifestum. [10] Diuinitas celsitudinem tuam hostibus cunctis faciat formidabilem. [11] Ex peapoli xxiiii die marcii Anno 1508.

---

9 Adiiciendum] Adiciendum *C*. ‖ neminem scire] neminem fore scire *C*.   14 ecce] enim *a*.
28 te] *über der Zeile nachgetragen C*.   29 serenitatis] serenitas *C*.

In polygraphiam Ioannis tritemii abbatis prefacio.

[1]LEgimus complures ueterum sapientes, philosophos, reges atque tyrannos multiplices et uarios olim excogitauisse tractatus, quibus angelis tuto coniungerent spiritus in ministerium archanorum pro qualibet necessitate uoluntarios, ne magnarum conatus uirium simplicitate angelorum lucis in detrimentum reipuplice cacodemonum prauitate notarentur. [2]Augustus romanorum cesar magnus, quatenus angelorum multitudinis circumstrepentis tuto in arduis negociis uti potuisset obsequio, spiritus consueuit interpellare opacos, quos bubos greco nuncupamus uocabulo, quorum barbariem orchemate atque metathesi prudenter compellens sibi fecit obedientem. [3]Archimedes siracusanus mathematicorum princeps uolucrem albam suis conuenientem institutis per caput et pedes bactro ad normam sub tetragono rite parato circumferenter affixit, inuocatisque ordine pulchro spiritibus familiaribus ministerium perfecit optatum. [4]Volucrem deinde relaxans auolare permisit, moxque facta est inter spiritus dissensio maxima, et horrenda surrexit facies monstri, ita quod nullus itinerantibus presumeret inferre contumeliam. [5]Nec antea spiritus in concordiam reduci poterant, quam bactro iterum ad speculi representacionem uolucris nigra mixta cum albedine pica nominata eadem fuisset sacrificandi prudencia rituque confixa. [6]Marcus tullius cicero romanus orator ingeniosissima usus adinuencione, quo iter suis et tutum pararet et compendiosum ad omnia clymata mundi; maximam spirituum multitudinem sibi fecit esse familiarem, quos ab inferis auctoritate propria suscitauit. [7]His miram natura contulit agilitatem, ita ut preter consuetudinem ceterorum omnium spirituum non per momenta neque minuta sed per gradus integros et horas ducatus sui perfecte implerent officium. [8]Eorum fuit uniuersum perlustrare imperium et sub peregrino schemate ministerium facere domesticorum. [9]Nemini autem prestabant obsequium, nisi quem preceptoris fecisset institucio dignum. [10]Cyprianus ille carthaginensium antistes et martyr christi sanctissimus prefate institucionis librum ciceronis non aspernatus; meliorem amplioremque reddidit, et christianorum ritibus mancipauit. [11]Carolus eciam germanus imperator magnus preceptore suo nannone grammatico ministrante spiritus in obsequium archa-

---

1 In ... prefacio] Ioannis Tritemii Abbatis diui Iacobi Herbipolensis ordinis sancti benedicti in polygraphiam prefacio *Wo*.   3 excogitauisse] excogitauisse modos atque *über der Zeile nachgetragen C*, excogitasse *Wo*.   4–5 necessitate uoluntarios] necessitate necessarios *Wo*.   10 metathesi] methathesi *C*, methatesi *Wo*.   12 caput] capud *C*. ‖ tetragono] tetragano *C*.   14 est] *nicht in Wo*.   16 presumeret] presummeret *C*.   16–17 in concordiam] in in concordiam *C*.   19–20 ingeniosissima] ingeniossissima *W, Korrektur aus ingeniossima C*.   21 sibi] *nicht in Wo*.   22–23 natura contulit] contulit natura *C*.   25 implerent] implorent *C*.   28 carthaginensium] cartaginensis *Wo*.   30 ritibus] retibus *Wo*.

PREFACIO   41

norum nouos aduocare consueuit, quorum famulatu per omnes imperii tunc
latissimi prouincias tutissimum iter parabatur negociis. [12] Nec erat una facies
omnium, sed moribus hominum et rebus apparencia spirituum erat confor-
mis, ne forsitan equalitas confunderet principatum. [13] Beda monachus in anglia
sanctissimus uaria spirituum genera descripsit, quorum uti ministerio antiqui-   5
tas in mysticis olim prudenter consueuit. [14] Alios refert familiares habuisse in
ministerio spiritus philophotos, alios uero misophotos, quorum primi apparebant laruati quociens mittebantur, secundi autem nature schemata more
barbarorum semper ubique in tenebris uersantes retinebant. [15] Erant rursus,
qui ministerio spirituum uterentur uisibilium, et erant, qui eosdem apparere   10
inuisibiles compellerent. [16] Visibilium quidem est magna diuersitas, quorum
dare genera et mores non est presentis operis. [17] Inuisibilium uero tria sunt
genera: quorum primum nominauerunt prisci dermaticum, secundum dixe-
runt hyphasmaticum et tercium alleoticum. [18] Inter illos autem, qui hominibus
in quotidiano et domestico usu – familiares ad externa negocia non mittuntur –   15
unum est genus, ut beda inquit, promptissimum, quod ueteres dactylethron
appellarunt; cuius est proprium inter domesticos conseruare mysterium, inter
parontas optimum, sed inefficax et nequaquam idoneum ad officia ceterorum.
[19] Veterum imitacione principum iuniores ad maiora paulatim ascenderunt,
qui, ne aut prauitas honestatem aut priuata commoditas utilitatem intercipe-   20
ret communem, secretum satis propriorum spirituum excogitauere mysterium,
quod semper occultantes paucissimis notum fecerunt amicis. [20] Adest enim
proprius cuique spiritus suus, sed stulta ignorancia hominum non omnes per-
mittit esse ministerio communi uisibiles. [21] Mathias quondam ungarie sapientissimus rex huius racionem ministerii certe non ignorauit, quod experimento   25
casuali cognouimus. [22] Multa siquidem principibus occurrunt archana, que nec
literis passim nec nunciis tuto uidentur committenda. [23] Fuerit igitur opere
precium reges ac principes quosdam spiritus habere semper ad manum familiares, quorum ministerio necessariorum omnium securam et certam scienciam pro arbitrio consequantur. [24] Ea consideracione motus ego ioannes trite-   30
mius abbas monasterii sancti iacobi peapolitani francorum ante annos ferme
decem, cum essem adhuc abbas cenobii diui martini spanhemensis, arduum
opus steganographie ad complacendum postulantibus inchoaui, quod in libros

----

3 apparencia] *nicht in C, Wo.*   4 confunderet] cofunderet *W.*   5–6 antiquitas in mysticis] in
mysticis antiquitas *Wo.*   9 barbarorum] barbarum *Wo.*   14 hyphasmaticum] hysphasmati-
cum *Wo.* ‖ et] *nicht in Wo.* ‖ alleoticum] aleoticum *Wo.*   15 quotidiano] quottidiano *Wo.* ‖ usu
familiares] familiares usu *Wo.*   16 quod] quot *C.*   19 principum] principium *Wo.*   20 aut] *nicht
in Wo.* ‖ priuata] praua *Wo.*   24 ministerio communi] communi ministerio *Wo.*   27 Fuerit]
fuit *Wo.*   32 spanhemensis] sponhaimensis *Wo.*

octo fuerat parciendum. [25] At postea, quam primos compleueram duos, iamque manus ad tercium extenderam, uarie rei familiaris occupaciones et cause inopinate superuenientes animum a ceterorum occupacione reuocarunt. [26] Verebar enim temera hominum iudicia, qui omne miraculum, cuius non intelligunt causas, neque principia nouerunt, mox demoniacis et supersticiosis artibus consueuerunt ascribere. [27] Verum, ne simul omnia mecum reuerterentur in puluerem, statui subiectum polygraphie opus in libros sex per ordinem distinctum in lucem edere cupientibus; reseruatis iuxta pollicitacionem in prologo factam steganographie, que ad eius uidentur racionem pertinere, quamuis apud me nec dum concluserim, si et quando ultimam illi dextram uelim apponere. [28] Huius autem presentis lectorem operis hortamur, ne spirituum nuncupacione perterritus uel a puritate christiane fidei me alienum existimet uel equiuocacione deceptus laborem hunc meum, priusquam intelligat, temere condemnet. [29] Quicumque enim (ausim dicere) ea, que in ipso continentur, recte intelligit, minime condemnabit. [30] Quisquis uero ea condemnare uoluerit, ipse sibi testis est, quod eorum intelligenciam non accepit. [31] Sana enim et pura sunt omnia: solum ad sepeliendum mysterium aliena est facies superducta, quatenus archana operis et doctis studiosisque fiant peruia – et indignis blatteronibus semper maneant occulta. [32] Christianus sum enim recte opinionis amator atque defensor, nullum mihi cum supersticione commertium nullum fuit umquam in malis artibus studium. [33] Qui aliter senserit de tritemio, falsum sentit, iniuriam et contumeliam innocenti facit, ideoque suum iudicium sine dubio portabit. [34] Quisquis proposita huius operis mysteria intelligit, facile tritemium excusabit.

Pinax tocius operis cuiuslibet libri contenta indicans.

[1] IN primo presentis polygraphie libro dictiones sub trecentis octoginta quatuor ordinibus ponemus, paulo pauciores quam decem milia, nominibus, officiis et ministeriis omnium spirituum per cuncta ferme europe clymata deseruientes, ex quibus principes eliguntur et duces omnium itinerum uiarum securi atque tutissimi. [2] Sunt autem dictiones ipse in modum supplicacionis formate ad deum, quarum intelligencia preualet omnibus, et mundialibus dominatur

---

3 superuenientes] superueuenientes *C*. ‖ reuocarunt] occuparunt *Wo*.   4 hominum iudicia] iudicia hominum *C*.   6–7 reuerterentur in puluerem] in puluerem reuerterentur *Wo*.
10 ultimam illi] illi ultimam *Wo*. ‖ dextram] dexteram *C, Wo*.   12 existimet] existimeri *Wo*.
13 temere] *nicht in Wo*.   16 ipse] iste *Wo*.   17 sepeliendum] sepiliendum *W*.   19 blatteronibus] blateronibus *Wo*.   21 umquam] unquam *Wo*.   22 sentit] sensit *Wo*.   23 Quisquis] Qui
Wo.   25 indicans] iudicans *Wo*.   27 ponemus] *nicht in C, Wo*.

PINAX 43

uniuersis. [3] Nam ex ipsis, quod dictum est, et nomina consurgunt et ministeria, que ad queque hominum negocia mysticam perfecte continent racionem. [4] Dictionibus literas alphabeti per ordinem preponimus, ut nominum componendorum spirituum intelligenciam faciliorem nouellis in arte preberemus. [5] Ille uero, que posite extra ordinem uidentur, non spiritibus sed horis diei naturalibus deseruiunt. [6] Sunt enim quedam in arte ministeria, que temporis uicissitudini pocius quam spiritibus debentur. [7] Quanto namque ab equinoctiali circulo sol discrepat, tanto magis horarum et minutorum, ex quibus consurgunt, considerantibus archanorum tractatus necessarius est. [8] Cum autem quispiam ministeriorum racionem spirituumque fidelium capere uoluerit experimentum, quod in rebus paruis atque prophanis fieri nullatenus debet, in primis quantitatem noctis meciatur ad diem, quatenus proporcio diuidatur equalis, ne spiritus impediatur ab aere et lux tenebrarum numero confundatur. [9] In circulo pax et securitas prudenter operantibus datur, sed extra periculum de facili solet occurrere. [10] Itaque, ne in arte contingat errare operantem, regulas damus.

[11] Prima est, ut premeditacione operis habita diligenter, quid sis acturus, consideres, noctem diei compares, et unumquemque spiritum sua propria oracione seorsum non aliena uoces. [12] Caueas autem, quam diligentissime hortamur, in quolibet negocio, ne alterum admittas pro altero, neue isti committas illius officium, nec alteri locum alterius concedas. [13] Sit oracio breuis, quantum fieri potest, mens in operacione uigilet, quoniam ex paruorum negligencia errorum maxima plerumque sunt subsecuta pericula. [14] Vnius ministerium spiritus in uno itinere non nisi semel duntaxat noueris assumendum. [15] Ex seruitoribus quoque, qui ducem sequuntur, unus in quolibet itinere admittatur solus et aliorum nullus. [16] Maxima enim confusio proficiscentibus nascitur ex multitudine concomitantium inutilium personarum.

[17] Secunda uero, ut primos in dignitate ordinis principes non obliuiscaris, quoniam illis cognitis reliquos paulatim intelliges uniuersos. [18] Semper enim, qui precedit in officio, ordine recto te mittet ad sequentem. [19] Artista industriam habeat magnam oportet.

[20] Tercia tibi precipit norma, ut in qualibet operacione tua per spiritus diei periodum, in qua manes, diligenter consideres, et non aliter, quam artis institucio se habet, ullatenus presumas operari. [21] Quod, si phebus iter suum in noctem diuerterit in horrore te relinquens tenebrarum, aut circulum facito,

---

1 et] *nicht in Wo.*   3 preponimus] proponimus *Wo.*   5 Ille] Illa *Wo.* ‖ posite] *nicht in Wo.*
7 namque] enim *Wo.*   9 necessarius] *wohl zu* necessariꝗ *korrigiertes* necessaria *W,* necessaria *C.* ‖ Cum] Quum *Wo.*   11 fieri nullatenus] nullatenus fieri *Wo.*   21 paruorum] prauorum
C.   22 plerumque sunt subsecuta pericula] plerumque pericula sequuntur *Wo.*   27 Secunda]
Secundo *C.* ‖ uero ut] uero regula *Wo.*   33 phebus] phoebus *Wo.*

si longum est iter, aut gradibus numeratis distancie spiritus reuoca uiciniores, qui pro consumacione itineris tui precise conueniant. [22] Cauendum tibi est ne iuxta iter ponas scandalum. [23] Cum uero ad locum ductu spirituum perueneris optatum, caueto, ne domum intres quieturus, donec sol ad proximum descenderit periodum, sed maneto interea cum spiritibus, qui spectaculis ludificant uiatores, quoniam uiarum sunt peritissimi.

[24] Quarta est iubens, ne spiritus patriarcharum despicias priscorum, tuysconis uidelicet, qui est pater germanorum, et pyctagorice academie, quoniam fratres sunt germani et greci ab una gente suam originem ducentes; quorum spiritus nemini plus fauent quam ipsis grecis atque germanis, in quorum terris duces sunt fideles.

[25] Quinto monendum te duximus, quisquis harum rerum es cupidus, ut postea quam mysteria intellexeris nostra ueritatem dictorum expertus, a uulgarium atque prauorum sciencia omni tempore abscondas, nec eas reueles hominibus malis, quoniam, et si omnia huius operis contenta sint optima, fieri tamen per ea prauorum machinacione multa poterunt mala. [26] Omnes etenim spiritus isti amant secretum, temere publicati recedunt.

[27] IN secundo nihil introducimus a primo nouum, nisi quod uariata serie supplicacionis uerba ad sacram conuertimus parthenicen – nomina et officia spirituum compositis dictionibus exprimentes. [28] Quicquid in primo precipitur, eciam in secundo explicatur. [29] Sunt autem utriusque progressione spiritus multi, uirtutem habentes infinite uicissitudinis quam familiares facti statim ostendunt.

[30] IN tercio latinorum fines transgressi, longius proficisci cupientibus iuxta uires consuluimus, ut inter barbaros eciam iter tutum et linguam habeant expeditam. [31] Dictionum nostro more trina milia octingentas per ordinem disposuimus, in quibus omnium spirituum ad naciones barbarorum commanetium nomina, officia, ministeria et loca continentur inclusa. [32] Si longum est iter, quod in omnibus precipitur, ad circulum recurratur, in quo sunt omnia sana. [33] Spiritus isti barbarorum linguas optime callentes solitarii per ordinem uadunt, seruitores non admittunt.

---

8 pyctagorice] pithagorice *Wo.* ‖ academie] acadamie *W.* 12 Quinto] Quinta *Wo.* 13 nostra] nostram *Wo.* 14 eas] ea *Wo.* 15 sint] sunt *Wo.* 16 etenim] *nicht in Wo.* 18 a primo nouum] nouum a primo *C.* 21 utriusque] *intriusque* zu *utriusque* korrigiert *W.* ‖ progressione] progressionis *Wo.* 25 linguam] lingwam *C.* 26–27 per ordinem disposuimus] disposuimus per ordinem *Wo.* 28 et] *nicht in Wo.* 30 isti] ista *Wo.* ‖ linguas] lingwas *C.*

PINAX

34 IN quarto spirituum sub equinoctiali cum solaribus radiis semper et continue in luce manencium officia et nomina descripsimus, et solem uerti cum eis motu secundario sine interpellacione carminum interpretati sumus. 35 Circulus in magnis, linea satis facit in minimis. 36 Dabunt hi spiritus lucem in tenebris, et natura mirabili solem media prestabunt in nocte. 37 Sed eis maxima 5
ne credas.

38 IN quinto literas alphabeti latinorum per tabulas ordinatim expandimus, in quibus preter id quod ibidem a nobis in manifesto traditur, et alia in secreto archana multa continentur. 39 Per has enim tabulas omnium spirituum nomina, ministeria, loca et tempora scies, secretissimeque hominum cogitacio- 10
nes per operacionem huius libri erunt manifeste – non omnibus sed prudenter in hac arte laborantibus.

40 IN sexto, qui est polygraphie nostre ultimus, sub narracione introducta subtiliter alphabetica omnium spirituum precendentium signa siue characteres atque sigilla expressimus, quibus prudenter constricti ad nutum operantis obe- 15
dire compelluntur. 41 Qui habet oculos uidendi aperiat illos et uideat, quoniam aliud hic cernitur, aliud continetur. 42 Latinorum literas postremo fecimus numerales necessitate quadam compulsi, quoniam calculacio mansionis spirituum consurgit aliquando difficilis, et ne contra uoluntatem eorum natura fiat publica, per incognitas numerandi notas racionabiliter fuerat occultanda. 20
43 Semper enim spiritus isti conspectum publicum fugiunt, in quem, si fuerint ab operante compulsi, sine nocumento uel eius uel aliorum minime recedunt. 44 Quod rogauimus, o lector, iterum postulamus, ne hoc laboriosum opus nostrum condemnes, priusquam intelligas; detrahe prius corticem monstro (fateamur) similem, et nucleum christiana puritate nitentem inuenies suauissi- 25
mum. 45 Opus est enim, quod proponimus, non penitus contemnendum, cuius usus ad bonum et ad malum est conuertibilis. 46 Vt autem habeant boni, quo se muniant, a nobis est christi amore compositum, et ne prauis conferatur delinquendi occasio, necessariis enygmatibus fuerat inuoluendum. 47 Ad operacionem eorum, que scripsimus, industria opus est, quam nobis racione tacentibus, 30
lector, intellige.

Polygraphie Ioannis tritemii abbatis monasterii sancti iacobi herbipolensis
liber primus incipit.

---

2 uerti cum] uerticum cum *A, C.*   4 facit] est, *darüber* facit *nachgetragen C.* ‖ hi] hii *Wo.*
5 eis] *über der Zeile nachgetragen C.*   8 ibidem a nobis] a nobis ibidem *Wo.*   12 arte] re *Wo.*
16 uideat] uideant *C.*   17 literas] *über Verweiszeichen ergänzt C.*   18 numerales] numerabiles
C.   24 prius] primo *Wo.*   28 ne] ne a *C.*   29 necessariis] neccessariis *Wo.*   32 herbipolensis]
peapolitani *C.*

	1		2
a	Deus	a	clemens
b	Creator	b	clementissimus
c	Conditor	c	piius
d	Opifex	d	piissimus
e	Dominus	e	magnus
f	Dominator	f	excelsus
g	Consolator	g	maximus
h	Arbiter	h	optimus
i	Iudex	i	sapientissimus
k	Illuminator	k	inuisibilis
l	Illustrator	l	immortalis
m	Rector	m	eternus
n	Rex	n	sempiternus
o	Imperator	o	gloriosus
p	Gubernator	p	fortissimus
q	Factor	q	sanctissimus
r	Fabricator	r	incomprehensibilis
s	Conseruator	s	omnipotens
t	Redemptor	t	pacificus
v	Auctor	v	misericors
x	Princeps	x	misericordissimus
y	Pastor	y	cunctipotens
z	Moderator	z	magnificus
w	Saluator	w	excelentissimus

LIBER PRIMVS

3

a creans
b regens
c conseruans
d moderans
e gubernans
f ordinans
g ornans
h exornans
i constituens
k dirigens
l producens
m decorans
n stabiliens
o illustrans
p intuens
q mouens
r confirmans
s custodiens
t cernens
v discernens
x illuminans
y fabricans
z saluificans
w faciens

4

a celos
b celestia
c supercelestia
d mundum
e mundana
f homines
g humana
h angelos
i angelica
k terram
l terrena
m tempus
n temporalia
o euum
p euiterna
q omnia
r cuncta
s uniuersa
t orbem
v astra
x solem
y stellas
z uitam
w uiuencia

---

3 q mouens] monens *Wo, b.*

POLYGRAPHIA IOANNIS TRITEMII

	5		6
a	impendat	a	omnibus
b	conferat	b	cunctis
c	donet	c	uniuersis
d	largiatur	d	credentibus
e	concedat	e	nobis
f	condonet	f	christianis
g	tribuat	g	christicolis
h	distribuat	h	fidelibus
i	retribuat	i	petentibus
k	contribuat	k	expetentibus
l	indulgeat	l	orantibus
m	exhibeat	m	exorantibus
n	prestet	n	postulantibus
o	offerat	o	expostulantibus
p	deferat	p	querentibus
q	ostendat	q	inquirentibus
r	reuelet	r	requirentibus
s	manifestet	s	exquirentibus
t	insinuet	t	optantibus
v	aspiret	v	exoptantibus
x	restituat	x	preoptantibus
y	reddat	y	expectantibus
z	administret	z	sperantibus
w	faueat	w	desiderantibus

---

5   v   aspiret] respicet *Wo*.

6   g   christicolis] fidelibus *Wo, b*.

      h   fidelibus] petentibus *Wo, b*.

      i   petentibus] expetentibus *Wo, b*.

      k   expetentibus] orantibus *Wo, b*.

      l   orantibus] exorantibus *Wo, b*.

      m   exorantibus] postulantibus *Wo, b*.

      n   postulantibus] expostulantibus *Wo, b*.

      o   expostulantibus] querentibus *Wo, b*.

      p   querentibus] christicolis *Wo, b*.

      x   preoptantibus] peroptantibus *W*.

LIBER PRIMVS

7

a uitam
b amenitatem
c iocunditatem
d consolacionem
e leticiam
f gloriam
g felicitatem
h beatitudinem
i uisionem
k iubilacionem
l quietem
m requiem
n mansionem
o habitacionem
p recreacionem
q fruicionem
r lucem
s exultacionem
t claritatem
v pacem
x tranquillitatem
y glorificacionem
z contemplacionem
w securitatem

8

a permansuram
b eternam
c sempiternam
d celestem
e supercelestem
f perpetuam
g beatissimam
h angelicam
i seraphycam
k immortalem
l immarcessibilem
m ineffabilem   cum omnibus
n incomprehensibilem   cum uniuersis
o inestimabilem
p luminosam
q splendidam
r lucidissimam
s amenissimam
t perennem
v sanctissimam
x interminabilem
y dulcissimam
z perfectam
w futuram

9

a	sanctis
b	electis
c	predilectis
d	sanctissimis
e	iustis
f	iustificatis
g	predestinatis
h	angelis
i	archangelis
k	amatoribus
l	cultoribus
m	amicis suis in
n	apostolis suis in
o	prophetis
p	discipulis
q	martyribus
r	sanctificatis
s	dominacionibus
t	dilectis
v	ciuibus
x	seruis
y	famulis
z	ministris
w	confessoribus

10

a	celis
b	celestibus
c	supercelestibus
d	eternum
e	perpetuum
f	sempiternum
g	secula seculorum
h	euum sanctum
i	seculum
k	regno celorum
l	altissimis
m	excelsis amen
n	paradyso amen
o	olympo
p	paradysiacis
q	olympicis
r	fulgoribus
s	felicitate
t	felicitatibus
v	gloriosis
x	honore
y	magnificencia
z	luce perpetua
w	patria celesti

---

10 i seculum] seculum seculorum *Wo.*

l altissimis] altissimis celi *Wo.*

m excelsis] excelsis sanctis *Wo.*

n paradyso] paradiso dei *Wo.*

o olympo] olympo celi *Wo.*

s felicitate] felicitate eterna *Wo.*

x honore] honore perhenni *Wo.*

LIBER PRIMVS

11

a Maiestas
b Bonitas
c Dulcedo
d Charitas
e Sapiencia
f Potestas
g Miseracio
h Benignitas
i Mansuetudo
k Excellencia
l Pietas
m Suauitas
n Claritas
o Clemencia
p Misericordia
q Diuinitas
r Celsitudo
s Deitas
t Immensitas
v Virtus
x Fortitudo
y Dilectio
z Munificencia
w Perfectio

12

a summi
b magni
c maximi
d supremi
e excelsi
f optimi
g clarissimi
h sanctissimi
i potentissimi
k sapientissimi
l fortissimi
m mitissimi
n altissimi
o robustissimi
p omnipotentis
q cunctipotentis
r sempiterni
s gloriosissimi
t ineffabilis
v inuisibilis
x immortalis
y inaccessibilis
z eminentissimi
w clementissimi

13

a	creatoris
b	parentis
c	saluatoris
d	redemptoris
e	principii
f	conditoris
g	opificis
h	factoris
i	conseruatoris
k	rectoris
l	auctoris
m	artificis · a
n	dominantis · a
o	dominatoris
p	regis
q	regentis
r	imperatoris
s	imperantis
t	principis
v	motoris
x	iudicis
y	liberatoris
z	gubernatoris
w	protectoris

14

a	christianis	
b	christicolis	
c	fidelibus	
d	credentibus	
e	baptizatis	
f	renatis	
g	uiuentibus	
h	mortalibus	
i	cunctis	
k	nobis	
l	bonis	
m	iustis	semper
n	piis	ubique
o	sanctis	
p	mansuetis	
q	sanctificatis	
r	iustificatis	
s	deuotis	
t	fragilibus	
v	dilgentibus	
x	sperantibus	
y	labentibus	
z	peccantibus	
w	peccatoribus	

---

13 e principii] principis *Wo.*
   t principis] principii *Wo.*

LIBER PRIMVS

15

a synceriter
b syncere
c syncerissime
d deuote
e deuotissime
f humiliter
g humilime
h feruenter
i feruentissime
k ardenter
l ardentissime
m prudentissime
n prudenter
o sapienter
p sapientissime
q cordialiter
r cordialissime
s affectuose
t affectuosissime
v reuerenter
x instantissime
y fortissime
z constantissime
w hilariter

16

a predicanda
b euangelizanda
c oranda
d adoranda
e exoranda
f colenda
g recolenda
h memoranda
i rememoranda
k cogitanda
l recogitanda
m speculanda
n inuocanda
o honoranda
p glorificanda
q benedicenda
r ueneranda
s amanda
t diligenda
v laudanda
x collaudanda
y extollenda
z exaltanda
w magnificanda

	17		18	
a	multis	a	uerbis	
b	permultis	b	doctrinis	
c	quammultis	c	institutis	
d	pluribus	d	institucionibus	
e	compluribus	e	monitis	
f	uariis	f	monicionibus	
g	diuersis	g	admonicionibus	
h	sanctis	h	inspiracionibus	
i	sanctissimis	i	dogmatibus	
k	sacris	k	sermonibus	
l	sacratis	l	scripturis	
m	sacrosanctis	m	mandatis	nos
n	necessariis	n	persuasionibus	nos
o	pernecessariis	o	preceptis	
p	utilibus	p	consiliis	
q	utilissimis	q	iussionibus	
r	optimis	r	hortamentis	
s	peroptimis	s	exhortacionibus	
t	honestis	t	illuminacionibus	
v	manifestis	v	illustracionibus	
x	crebris	x	promissionibus	
y	creberrimis	y	promissis	
z	continuis	z	exemplis	
w	saluataribus	w	instinctibus	

---

17   e   compluribus] quamplurimus *Wo.*

LIBER PRIMVS

19

a miseros
b misellos
c miserandos
d miserabiles
e miserrimos
f infelicissimos
g infelices
h caducos
i instabiles
k fragiles
l infirmos
m immundos
n uanos
o uanissimos
p abiectos
q abiectissimos
r perditos
s iniustos
t iniquos
v maculatos
x fatuos
y stultos
z mutabiles
w infirmissimos

20

a homines
b homunciones
c mortales
d christianos
e christicolas
f ortodoxos
g peregrinos
h exules
i exulantes
k peccatores
l peccantes
m uiuentes
n deuiantes
o uiatores
p morituros
q errantes
r operarios
s mercennarios
t operatores
v dormientes
x terrigenos
y desolatosque
z mundanos
w terrenos

21

a	imbuit
b	docet
c	uisitat
d	monet
e	admonet
f	premonet
g	instruit
h	iubet
i	hortatur
k	exhortatur
l	adhortatur
m	dehortatur
n	cohortatur
o	commonet
p	docuit
q	erudit
r	commonefacit
s	incitat
t	concitat
v	auisat
x	prouocat
y	illuminat
z	illustrat
w	inuitat

22

a	presencia	
b	mundum	
c	mundana	
d	mundialia	
e	seculum	
f	secularia	
g	mutabilia	
h	corruptibilia	
i	uana	
k	uanitates	
l	terrena	
m	carnalia	propter
n	luxum	ob
o	diuicias	
p	mortalia	
q	transitoria	
r	labencia	
s	inferiora	
t	uisibilia	
v	caduca	
x	uoluptates	
y	diuicias	
z	honores	
w	infima	

LIBER PRIMVS

23

a amorem
b dilectionem
c charitatem
d reuerenciam
e honorem
f ueneracionem
g intuitum
h memoriam
i consideracionem
k adhesionem
l acquisicionem
m affectionem
n deuocionem
o unionem
p uirtutem
q electionem
r spem
s fidem
t fiduciam
v confidenciam
x delectacionem
y assecucionem
z retribucionem
w mercedem

24

a saluatoris
b redemptoris
c liberatoris
d creatoris
e conditoris
f plasmatoris
g auctoris
h opificis
i artificis
k motoris
l conseruatoris
m gubernatoris
n imperatoris
o factoris
p fabricatoris
q illuminatoris
r illustratoris
s rectoris
t regis
v directoris
x ereptoris
y uiuificatoris
z inspectoris
w productoris

25   26

a	celestium	a	contemnere
b	supernorum	b	uilipendere
c	supercelestium	c	floccipendere
d	angelorum	d	relinquere
e	hominum	e	derelinquere
f	fidelium	f	spernere
g	credentium	g	abiicere
h	saluandorum	h	despicere
i	archangelorum	i	proiicere
k	uniuersorum	k	deserere
l	cunctorum	l	paruipendere
m	omnium	m	fugere	et
n	eternorum	n	calcare	atque
o	temporum	o	conculcare
p	mortalium	p	abnegare
q	uiuentium	q	postponere
r	bonorum	r	dimittere
s	futurorum	s	noncurare
t	diuinorum	t	negligere
v	sanctorum	v	detestari
x	humanorum	x	aspernari
y	salutarium	y	ignorare
z	spiritualium	z	nescire
w	immortalium	w	abhorrere

LIBER PRIMVS

27

a bona
b dona
c gaudia
d bonum
e donum
f gaudium
g lumen
h commodum
i regnum
k regna
l munus
m munera
n remuneracionem
o retribucionem
p fruicionem
q uictoriam
r uitam
s gloriam
t honorem
v splendorem
x amenitatem
y diuicias
z epulas
w consortium

28

a eterne
b euiterne
c superne
d sempiterne
e perennis
f future
g angelice
h celestis
i supercelestis
k immortalis
l inuisibilis
m promisse
n repromisse
o sanctissime
p sancte
q parate
r preparate
s christiane
t perpetue
v corusce
x ineffabilis
y inestimabilis
z incommutabilis
w altissime

---

28   r   preparate] prepare *W*.

29

a	felicitatis	
b	amenitatis	
c	beatitudinis	
d	iocunditatis	
e	quietis	
f	mansionis	
g	dulcedinis	
h	habitacionis	
i	exultacionis	
k	claritatis	
l	uoluptatis	
m	iubilacionis	omni
n	leticie	totali
o	pastionis	
p	honestatis	
q	firmitatis	
r	securitatis	
s	tranquillitatis	
t	requiecionis	
v	maiestatis	
x	pacis	
y	constancie	
z	festiuitatis	
w	solemnitatis	

30

a	cura	
b	diligencia	
c	sollicitudine	
d	uigilancia	
e	studio	
f	conatu	
g	conamine	
h	annisu	
i	desiderio	
k	fiducia	
l	confidencia	
m	cogitatu	pro uiribus
n	cogitacione	pro posse
o	sedulitate	
p	cupidine	
q	cupiditate	
r	concupiscencia	
s	affectione	
t	affectu	
v	uirtute	
x	deuocione	
y	paciencia	
z	humilitate	
w	charitate	

LIBER PRIMVS

61

31

a	desiderare
b	querere
c	inquirere
d	perquirere
e	requirere
f	optare
g	exoptare
h	peroptare
i	petere
k	expetere
l	appetere
m	prestolari
n	expectare
o	flagitare
p	cogitare
q	recogitare
r	amare
s	peramare
t	diligere
v	memorari
x	rememorari
y	affectare
z	concupiscere
w	suspirare

32

a	Emendacionem	
b	Penitenciam	
c	Contricionem	
d	Disciplinam	
e	Erudicionem	
f	Doctrinam	
g	Sanctimoniam	
h	Modestiam	
i	Penitudinem	
k	Correctionem	
l	Continenciam	
m	Temperanciam	igitur o
n	Abstinenciam	itaque uos
o	Deuocionem	
p	Humilitatem	
q	Puritatem	
r	Castimoniam	
s	Parsimoniam	
t	Pacienciam	
v	Obedienciam	
x	Integritatem	
y	Prouidenciam	
z	Mundiciam	
w	Charitatem	

---

31   h   peroptare] preoptare *Wo*.

33

a	miseri
b	miserrimi
c	miserabiles
d	miserandi
e	infelicissimi
f	infelices
g	insensati
h	corruptibiles
i	mutabiles
k	fatuissimi
l	stultissimi
m	uanissimi
n	miselli
o	fatui
p	stulti
q	uani
r	caduci
s	corrupti
t	corruruptissimi
v	flagiciosi
x	ignaui
y	iniqui
z	perditi
w	calamitosi

34

a	homines
b	homunciones
c	mortales
d	christiani
e	mundani
f	terrigene
g	mundiales
h	credentes
i	ortodoxi
k	carnales
l	peregrini
m	exules
n	exulantes
o	terrestres
p	peccatores
q	carnales
r	amatores
s	neglectores
t	contemptores
v	derisores
x	anthropi
y	uiatores
z	uiuentes
w	desertores

LIBER PRIMVS

35

a accipite
b recipite
c excipite
d suscipite
e incipite
f inchoate
g assumite
h resumite
i addiscite
k discite
l capite
m amate   quatenus ad
n seruate   ut ad
o obseruate
p custodite
q accelarate
r induite
s conseruate
t practicate
v frequentate
x celebrate
y operamini
z inquirite
w perquirite

36

a sempiterna
b eterna
c futura
d uentura
e superuentura
f promissa
g repromissa
h superna
i ineffabilia
k inestimabilia
l beatissima
m felicissima
n iocundissima
o optata
p optabilia
q beata
r felicia
s parata
t preparata
v celestia
x supercelestia
y sancta
z desiderata
w exspectata

---

35   h   resumite] reassumite *Wo, b.*
      l   capite] cupite *Wo.*
36   d   uentura] uentur *W.*

	37		38
a	conuiuia	a	sanctorum
b	dona	b	iustorum
c	bona	c	electorum
d	gaudia	d	angelorum
e	solacia	e	archangelorum
f	premia	f	thronorum
g	archana	g	potestatum
h	secreta	h	dominancionum
i	habitacula	i	principatuum
k	domicilia	k	uirtutum
l	receptacula	l	patriacharum
m	spectacula	m	prophetarum
n	hospicia	n	apostolorum
o	festa	o	martyrum
p	tripudia	p	innocentum
q	munera	q	beatorum
r	consorcia	r	exultancium
s	solemnia	s	amicorum
t	umbracula	t	seruorum
v	festiualia	v	famulorum
x	icoalia	x	discipulorum
y	beneficia	y	amatorum
z	amena	z	fidelium
w	regna	w	imitatorum

---

38   h   dominancionum] dominatuum *Wo*, dominantium *b*.

LIBER PRIMVS

39

a saluatoris
b redemptoris
c liberatoris
d conditoris
e ereptoris
f adiutoris
g auxiliatoris
h plasmatoris
i consolatoris
k benefactoris
l creatoris
m regis
n ducis
o domini
p imperatoris
q dominatoris
r gubernatoris
s remuneratoris
t amatoris
v pastoris
x custodis
y factoris
z nutritoris
w fabricatoris

40

a omnium
b cunctorum
c uniuersorum
d hominum
e mortalium
f uiuentium
g mundi
h nostri
i terre
k celi
l celorum
m animarum
n fidelium
o bonorum
p humilium
q credentium
r christianorum
s ortodoxorum
t terrigenarum
v deuotorum
x piorum
y iustorum
z mitium
w sperantium

dei possitis
ualeatis

	41		42
a	introduci	a	ineternum
b	intromitti	b	eternaliter
c	admitti	c	sempiterne
d	pertingere	d	sempiterno
e	ascendere	e	in sempiternum
f	conscendere	f	in perpetuum
g	uenire	g	perpetualiter
h	peruenire	h	perpetue
i	ingredi	i	perpetuo
k	introire	k	sine fine
l	intrare	l	feliciter
m	eleuari	m	felicissime
n	subleuari	n	semper
o	sublimari	o	iugiter
p	transire	p	continue
q	migrare	q	indesinenter
r	emigrare	r	dulcissime
s	uolare	s	dulciter
t	euolare	t	multum
v	peruolare	v	maxime
x	transmigrare	x	ineffabiliter
y	perduci	y	supramodum
z	deferri	z	incredibiliter
w	exaltari	w	incessanter

---

42   e   in sempiternum] in sepiternum *W*.

LIBER PRIMVS

43

a letantes
b gaudentes
c colletantes
d congaudentes
e triumphantes
f tripudiantes
g exultantes
h iubilantes
i alacres
k felices
l securi
m gloriosi
n gloriantes
o choruscantes
p clarificati
q beatificati
r illustrati
s decorati
t coronati
v decori
x fulgidi
y fulgentes
z honorati
w honorificati

44

a Cauete
b Cauetote
c Caueatis
d Precaueatis
e Recedite
f Recedatis
g Discedite
h Discedatis
i Fugitote
k Fugiatis
l Fugite
m Declinate   igitur a
n Declinetis   ergo a
o Abstinete
p Abstineatis
q Attendite
r Attendatis
s Refugite
t Refugiatis
v Refugitote
x Parcatis
y Parcite
z Abestote
w Effugite

---

44 h Discedatis] Fugitote *Wo, b.*
i Fugitote] Fugiatis *Wo, b.*
k Fugiatis] Discedatis *Wo, b.*
q Attendite] Attendatis *Wo, b.*
r Attendatis] Attendite *Wo, b.*

45

a	uanis
b	falsis
c	caducis
d	spurcis
e	pollutis
f	perituris
g	transitoriis
h	transituris
i	mendacibus
k	fallacibus
l	deceptoriis
m	uiciosis
n	uentosis
o	contagiosis
p	falsissimis
q	uanissimis
r	fallacissimis
s	spurcissimis
t	uiciosissimis
v	breuissimis
x	corruptissimis
y	corruptibilibus
z	fraudulentis
w	dolosis

46

a	rebus	
b	opibus	
c	negociis	
d	diuiciis	
e	honoribus	
f	uoluptatibus	
g	concupiscenciis	
h	consolacionibus	
i	possessionibus	
k	occupacionibus	
l	decepcionibus	
m	tradicionibus	huius
n	solaciis	presentis
o	deliciis	
p	studiis	
q	curis	
r	scienciis	
s	gaudiis	
t	leuitatibus	
v	actionibus	
x	curiositatibus	
y	implicacionibus	
z	sollicitudinibus	
w	exercitacionibus	

LIBER PRIMVS

47

a	uite
b	incolatus
c	temporis
d	peregrinacionis
e	conuersacionis
f	mortalitatis
g	calamitatis
h	transitus
i	mundi
k	more
l	orbis
m	terre
n	seculi
o	cosmi
p	exilii
q	miserie
r	habitacionis
s	ergasterii
t	abiectionis
v	breuitatis
x	carceris
y	capcionis
z	captiuitatis
w	transmigracionis

cum sitis ad
quoniam estis ad

48

a	epulas
b	nuptias
c	diuicias
d	leticias
e	delicias
f	uisiones
g	cantilenas
h	consolaciones
i	recreaciones
k	dignitates
l	uoluptates
m	mansiones
n	festiuitates
o	habitaciones
p	modulaciones
q	solemnitates
r	speculaciones
s	amenitates
t	iocunditates
v	contemplaciones
x	benedictiones
y	largiciones
z	laudaciones
w	remuneraciones

---

47   n   quoniam estis ad] quia estis ad *b*.
48   w   remuneraciones] remuneracione *W*.

	49		**50**
a	benigni	a	creatoris
b	superni	b	conditoris
c	supremi	c	saluatoris
d	superbenigni	d	plasmatoris
e	benignissimi	e	redemptoris
f	dulcissimi	f	liberatoris
g	altissimi	g	ereptoris
h	summi	h	motoris
i	maximi	i	factoris
k	optimi	k	iudicis
l	melliflui	l	regis
m	iustissimi	m	rectoris
n	clementis	n	imperatoris
o	clementissimi	o	gubernatoris
p	misericordis	p	uiuificatoris
q	misericordissimi	q	illustratoris
r	potentissimi	r	illuminatoris
s	omnipotentis	s	dominatoris
t	cunctipotentis	t	conseruatoris
v	pientissimi	v	administratoris
x	piissimi	x	moderatoris
y	gloriosi	y	dispositoris
z	gloriosissimi	z	ordinatoris
w	excellentissimi	w	decoratoris

---

49   t   cunctipotentis] cuncipotentis *W*.

LIBER PRIMVS

51

a celi
b terre
c orbis
d mundi
e seculorum
f celestium
g terrenorum
h terrestrium
i uniuersorum
k cunctorum
l omnium
m hominum
n angelorum
o seculi
p spiritum
q fidelium
r credentium
s inuisibilium
t uisibilium
v animarum
x animorum
y mentium
z humilium
w supercelestium

52

a celestes
b diuinas
c supernas
d supercelestes
e superdiuinas
f sempiternas
g spirituales
h ethereas
i lucidas
k eternas
l optimas
m perennes
n perpetuas
o beatissimas
p quietissimas
q amenissimas
r splendidissimas
s lucididissimas
t splendidas
v clarissimas
x immortales
y sanctas
z gloriosas
w securas

53

a feliciter
b dulciter
c clementer
d misericorditer
e misericordissime
f benignissime
g felicissime
h dulcissime
i dulcius
k mitius
l pie
m specialiter
n singulariter
o principaliter
p dignanter
q maxime
r sanctissime
s finaliter
t originaliter
v mitissime
x indulgenter
y indulgentissime
z ouanter
w gaudenter

54

a uocati
b euocati
c aduocati
d reuocati
e electi
f inuitati
g ordinati
h preelecti
i preordinati
k predestinati
l predispositi
m assumendi
n intraturi
o ingressuri
p introducendi
q intromittendi
r reuocandi
s euocandi
t uocandi
v ordinandi
x inuitandi
y reducendi
z reuersuri
w transituri

LIBER PRIMVS

55

a Ecce
b Videte
c Cernite
d Aspicite
e Inspicite
f Respicite
g Conspicite
h Perspicite
i Considerate
k Pensiculate
l Animaduertite
m Perpendite   o uos
n Cogitate   uos o
o Attendite
p Aduertite
q Cognoscite
r Mementote
s Recognoscite
t Circumspicite
v Agnoscite
x Intelligite
y Scitote
z Recogitate
w Reminiscamini

56

a miseri
b miselli
c infelices
d miserandi
e miserrimi
f miserabiles
g infelicissimi
h abiectissimi
i uanissimi
k iniqui
l iniusti
m caduci
n abiecti
o stulti
p fatui
q insipientes
r desidiosi
s stultissimi
t fatuissimi
v iniquissimi
x negligentes
y negligentissimi
z obliuiosissimi
w corruptibiles

57

a	homines	
b	homunciones	
c	mundiales	
d	mundani	
e	terrestres	
f	terreni	
g	mortales	
h	reges	
i	diuites	
k	principes	
l	rectores	
m	presules	quam
n	pastores	quoniam
o	regentes	
p	populares	
q	auditores	
r	christicole	
s	christiani	
t	lectores	
v	populi	
x	duces	
y	pontifices	
z	monachi	
w	presbyteri	

58

a	cito
b	citius
c	citissime
d	celeriter
e	clerissime
f	uelocissime
g	ocissime
h	uelociter
i	uelocius
k	ociter
l	celerius
m	ocius
n	repente
o	repentius
p	repentissime
q	perniciter
r	sine mora
s	indesinenter
t	raptissime
v	quotidie
x	dietim
y	continue
z	semper
w	iugiter

---

57   n   quoniam] quam *Wo.*

LIBER PRIMVS

75

59

a	mutantur
b	uariantur
c	immutantur
d	commutantur
e	permutantur
f	transmutantur
g	pertranseunt
h	transeunt
i	labuntur
k	pereunt
l	fugiunt
m	uadunt
n	euanescunt
o	depereunt
p	aufugiunt
q	defugiunt
r	decidunt
s	corruunt
t	inclinantur
v	corrumpuntur
x	alterantur
y	deficiunt
z	ruunt
w	recedunt

60

a	omnia	
b	cuncta	
c	uniuersa	
d	mundana	
e	mundialia	
f	secularia	
g	terrestria	
h	terrena	
i	temporalia	
k	desiderabilia	
l	placencia	
m	pulchra	que nunc
n	optata	uestra que
o	cupita	
p	optabilia	
q	transitoria	
r	corporalia	
s	inferiora	
t	uisibilia	
v	sensibilia	
x	delectabilia	
y	concupiscibilia	
z	materialia	
w	corruptibilia	

59	d	commutantur] permutantur *Wo, b.*
	e	permutantur] commutantur *Wo, b.*
	y	deficiunt] defficiunt *W.*
60	e	mundialia] mudialia *W.*

61

a	male	
b	peruerse	
c	pessime	
d	impure	
e	ardenter	
f	ardentius	
g	impiissime	
h	feruentissime	
i	studiosissime	
k	diligentissime	
l	diligencius	
m	feruencius	cum
n	studiosius	cum
o	diligenter	
p	feruenter	
q	studiose	
r	nimis	
s	anxie	
t	anxius	
v	nimium	
x	pertinaciter	
y	pertinacius	
z	pertinacissime	
w	temerarie	

62

a	peccato
b	periculo
c	damnacione
d	malignitate
e	inquietudine
f	peruersitate
g	detrimento
h	ambicione
i	superbia
k	iniusticia
l	impietate
m	impuritate
n	malicia
o	fallacia
p	falsitate
q	scelere
r	dilicto
s	flagicio
t	crimine
v	fraudulencia
x	iniquitate
y	auaricia
z	adhesione
w	macula

LIBER PRIMVS

63

a tenetis
b retinetis
c habetis
d amatis
e diligitis
f possidetis
g concupiscitis
h conspicitis
i ambitis
k cupitis
l uidetis
m cernitis   uosque sicut
n aspicitis   et uos ut
o inqueritis
p requeritis
q magnifacitis
r grandifacitis
s amplectimini
t congregatis
v detinetis
x occupatis
y colligitis
z comportatis
w desideratis

64

a uentus
b flatus
c umbra
d nubes
e nebula
f stipula
g nubecula
h somnium
i nihilum
k sonitus
l sonus
m fumus
n stercus
o puluis
p nix
q glacies
r pruina
s tonitrus
t tonitrua
v scillicidium
x clamor
y uociferacio
z umbraculum
w fenum

---

63 q   magnifacitis] magnificatis *Wo.*
    r   grandifacitis] grandificatis *Wo.*

65

a	deficietis	
b	euanescetis	
c	resoluemini	
d	destruemini	
e	corrumpemini	
f	emigrabitis	
g	migrabitis	
h	moriemini	
i	rapiemini	
k	transibitis	
l	peribitis	
m	ruetis	quando non
n	cadetis	cum non
o	decidetis	
p	interibitis	
q	auferemini	
r	exspirabitis	
s	transmigrabitis	
t	recedetis	
v	abietis	
x	corruetis	
y	discedetis	
z	dissoluemini	
w	annihilabimini	

66

a	putatis
b	reputatis
c	computatis
d	putabitis
e	reputabitis
f	computabitis
g	suspicamini
h	suspicabimini
i	precogitabitis
k	precogitatis
l	cogitabitis
m	cogitatis
n	creditis
o	credetis
p	aduertitis
q	aduertetis
r	timebitis
s	timetis
t	metuetis
v	pauebitis
x	formidatis
y	estimatis
z	precauetis
w	expectatis

---

66   f   computabitis] suspicamini *Wo, b.*

      g   suspicamini] suspicabimini *Wo, b.*

      h   suspicabimini] precogitabitis *Wo, b.*

      i   precogitabitis] precogitates *Wo, b.*

      k   precogitatis] computabitis *Wo, b.*

	67			68
a	Nunc igitur		a	fratres
b	Igitur nunc		b	confratres
c	Nunc ergo		c	mortales
d	Ergo nunc		d	homunciones
e	Nunc itaque		e	comilitones
f	Itaque nunc		f	homines
g	Quo circa		g	populi
h	Propterea		h	fideles
i	Quapropter		i	christiani
k	Propter quod		k	christicole
l	Proinde		l	terrigine
m	Ideoque	o	m	terrestres
n	Ob id	o	n	credentes
o	Et ideo		o	ortodoxi
p	Eya nunc		p	terreni
q	Igitur		q	mundani
r	Itaque		r	mundiales
s	Quare		s	miserandi
t	Vos igitur		t	miserabiles
v	Vos ergo		v	miserrimi
x	Vos itaque		x	miselli
y	Quamobrem		y	miseri
z	Vos nunc		z	pauperes
w	Nunc uos		w	pauperrimi

67 a Nunc igitur] Nunc *C, Wo, b.*
m Ideoque | o] Ideoque | igitur o *Wo.*
n Ob id | o] Ob id | itaque o *Wo.*

69

a	cogitate
b	recogitate
c	percogitate
d	mementote
e	pensiculate
f	ponderate
g	pensate
h	adtendite
i	animaduertite
k	considerate
l	aduertite
m	discite quam sit
n	scitote quod sit
o	audite
p	gustate
q	intelligite
r	meditemini
s	reuoluite
t	perpendite
v	ausculate
x	cognoscite
y	degustate
z	pregustate
w	precognoscite

70

a	iocundum
b	optandum
c	dulcissimum
d	iocundissimum
e	honorificum
f	suauissimum
g	optimum
h	optabile
i	bonum
k	dulce
l	suaue
m	amenum
n	solaciosum
o	amenissimum
p	pulcherrimum
q	pulchrum
r	gloriosum
s	magnum
t	honestum
v	desiderandum
x	maximum
y	mirificium
z	beatificum
w	laudabile

---

69   n   quod sit] quam sit *Wo.*

LIBER PRIMVS

81

71

a choris
b epulis
c deliciis
d societati
e consorcio
f consorciis
g societatibus
h solemnitatibus
i modulacionibus
k festiuitatibus
l beatitudine
m exultacioni
n fruicioni
o claritati
p solacio
q gaudio
r solaciis
s gaudiis
t tripudio
v amenitati
x felicitatibus
y cantilenis
z solemniis
w festis

72

a sanctorum
b electorum
c amicorum
d amatorum
e famulorum
f seruitorum
g seruorum
h ministrorum
i sacerdotum
k beatorum
l angelorum
m archangelorum
n apostolorum
o martyrum
p humilium
q iustorum
r prophetarum
s patriarcharum
t celicolarum
v confessorum
x dilectorum
y discipulorum
z charissimorum
w amantissimorum

---

72 x dilectorum] delictorum *Wo.*

73

a dei
b christi
c patris
d opificis
e auctoris
f factoris
g creatoris
h conditoris
i domini
k dominatoris
l imperatoris
m gubernatoris
n principantis
o principis
p rectoris
q regentis
r regis
s iudicis
t motoris
v directoris
x adiutoris
y auxiliatoris
z administratoris
w remuneratoris

74

a omnipotentis
b cunctipotentis
c incommutabilis
d incomprehensibilis
e inestimabilis
f ineffabilis
g immortalis
h maximi
i optimi
k magni
l potentis
m perfecti   absque
n nostri   sine
o omnium
p cunctorum
q uniuersorum
r sanctissimi
s potentissimi
t clementissimi
v pientissimi
x piissimi
y clarissimi
z dulcissimi
w mitissimi

---

73   n   principantis] principatus *Wo, b.*

LIBER PRIMVS

75

a fine
b metu
c pauore
d timore
e termino
f mutacione
g commutacione
h turbacione
i perturbacione
k conturbacione
l terminacione
m intermissione
n mutabilitate
o indigencia
p defectu
q fastidio
r inopia
s tedio
t nausea
v egestate
x penuria
y cessacione
z alteracione
w corruptione

76

a semper
b iugiter
c perpetue
d perpetuo
e perenniter
f eternaliter
g perpetualiter
h felicissime
i feliciter
k dulciter
l suauiter
m continue   interesse et
n euiter   adesse ac
o assidue
p assiduo
q incessanter
r indesinenter
s suauissime
t dulcissime
v quietissime
x securissime
y iocundissime
z letissime
w gaudenter

---

76 n adesse ac] adesse et *Wo.*

77

a	faciem	
b	uultum	
c	aspectum	
d	conspectum	
e	maiestatem	
f	pulchritudinem	
g	fulgenciam	
h	uenustatem	
i	gloriam	
k	decorem	
l	speciem	
m	ornatum	ipsius
n	regnum	eiusdem
o	imperium	
p	pietatem	
q	dulcedinem	
r	mansuetudinem	
s	benignitatem	
t	magnitudinem	
v	honorificenciam	
x	magnificenciam	
y	claritatem	
z	potenciam	
w	bonitatem	

78

a	optimi
b	magni
c	maximi
d	sanctissimi
e	altissimi
f	piissimi
g	sancti
h	alti
i	pii
k	beati
l	boni
m	clari
n	potentis
o	clarissimi
p	omnipotentis
q	cunctipotentis
r	mansuetissimi
s	benignissimi
t	pientissimi
v	clementissimi
x	excellentissimi
y	supremi
z	superni
w	sempiterni

LIBER PRIMVS

79

a rectoris
b conditoris
c creatoris
d amatoris
e defensoris
f imperatoris
g plasmatoris
h illustratoris
i illuminatoris
k conseruatoris
l instauratoris
m restauratoris
n uiuificatoris
o gubernatoriis
p iustificatoris
q sanctificatoris
r moderatoris
s scrutatoris
t cognitoris
v inspectoris
x discretoris
y custodis
z motoris
w nutritoris

80

a omnium
b cunctorum
c uniuersorum
d mortalium
e celestium
f celorum
g hominum
h iustorum
i suorum
k humilium
l christianorum
m christicolarum   in
n principatuum   in
o ortodoxorum
p credencium
q fidelium
r pauperum
s spiritualium
t spirituum
v animarum
x mentium
y cordium
z corporum
w uiuentium

---

79 m   restauratoris] uiuificatoris *Wo, b.*
    n   uiuificatoris] restauratoris *Wo, b.*
80 v   animarum] animarium *W.*

	81		82
a	regno	a	uiuencium
b	gloria	b	uiuorum
c	patria	c	sanctorum
d	ciuitate	d	beatorum
e	palacio	e	bonorum
f	domo	f	iustorum
g	aula	g	diuorum
h	sede	h	electorum
i	mansione	i	felicitatis
k	habitaculo	k	beatitudinis
l	habitacione	l	charitatis
m	amenitate	m	angelorum
n	claritate	n	felicium
o	splendore	o	mitium
p	domicilio	p	eternitatis
q	splendoribus	q	prophetarum
r	imperio	r	apostolorum
s	honestate	s	patriarcharum
t	honore	t	archangelorum
v	communione	v	celicolarum
x	participacione	x	supercelestium
y	societate	y	celestium
z	presencia	z	martyrum
w	astancia	w	predestinatorum

LIBER PRIMVS

83

a iugiter
b semper
c continue
d iocunde
e incessanter
f indesinenter
g incessabiliter
h gaudenter
i hilariter
k suauiter
l letanter
m perfecte
n dulciter
o perpetuo
p perenniter
q perpetue
r eternaliter
s assidue
t feliciter
v ardenter
x feruenter
y ouanter
z gaudenter
w letissime

84

a uidere
b cernere
c intueri
d contueri
e suspicere
f aspicere
g respicere
h perspicere
i conspicere
k inspicere
l prospicere
m contemplari
n speculari
o participare
p communicare
q habere presentem
r coram habere
s diligere
t amare
v mirari
x admirari
y ammirari
z cognoscere
w agnoscere

85

a Beatorum
b Electorum
c Letancium
d Exultancium
e Gaudentium
f Cohabitantium
g Habitancium
h Existencium
i Sanctorum
k Manentium
l Morantium
m Degentium   namque in
n Fidelium   enim in
o Felicium
p Credentium
q Viuentium
r Iustorum
s Quiescentium
t Requiescencium
v Conquiescencium
x Consistentium
y Commanentium
z Collaudantium
w Triumphantium

86

a celo
b celis
c celestibus
d supercelestibus
e olympicis
f uranicis
g eternis
h paradyso
i supernis
k altissimis
l excelsis
m patria   omnium
n diuinis   cunctorum
o eminencia
p firmamento
q spiritualibus
r promissis
s promissionibus
t eternitate
v charitate
x claritate
y regno dei
z thronis
w supremo

---

85 n enim in] namque in *Wo.*

LIBER PRIMVS

87

a	una
b	uera
c	certa
d	firma
e	eterna
f	perpetua
g	sempiterna
h	certissima
i	summa
k	communis
l	euiterna
m	unanimis est
n	tranquilla est
o	stabilis
p	perseuerans
q	firmissima
r	amenissima
s	securissima
t	pulchra
v	secura
x	dulcis
y	electa
z	predulcis
w	dulcissima

88

a	quies
b	requies
c	leticia
d	exultacio
e	iubilacio
f	consolacio
g	refocillacio
h	beatitudo
i	recreacio
k	amenitas
l	pausacio
m	pax que numquam
n	uita que nullatenus
o	gloria
p	fruicio
q	perfruicio
r	societas
s	sacietas
t	festiuitas
v	solemnitas
x	claritas
y	felicitas
z	suauitas
w	concordia

---

87   n   est] erit *b*.

89

a	deficit	
b	deficiet	
c	finitur	
d	finietur	
e	terminatur	
f	terminabitur	
g	exterminatur	
h	exterminabitur	
i	commutabitur	
k	immutabitur	
l	commutatur	
m	immutatur	sed
n	remouetur	sed
o	marcescit	
p	minuetur	
q	extinguetur	
r	corrumpetur	
s	obnubilatur	
t	obnubilabitur	
v	abscondetur	
x	auferetur	
y	cessabit	
z	desinet	
w	uarietur	

90

a	durat	
b	manet	
c	durabit	
d	manebit	
e	permanebit	
f	perseuerabit	
g	perseuerat	
h	permanet	
i	continuatur	
k	extendetur	
l	extenditur	
m	assiduatur	in
n	assiduabitur	in
o	continuabitur	
p	ampliabitur	
q	ampliatur	
r	augetur	
s	crecet	
t	crescit	
v	dilatatur	
x	dilatabitur	
y	habebitur	
z	possidetur	
w	habetur	

---

89   o   marcescit] marcescet *W*.

LIBER PRIMVS

91

91		92		
a	secula	a	Videte	
b	euum	b	Adtendite	
c	seculum	c	Aduertite	
d	eternum	d	Perpendite	
e	secula cuncta	e	Considerate	
f	secula eterna	f	Animaduertite	
g	sempiternum	g	Mementote	
h	secula seculorum	h	Recogitate	
i	sempiterna secula	i	Cogitate	
k	seculorum secula	k	Intendite	
l	secula perpetua	l	Pensate	
m	perpetua secula	m	Cognoscite	nunc o
n	tempus eternum	n	Agnoscite	igitur o
o	infinita secula	o	Aspicite	
p	omnia secula	p	Inspicite	
q	euiternum	q	Respicite	
r	perpetuum	r	Conspicite	
s	omne tempus	s	Prospicite	
t	omne euum	t	Pensiculate	
v	infinitum	v	Deliberate	
x	tempus omne	x	Recognoscite	
y	secula euiterna	y	Reuoluite	
z	omnia tempora	z	Intelligite	
w	omne seculum	w	Cernite	

93

a	fratres
b	confratres
c	conserui
d	patres
e	populi
f	uiri
g	homines
h	homunciones
i	commilitones
k	terrigene
l	filii adam
m	domini
n	reges
o	duces
p	comites
q	principes
r	presules
s	pontifices
t	pastores
v	prelati
x	abbates
y	episcopi
z	archiepiscopi
w	cardinales

94

a	boni	
b	optimi	
c	dilecti	
d	chari	
e	christiani	
f	christicole	
g	fidelissimi	
h	charissimi	
i	amicissimi	
k	deuoti	
l	studiosi	
m	sapientes	qui
n	prudentes	si qui
o	intelligentes	
p	conspicui	
q	eruditi	
r	docti	
s	literati	
t	cordati	
v	deuotissimi	
x	doctissimi	
y	clarissimi	
z	mundani	
w	mortales	

LIBER PRIMVS

95

a timetis
b creditis
c pauetis
d pauescitis
e expauescitis
f honoratis
g metuitis
h adoratis
i recolitis
k inuocatis
l exoratis
m expectatis
n diligitis
o amatis
p colitis
q agnoscitis
r cognoscitis
s recognoscitis
t ueneramini
v adamatis
x speratis in
y confiditis in
z prestolamini
w glorificatis

96

a conditorem
b creatorem
c factorem
d auctorem
e opificem
f ereptorem
g dominum
h saluatorem
i redemptorem
k uiuificatorem
l dominatorem
m imperatorem
n conseruatorem
o gubernatorem
p plasmatorem
q fabricatorem
r moderatorem
s productorem
t dilectorum
v decoratorem
x exornatorem
y releuatorem
z sanctificatorem
w iustificatorem

97

a	mundi	
b	mundialium	
c	mundanorum	
d	supercelestium	
e	celestium	
f	celicolarum	
g	celorum	
h	nostrum	
i	uestrum	
k	seculi	
l	celi	
m	terre	iesum
n	orbis	deum
o	animarum	
p	hominum	
q	mortalium	
r	christianorum	
s	christicolarum	
t	credencium	
v	fidelium	
x	humilium	
y	omnium	
z	cunctorum	
w	uniuersorum	

98

a	omnipotentem	
b	cunctipotentem	
c	dulcissimum	
d	pientissimum	
e	piissimum	
f	clementissimum	
g	benignissimum	
h	misericordissimum	
i	mitissimum	
k	benignum	
l	mitem	
m	pium	quare sitis
n	dulcem	quare estis
o	iustum	
p	bonum	
q	clementem	
r	misericordem	
s	indulgentem	
t	mellifluum	
v	altissimum	
x	gloriosum	
y	desiderabilem	
z	incommutabilem	
w	incircumscriptibilem	

LIBER PRIMVS

99

a	facti
b	uocati
c	electi
d	creati
e	conditi
f	fabricati
g	plasmati
h	baptisati
i	ordinati
k	conuocati
l	preordinati
m	predestinati
n	congregati
o	uiuificati
p	conducti
q	deputati
r	coadunati
s	assumpti
t	euocati
v	obligati
x	adunati
y	generati
z	instituti
w	nati

100

a	Vtique	
b	Certe	
c	Nonne	
d	Nempe	
e	Enimuero	
f	Indubie	
g	Sine dubio	
h	Indubitanter	
i	Absque dubio	
k	Certissime	
l	Verissime	
m	Profecto	ad
n	Quippe	ad
o	Sane	
p	Plane	
q	Vere	
r	Scio quod	
s	Dico quod	
t	Puto quod	
v	Reputo quod	
x	Affirmo quod	
y	Scitote quod	
z	Noueritis quod	
w	Sciatis quod	

---

100 r   Scio quod] Scio que *Wo*.

s   Dico quod] Dico que *Wo*.

t   Puto quod] Puto que *Wo*.

v   Reputo quod] Reputo que *Wo*.

x   Affirmo quod] Affirmo que *Wo*.

y   Scitote quod] Scitote que *Wo*.

z   Noueritis quod] Noueritis que *Wo*.

w   Sciatis quod] Sciatis que *Wo*.

	101		102
a	amandum	a	assidue
b	colendum	b	iugiter
c	timendum	c	semper
d	cognoscendum	d	continue
e	inquirendum	e	feruenter
f	requirendum	f	incessanter
g	perquirendum	g	indesinenter
h	exquirendum	h	feruentissime
i	peramandum	i	cordialissime
k	collaudandum	k	ardentissime
l	benedicendum	l	deuotissime
m	laudandum	m	cordialiter
n	diligendum	n	ardenter
o	timendum	o	deuote
p	metuendum	p	pure
q	inuocandum	q	adtente
r	recolendum	r	quotidie
s	glorificandum	s	humiliter
t	magnificandum	t	humilime
v	extollendum	v	reuerenter
x	honorandum	x	libentissime
y	exaltandum	y	reuerencialiter
z	adorandum	z	affectuosissime
w	uenerandum	w	prudentissime

---

101 o timendum] pertimendum *Wo*, honorificandum *b*.
   r recolendum] glorificandum *Wo*.
   s glorificandum] recolendum *Wo*.
   z adorandum] honorificandum *Wo*.

LIBER PRIMVS

103

a misericordissimum
b indulgentissimum
c benignissimum
d clementissimum
e sempiternum
f pientissimum
g piissimum
h immortalem
i maximum
k optimum
l magnum
m pium
n iustum
o dulcem
p eternum
q sanctum
r benignum
s sanctissimum
t misericordem
v fortissimum
x supercelestem
y altissimum
z clarissimum
w excelentissimum

104

a factorem
b creatorem
c conditorem
d benefactorem
e plasmatorem
f fabricatorem
g moderatorem
h protectorem
i susceptorem
k rectorem
l regem
m iudicem
n patrem
o pastorem
p motorem
q conseruatorem
r gubernatorem
s uiuificatorem
t imperatorem
v redemptorem
x saluatorem
y consolatorem
z arbitrum
w directorem

105

a	uestrum
b	nostrum
c	omnium
d	cunctorum
e	uniuersorum
f	credencium
g	supercelestium
h	celestium
i	celorum
k	celi
l	mundi
m	hominum iesum qui
n	fidelium deum qui
o	mundialium
p	mundanorum
q	inuisibilium
r	uisibilium
s	terrestrium
t	terrarum
v	terre
x	orbis
y	uiuencium
z	mortalium
w	angelorum

106

a	uos
b	nos
c	omnes
d	cunctos
e	uniuersos
f	credentes
g	homines
h	fideles
i	suos
k	uiuentes
l	mortales
m	pauperes per
n	peccatores per
o	incredulos
p	gentiles
q	impios
r	gentes
s	ignaros
t	errantes
v	deuiantes
x	mortuos
y	infirmos
z	debiles
w	pereuntes

---

106 m/n per] *radiert* nos *stattdessen* per *C*, nos per *Wo*.

LIBER PRIMVS

107

a fidem
b spem
c fiduciam
d uictoriam
e passionem
f dilectionem
g charitatem
h compassionem
i miseracionem
k misericordiam
l indulgenciam
m clemenciam
n pietatem
o graciam
p pacienciam
q dulcedinem
r mansuetudinem
s benignitatem
t credulitatem
v amorem
x apparicionem
y doctrinam
z euangelium
w munificenciam

108

a uocauit
b reuocauit
c conuocauit
d ordinauit
e preordinauit
f predestinauit
g instaurauit
h restaurauit
i reformauit
k formauit
l reduxit
m redemit   ad
n elegit   ad
o statuit
p restituit
q recepit
r locauit
s collocauit
t exaltauit
v sublimauit
x confirmauit
y firmauit
z roborauit
w erexit

---

108 n   ad] in *b*.

109

a	uitam
b	pacem
c	requiem
d	felicitatem
e	ueritatem
f	beatitudinem
g	iocunditatem
h	exultacionem
i	solemnitatem
k	amenitatem
l	tranquillitatem
m	pulchritudinem
n	dulcedinem
o	claritatem
p	fruicionem
q	mansionem
r	gloriam
s	societatem
t	securitatem
v	festiuitatem
x	abundanciam
y	leticiam
z	patriam
w	quietem

110

a	eternam
b	perennem
c	sempiternam
d	superuenturam
e	immarcessibilem
f	incorruptibilem
g	interminabilem
h	supernam
i	supercelestem
k	angelicam
l	celestem
m	perpetuam
n	immortalem
o	ineffabilem
p	mansuram
q	permansuram
r	apostolicam
s	apostolorum
t	angelorum
v	celicolarum
x	eternitatis
y	diuinitatis
z	maiestatis
w	prophetarum

LIBER PRIMVS

111

a **O** pie
b **O** mitis
c **O** dulcis
d **O** colende
e **O** adorande
f **O** piissime
g **O** pientissime
h **O** benedicte
i **O** iustissime
k **O** cunctipotens
l **O** sanctissime
m **O** potentissime
n **O** clementissime
o **O** sapientissime
p **O** colendissime
q **O** benignissime
r **O** metuende
s **O** adorabilis
t **O** dulcissime
v **O** misericors
x **O** mitissime
y **O** reuerendissime
z **O** misericordissime
w **O** prestantissime

112

a plasmator
b fabricator
c moderator
d imperator
e conseruator
f gubernator
g conditor
h creator
i factor
k rector
l pater
m iudex
n rex
o saluator
p motor
q director
r dominator
s redemptor
t uiuificator
v instaurator
x restaurator
y renouator
z seruator
w inspector

---

111 g O pientissime] O sapientissime *Wo.*
     o O sapientissime] O pientissime *Wo.*

113

a noster
b omnium
c cunctorum
d uniuersorum
e mobilium
f uisibilium
g seculorum
h seculi
i mundi
k orbis
l uniuersi
m uniuersitatis
n inuisibilium
o uiuentium
p mortalium
q hominum
r fidelium
s humilium
t celestium
v angelorum
x supercelestium
y christianorum
z christicolarum
w credentium

114

a respice
b aspice
c inspice
d conspice
e perspice
f prospice
g suspice
h intende
i respicito
k aspicito
l inspicito
m conspicito   in nos
n perspicito   in nos
o suspicito
p respicias
q aspicias
r inspicias
s conspicias
t prospicias
v adtende
x intendito
y attendito
z intendas
w attendas

LIBER PRIMVS

115

a miseros
b debiles
c infirmos
d inscios
e inutiles
f infelices
g miserandos
h pauperes
i fragiles
k miserabiles
l miserrimos
m infelicissimos
n corruptibiles
o mutabiles
p indignos
q ignauos
r christianos
s flebiles
t caducos
v pauperrimos
x calamitosos
y immundissimos
z mortales
w iniquos

116

a seruitores
b ministros
c sacerdotes
d famulos
e seruos
f oratores
g filios
h subiectos
i subditos
k seruulos
l discipulos
m auditores   tuos et
n deuotos   tuos et
o amatores
p cultores
q adoratores
r exules
s captiuos
t inopes
v ueneratores
x ascripticios
y redemptos
z debitores
w alumnos

---

115 c   infirmos] firmos *W*.

    i   fragiles] miserandos *W*.

117

a	miserere
b	miserare
c	miserearis
d	commiserere
e	commisereare
f	commiserare
g	compatere
h	compatiare
i	compatiaris
k	subuenias
l	subueni
m	subuenitote	nobis
n	subuenito	nobis
o	succuras
p	succurrito
q	succurre
r	adesto
s	occurre
t	occurras
v	occurrito
x	propiciare
y	propicius esto
z	faueto
w	faueas

118

a	remittens
b	dimittens
c	indulgens
d	relaxans
e	laxans
f	donans
g	condonans
h	concedens
i	expurgans
k	obliuiscens
l	purgans
m	delens	omnium
n	expians	omnium
o	lauans
p	abluens
q	tergens
r	extergens
s	abstergens
t	purgitans
v	expurgitans
x	purificans
y	diluens
z	mundans
w	emundans

---

117 m subuenitote] subuenias *W*, condescende *b*.

s occurre] ocurre *W*.

118 n omnium] cunctorum *b*.

LIBER PRIMVS

119

a nostrum
b hominum
c humilium
d fidelium
e deuotorum
f petentium
g dolentium
h orancium
i flentium
k penitentium
l contritorum
m afflictorum
n credentium
o baptisatorum
p christianorum
q ortodoxorum
r catholicorum
s gementium
t christicolarum
v postulancium
x querentium
y optantium
z sperantium
w expectancium

120

a scelera
b noxas
c delicta
d peccata
e culpas
f facinora
g peccamina
h nequicias
i impietates
k iniquitates
l uoluptates
m excessus
n reatus
o uicia
p mala
q malicias
r maculas
s impuritates
t negligencias
v transgressiones
x inmundicias
y iniusticias
z crimina
w flagicia

qui tu
quoniam tu

POLYGRAPHIA IOANNIS TRITEMII

121

a	pius
b	mitis
c	dulcis
d	clemens
e	paciens
f	benignus
g	mitissimus
h	longanimis
i	sanctissimus
k	optimus
l	bonus
m	largus
n	magnus
o	piissimus
p	pientissimus
q	misericors
r	dulcissimus
s	pacientissimus
t	mansuetissimus
v	clementissimus
x	benignissimus
y	mansuetus
z	prestabilis
w	potens

es domine iesu
es domine deus

122

a	rex
b	iudex
c	imperator
d	princeps
e	conseruator
f	gubernator
g	administrator
h	illustrator
i	illuminator
k	uiuificator
l	creator
m	conditor
n	factor
o	auctor
p	director
q	moderator
r	purificator
s	iustificator
t	redemptor
v	saluator
x	amator
y	institutor
z	promotor
w	productor

LIBER PRIMVS

107

123

a	omnium
b	cunctorum
c	uniuersorum
d	humanitatis
e	angelorum
f	hominum
g	celestium
h	mundi
i	orbis
k	terre
l	celi
m	celorum
n	bonorum
o	sanctorum
p	mundanorum
q	supernorum
r	uiuentium
s	mortalium
t	uniuersitatis
v	mundialium
x	inuisibilium
y	uisibilium
z	naturalium
w	nature

124

a	Respice	
b	Aspice	
c	Inspice	
d	Conspice	
e	Considera	
f	Memento	
g	Memineris	
h	Reminiscere	
i	Reminiscare	
k	Recorderis	
l	Recordare	
m	Pensicula	o
n	Adtende	o
o	Intende	
p	Cogita	
q	Recogita	
r	Memor esto	
s	Memoreris	
t	Reminiscaris	
v	Recognoscito	
x	Recognosce	
y	Cognoscito	
z	Cognosce	
w	Intellige	

---

123 l   celi] celorum *Wo, b.*

    m   celorum] bonorum *Wo, b.*

    n   bonorum] sanctorum *Wo, b.*

    o   sanctorum] celi *Wo, b.*

124 i   Reminiscare] Reminiscaris *Wo, b.*

    m   Pensicula | o] | nunc o *Wo,* | igitur o *b.*

    n   Adtende | o] | nunc o *Wo,* | itaque o *b.*

    t   Reminiscaris] Memorare *Wo, b.*

125

a	bone	
b	sancte	
c	colende	
d	recolende	
e	benignissime	
f	pientissime	
g	dulcissime	
h	piissime	
i	mitissime	
k	amantissime	
l	benigne	
m	dulcis	iesu quam
n	mitis	pater quam
o	pie	
p	agie	
q	superagie	
r	sanctissime	
s	colendissime	
t	prestantissime	
v	nobilissime	
x	misericors	
y	misericordissime	
z	indulgentissime	
w	clementissime	

126

a	grauia	
b	indigna	
c	horrenda	
d	asperrima	
e	grauissima	
f	indignissima	
g	amarissima	
h	crudelissima	
i	acerbissima	
k	durissima	
l	crudelia	
m	amara	in
n	acerba	in
o	dura	
p	contraria	
q	metuenda	
r	miseranda	
s	turpissima	
t	dolorosa	
v	iniuriosa	
x	contumeliosa	
y	opprobriosa	
z	iniusta	
w	lamentosa	

---

125   m   iesu quam] domine iesu quam *b*.

        n   pater quam] rex celi quam *b*.

126   l   crudelia] credulia *Wo*.

LIBER PRIMVS

127

a ara
b ligno
c patibulo
d tormento
e tortura
f arbore
g stipite
h alto
i trunco
k sacrario
l thiasterio
m signo
n ramo
o xilo
p sublimi
q altitudine
r ergasterio
s eminencia
t eculeo
v fano
x organo
y instrumento
z columna
w receptaculo

128

a sancte
b sanctificate
c sanctissime
d salutifere
e christifere
f deifere
g alme
h uenerande
i honorande
k uenerabilis
l honorabilis
m terribilis crucis
n agiotate crucis
o uitefere
p uitalis
q sacre
r sacrate
s consecrate
t sacratissime
v clarissime
x sanguifuse
y zoefere
z recolende
w dulcissime

---

128 x sanguifuse] sanguifuge *Wo*.

129

a	tolerasti	
b	tolerauisti	
c	toleraueris	
d	pertuleris	
e	pertulisti	
f	acceperis	
g	accepisti	
h	suscepisti	
i	susceperis	
k	sustinueris	
l	sustinuisti	
m	passus es	pro nobis
n	gustasti	pro nobis
o	gustaueris	
p	paciebaris	
q	expertus es	
r	perpessus es	
s	receperis	
t	recepisti	
v	subiuisti	
x	subiisti	
y	sustulisti	
z	tulisti	
w	degustasti	

130

a	miseris
b	misellis
c	miserandis
d	miserrimis
e	miserabilibus
f	indignissimis
g	impiissimis
h	iniquis
i	impiis
k	iniustis
l	uanis
m	caducis
n	peruersis
o	deprauatis
p	erumnosis
q	calamitosis
r	uanissimis
s	inutilibus
t	pauperrimis
v	iniustissimis
x	inmundissimis
y	impurissimis
z	inquinatissimis
w	infirmissimis

LIBER PRIMVS

131

a   creaturis
b   exulibus
c   exulantibus
d   peregrinis
e   hominibus
f   homuncionibus
g   mortalibus
h   terrigenis
i   adamitis
k   fatuis
l   stultis
m   ignaris
n   errantibus
o   uermiculis
p   uermibus
q   peccatoribus
r   uiatoribus
s   uiuentibus
t   deuiantibus
v   animalibus
x   mundanis
y   penitentibus
z   popularibus
w   malefactoribus

132

a   Certissime
b   Verissime
c   Indubie
d   Nempe
e   Quippe
f   Quia
g   Iccirco
h   Ideoque
i   Proinde
k   Quoniam
l   Etenim
m   Namque   tu es
n   Certe   tu es
o   Vnde
p   Quare
q   Nam
r   Quocirca
s   Quapropter
t   Et ideo
v   Vere
x   Veraciter
y   Profecto
z   Veracissime
w   Quoniamquidem

---

131   b   exulibus] exilibus *C*.

133   134

133		134	
a	deus	a	noster
b	pater	b	mundi
c	creator	c	bonorum
d	conditor	d	iustorum
e	fabricator	e	hominum
f	imperator	f	mortalium
g	dominator	g	uiuentium
h	redemptor	h	fidelium
i	gubernator	i	credentium
k	dominus	k	ortodoxorum
l	princeps	l	christicolarum
m	opifex	m	christianorum
n	factor	n	uniuersorum
o	rex	o	cunctorum
p	iudex	p	omnium
q	amator	q	electorum
r	adiutor	r	piorum
s	saluator	s	exulum
t	uiuificator	t	filiorum
v	consolator	v	deuotorum
x	conseruator	x	humilium
y	preseruator	y	afflictorum
z	moderator	z	miserorum
w	beatificator	w	peregrinorum

LIBER PRIMVS

135

- a pius
- b bonus
- c potens
- d magnus
- e optimus
- f maximus
- g piissimus
- h pientissimus
- i potentissimus
- k clementissimus
- l misericors
- m benignus
- n gloriosus
- o excelsus
- p eximius
- q excellens
- r mitissimus
- s sanctissimus
- t benignissimus
- v excellentissimus
- x misericordissimus
- y gloriosissimus
- z altissimus
- w clarissimus

136

- a redimens
- b liberans
- c saluans
- d leuans
- e expians
- f releuans
- g subleuans
- h renouans
- i innouans
- k purificans
- l illustrans
- m illuminans
- n coronans
- o erigens
- p eripiens
- q custodiens
- r diligens
- s saluificans
- t preseruans
- v glorificans
- x sanctificans
- y emundans
- z beatificans
- w felicitans

137

a mentes
b animas
c animos
d spiritus
e uitam
f mores
g actus
h opera
i actiones
k cogitatus
l uoluntates
m cogitaciones
n operaciones
o intenciones
p desideria
q propositum
r preces
s oraciones
t postulaciones
v inspiraciones
x aspiraciones
y intima
z precordia
w corda

138

a seruorum
b fidelium
c seruulorum
d seruitorum
e famulorum
f ministrorum
g pauperum
h humilium
i christianorum
k christicolarum
l sacerdotum
m amicorum   tuorum omnium
n electorum   omnium tuorum
o amatorum
p cultorum
q dilectorum
r charorum
s oratorum
t sequatium
v hierodulorum
x uicariorum
y nunciorum
z obedientium
w discipulorum

---

137   g   actus] acta *Wo, b.*

LIBER PRIMVS

115

139

a	Petimus	
b	Oramus	
c	Optamus	
d	Expetimus	
e	Rogamus	
f	Exoramus	
g	Precamur	
h	Postulamus	
i	Expostulamus	
k	Flagitamus	
l	Speramus	
m	Cupimus	autem
n	Credimus	enim
o	Confidimus	
p	Expectamus	
q	Prestolamur	
r	Concupiscimus	
s	Anhelamus	
t	Affectamus	
v	Efflagitamus	
x	Desideramus	
y	Intendimus	
z	Quesumus	
w	Contendimus	

140

a	saluari	
b	sanari	
c	iuuari	
d	adiuuari	
e	felicitari	
f	beatificari	
g	releuari	
h	iustificari	
i	sanctificari	
k	emundari	
l	assumi	
m	beari	per tuam
n	coronari	per tuam
o	renouari	
p	innouari	
q	conciliari	
r	reconciliari	
s	instaurari	
t	restaurari	
v	reformari	
x	resurgere	
y	conualescere	
z	defendi	
w	conseruari	

---

139 z   ] *Buchstabe nicht ausgeführt W.*
    w   ] *Buchstabe nicht ausgeführt W.*

141

a	pietatem
b	clemenciam
c	dulcedinem
d	miseracionem
e	commiseracionem
f	humanitatem
g	mititatem
h	charitatem
i	dilectionem
k	abundanciam
l	claritatem
m	diuinitatem
n	graciam
o	maiestatem
p	bonitatem
q	benignitatem
r	suauitatem
s	mansuetudinem
t	potenciam
v	sufficienciam
x	misericordiam
y	glorificacionem
z	prouidenciam
w	magnificenciam

142

a	magnam
b	maximam
c	ineffabilem
d	inestimabilem
e	incommutabilem
f	superdiuinam
g	supercelestem
h	diuinam
i	celestem
k	excellentem
l	excelsam
m	infinitam
n	inexhaustam
o	inexhauribilem
p	abundantissimam
q	incomprehensibilem
r	lucidissimam
s	excellentissimam
t	colendissimam
v	altissimam
x	beatissimam
y	felicissimam
z	memorabilem
w	plurimam

LIBER PRIMVS

143

a recepturi
b percepturi
c suscepturi
d concepturi
e accepturi
f sumpturi
g adepturi
h excepturi
i inuenturi
k reperturi
l consecuturi
m assumpturi   omnium
n resumpturi   uniuersorum
o assecuturi
p capturi
q habituri
r rehabituri
s apprehensuri
t comprehensuri
v participaturi
x acceleraturi
y sensituri
z prestolaturi
w expectaturi

144

a ueniam
b medelam
c sanitatem
d solucionem
e absolucionem
f resolucionem
g dissolucionem
h indulgenciam
i remissionem
k remedium
l curacionem
m curam
n ablucionem
o extersionem
p expiacionem
q emendacionem
r emundacionem
s dimmissionem
t euacuacionem
v purificacionem
x expurgacionem
y relaxacionem
z purgacionem
w laxacionem

145

a	scelerum	
b	noxarum	
c	reatuum	
d	criminum	
e	commissorum	
f	delictorum	
g	peccatorum	
h	impietatum	
i	iniquitatum	
k	facinorum	
l	uiciorum	
m	actorum	quia tu es
n	malorum	quoniam tu es
o	culparum	
p	excessuum	
q	maliciarum	
r	prauitatum	
s	iniusticiarum	
t	transgressionum	
v	ignoranciarum	
x	flagiciorum	
y	peccaminum	
z	neglectorum	
w	nequiciarum	

146

a	uera
b	certa
c	firma
d	perfecta
e	uerissima
f	certissima
g	firmissima
h	perfectissima
i	ueracissima
k	constantissima
l	securissima
m	solidissima
n	clara
o	solida
p	secura
q	constans
r	clarissima
s	iocundissima
t	exuberantissima
v	tranquillissima
x	dulcissima
y	mitissima
z	tutissima
w	eterna

145　t　　transgressionum] trangressionum *W*.

LIBER PRIMVS

147

a	spes	
b	salus	
c	quies	
d	fiducia	
e	requies	
f	consolacio	
g	confidencia	
h	refrigeracio	
i	recreacio	
k	beatitudo	
l	felicitas	
m	merces	omnium
n	uita	omnium
o	dulcedo	
p	suauitas	
q	sustentacio	
r	retribucio	
s	sanctificacio	
t	iustificacio	
v	libertas	
x	fruicio	
y	amenitas	
z	exultacio	
w	laus	

148

a	fidelium	
b	humilium	
c	mortalium	
d	hominum	
e	credentium	
f	christianorum	
g	christicolarum	
h	ortodoxorum	
i	pauperum	
k	afflictorum	
l	deuotorum	
m	bonorum	qui tuam
n	inopum	qui tuam
o	miserorum	
p	desolatorum	
q	mansuetorum	
r	tribulatorum	
s	esurientium	
t	iustorum	
v	mitium	
x	clamantium	
y	exulantium	
z	penitencium	
w	contritorum	

149

a	uirtutem	
b	pietatem	
c	maiestatem	
d	excellenciam	
e	clemenciam	
f	diuinitatem	
g	misericordiam	
h	omnipotenciam	
i	immensitatem	
k	existenciam	
l	dominacionem	
m	deitatem	fideliter
n	essenciam	ueraciter
o	bonitatem	
p	ueritatem	
q	graciam	
r	celsitudinem	
s	eminenciam	
t	sanctitatem	
v	beatitudinem	
x	eternitatem	
y	dulcedinem	
z	immortalitatem	
w	benignitatem	

150

a	colunt
b	adorant
c	predicant
d	uenerantur
e	honorificant
f	magnificant
g	honorant
h	diligunt
i	recolunt
k	amant
l	exorant
m	laudant
n	collaudant
o	sequuntur
p	obseruant
q	benedicunt
r	imitantur
s	exspectant
t	prestolantur
v	inuocant
x	implorant
y	celebrant
z	exaltant
w	metuunt

---

149   l   dominacionem] *Korrektur aus diuiniacionem W.*

LIBER PRIMVS   121

151

a Propterea
b Nunc itaque
c Nunc igitur
d Nunc ergo
e Proinde
f Quocirca
g Quapropter
h Et ideo
i Idcirco
k Obid
l Ideoque
m Ideo et   nos
n Ideo   nos
o Itaque
p Igitur
q Ergo
r Vnde
s Hinc
t Quare
v Propter quod
x Quamobrem
y Enimuero
z Etenim
w Certe et

152

a serui
b famuli
c ministri
d seruitores
e sacerdotes
f ministeriales
g ministratores
h famulatores
i subseruitores
k administratores
l collaudatores
m adoratores   tui quamuis
n cultores   tui licet
o pueri
p seruuli
q familiares
r obedienciarii
s obseruatores
t discipuli
v subiecti
x homines
y christiani
z christicole
w uicarii

---

152 i   subseruitores] obseruitores *Wo.*
     l   collaudatores] collaudatores | tui et si *Wo.*

	153		154
a	uani	a	salutamus
b	infirmi	b	laudamus
c	miseri	c	collaudamus
d	indigni	d	benedicimus
e	miserandi	e	glorificamus
f	miserabiles	f	concelebramus
g	miserrimi	g	beatificamus
h	indignissimi	h	celebramus
i	uilissimi	i	exaltamus
k	iniqui	k	honoramus
l	iniusti	l	extollimus
m	caduci	m	precamur
n	abiecti	n	ueneramur
o	desolati	o	reueremur
p	uanissimi	p	inuocamus
q	iniustissimi	q	imploramus
r	infelicissimi	r	honorificamus
s	infirmissimi	s	recognoscimus
t	desolatissimi	t	cognoscimus
v	mortales	v	predicamus
x	immundi	x	decantamus
y	infelices	y	expauescimus
z	ignaui	z	metuimus
w	ignari	w	timemus

---

154 i   exaltamus] exultamus *Wo, b.*

LIBER PRIMVS

155

a eternam
b uiuificam
c immortalem
d maximam
e ineffabilem
f inaccessibilem
g inestimabilem
h insuperabilem
i incircumscriptam
k incommutabilem
l mellifluam
m luminosam
n saltiferam
o supernam
p celestem
q lucidam
r serenam
s gloriosam
t inuictam
v euiternam
x perennem
y sempiternam
z supercelestem
w supereminentem

156

a deitatem
b pietatem
c claritatem
d dulcedinem
e beatitudinem
f benignitatem
g magnitudinem
h misericordiam
i diuinitatem
k deitatem
l potenciam
m bonitatem   tuam qui
n uirtutem   tuam qui
o gloriam
p clemenciam
q excellenciam
r prouidenciam
s omnipotenciam
t mansuetudinem
v celsitudinem
x sapienciam
y eminenciam
z maiestatem
w altitudinem

---

155 m luminosam] luminosissimam *Wo.*
156 k deitatem] suauitatem *Wo.*

157

a	nos
b	celum
c	terram
d	mundum
e	hominem
f	genus nostrum
g	uniuersa
h	omnia
i	cuncta
k	celos
l	orbem
m	terrestria
n	mundana
o	mundialia
p	homines
q	angelos
r	celestia
s	terrena
t	creata
v	creaturam
x	creacionem
y	superos
z	uiuentes
w	spiritus

158

a	fecisti	
b	condidisti	
c	formasti	
d	fabricasti	
e	produxisti	
f	reformasti	
g	instaurasti	
h	restaurasti	
i	plasmasti	
k	instituisti	
l	ordinasti	
m	ordinauisti	sola
n	plasmauisti	sola
o	fabricauisti	
p	creauisti	
q	creasti	
r	amas	
s	amasti	
t	amauisti	
v	exornasti	
x	exornauisti	
y	magnificasti	
z	illustrasti	
w	decorasti	

LIBER PRIMVS

159

a	bonitate	
b	clemencia	
c	dignacione	
d	dilectione	
e	charitate	
f	largitate	
g	pietate	
h	gracia	
i	beneuolencia	
k	benignitate	
l	uoluntate	
m	mititate	tua
n	miseracione	tua
o	dulcedine	
p	munificencia	
q	mansuetudine	
r	misericordia	
s	indulgencia	
t	commiseracione	
v	participacione	
x	communicacione	
y	sapiencia	
z	iussione	
w	dictione	

160

a	parans	
b	preparans	
c	promittens	
d	repromittens	
e	disponens	
f	ordinans	
g	tribuens	
h	prebens	
i	donans	
k	dans	
l	pollicens	
m	concedens	nobis
n	constituens	nobis
o	communicans	
p	minstrans	
q	administrans	
r	contribuens	
s	elargiens	
t	largiens	
v	prestans	
x	deferens	
y	distribuens	
z	condonans	
w	indulgens	

161

a	uitam	
b	pacem	
c	leticiam	
d	felicitatem	
e	fruicionem	
f	dulcedinem	
g	amenitatem	
h	communionem	
i	exultacionem	
k	iocunditatem	
l	securitatem	
m	claritatem	cum
n	mercedem	cum
o	quietem	
p	requiem	
q	gloriam	
r	beatitudinem	
s	iubilacionem	
t	uoluptatem	
v	serenitatem	
x	lucem	
y	mansionem	
z	remuneracionem	
w	tranquillitatem	

162

a	amicis	
b	electis	
c	iustis	
d	angelis	
e	dilectis	
f	discipulis	
g	apostolis	
h	euangelistis	
i	archangelis	
k	prophetis	
l	seruis	
m	filiis	tuis
n	thronis	tuis
o	famulis	
p	seruulis	
q	ministris	
r	seruitoribus	
s	principatibus	
t	dominacionibus	
v	familiaribus	
x	predestinatis	
y	amantissimis	
z	charissimis	
w	electissimis	

---

162 t   dominacionibus] dominantibus *Wo.*

LIBER PRIMVS

163

a eternam
b perpetuam
c euiternam
d perennem
e sempiternam
f ineffabilem
g inestimabilem
h incorruptibilem
i immarcessibilem
k perennalem
l eternalem
m immortalem
n luminosam
o nobilissimam
p amenissimam
q beatissimam
r tutissimam
s clarissimam
t dulcissimam
v excelentissimam
x felicissimam
y interminam
z supernam
w infinitam

164

a Recognouimus
b Recognoscimus
c Cognouimus
d Cognoscimus
e Agnouimus
f Agnoscimus
g Nouimus
h Noscimus
i Scimus
k Fatemur
l Confitemur
m Profitemur   enim o
n Sentimus   enim o
o Assentimus
p Consentimus
q Experimur
r Consideramus
s Pensamus
t Pensitamus
v Pensiculamus
x Cogitamus
y Recogitamus
z Dolemus
w Gemimus

---

163   l   eternalem] immortalem *Wo, b.*
     m   immortalem] eternalem *Wo, b.*

165

a	rector
b	creator
c	conditor
d	saluator
e	fabricator
f	plasmator
g	imperator
h	moderator
i	instaurator
k	restaurator
l	conseruator
m	liberator
n	preceptor
o	custos
p	deus
q	rex
r	princeps
s	uiuificator
t	gubernator
v	illustrator
x	illuminator
y	confortator
z	sustentator
w	consolator

166

a	orbis
b	celi
c	mundi
d	celorum
e	omnium
f	cunctorum
g	uniuersorum
h	archangelorum
i	christianorum
k	christicolarum
l	angelorum
m	hominum
n	mortalium
o	humilium
p	fidelium
q	bonorum
r	sanctorum
s	credentium
t	deuotorum
v	pauperum
x	iustorum
y	penitentium
z	innocentium
w	simplicium

---

166   k   christicolarum] angelorum *Wo, b.*

l   angelorum] hominum *Wo, b.*

m   hominum] mortalium *Wo, b.*

n   mortalium] humilium *Wo, b.*

o   humilium] fidelium *Wo, b.*

p   fidelium] bonorum *Wo, b.*

q   bonorum] sanctorum *Wo, b.*

r   sanctorum] credentium *Wo, b.*

s   credentium] deuotorum *Wo, b.*

t   deuotorum] pauperum *Wo, b.*

v   pauperum] iustorum *Wo, b.*

x   iustorum] penitentium *Wo, b.*

y   penitentium] innocentium *Wo, b.*

z   innocentium] christicolarum *Wo, b.*

LIBER PRIMVS

167

a	piissime
b	pientissime
c	dulcissime
d	sanctissime
e	potentissime
f	benignissime
g	clementissime
h	metuendissime
i	sanctissime
k	maxime
l	optime	quod
m	benigne	quia
n	sancte	quoniam
o	fortissime
p	omnipotens
q	serenissime
r	sapientissime
s	colendissime
t	excelentissime
v	amantissime
x	gloriosissime
y	sacratissime
z	splendidissime
w	misericordissime

168

a	miseri
b	miselli
c	miserandi
d	miserrimi
e	miserabiles
f	iniustissimi
g	iniquissimi
h	immundi
i	criminosi
k	maculati
l	uanissimi
m	pessimi	sumus et
n	infirmi	sumus et
o	iniqui
p	iniusti
q	indigni
r	infelices
s	scelerati
t	infelicissimi
v	sceleratissimi
x	corruptibiles
y	indignissimi
z	immundissimi
w	maculatissimi

---

167   i   sanctissime] suauissime *Wo*, graciosissime *b*.

169

a	mortales	
b	morituri	
c	fragiles	
d	egeni	
e	inopes	
f	abiecti	
g	spreti	
h	fatui	
i	fatuelli	
k	pauperes	
l	contempti	
m	ruinosi	minime
n	defectuosi	non
o	peccatores	
p	calamitosi	
q	pauperrimi	
r	abiectissimi	
s	ignauissimi	
t	contemptibiles	
v	stultissimi	
x	egentes	
y	debiles	
z	ignari	
w	surdi	

170

a	audientes
b	custodientes
c	conseruantes
d	aduertentes
e	animaduertentes
f	amantes
g	curantes
h	aspicientes
i	respicientes
k	inspicientes
l	obseruantes
m	capientes
n	percipientes
o	accipientes
p	assumentes
q	diligentes
r	facientes
s	operantes
t	implentes
v	complentes
x	perficientes
y	exequentes
z	sequentes
w	cupientes

---

169 l contempti] contempti | nequaquam *Wo.*
170 e animaduertentes] animaduertes *W.*

LIBER PRIMVS

131

171

a mandata
b precepta
c eloquia
d consilia
e iussa
f leges
g orsa
h legem
i consilium
k eloquium
l preceptum
m mandatum
n iustificaciones
o erudicionem
p tradicionem
q tradiciones
r doctrinam
s doctrinas
t dogma
v dogmata
x sanctiones
y monitiones
z insinuaciones
w euangelium

172

a bonitatis
b pietatis
c sanctitatis
d clemencie
e dulcedinis
f mansuetudinis
g dilectionis
h charitatis
i sapiencie
k benignitatis
l diuinitatis
m deitatis   tue sed in
n uirtutis   tue qui in
o gracie
p ueritatis
q institucionis
r excellencie
s humanitatis
t uoluntatis
v uocacionis
x electionis
y predicacionis
z illustracionis
w illuminacionis

---

172   m   tue sed in / n tue qui in] *als dritte Variante* tuę at *in Wo.*

173

			174		
a	multis		a	uiciis	
b	magnis		b	noxis	
c	maximis		c	delictis	
d	grauibus		d	peccatis	
e	grauissimis		e	reatibus	
f	horrendis		f	sceleribus	
g	continuis		g	criminibus	
h	pessimis		h	facinoribus	
i	nociuis		i	offensionibus	
k	perniciosis		k	iniquitatibus	
l	creberrimis		l	impietatibus	
m	quotidianis		m	offensis	in tuam
n	grauioribus		n	culpis	in tuam
o	detestandis		o	malis	
p	abominandis		p	dictis	
q	permultis		q	factis	
r	permagnis		r	cogitatis	
s	permaximis		s	cogitacionibus	
t	quam multis		t	concupiscenciis	
v	quam magnis		v	uoluptatibus	
x	mortiferis		x	desideriis	
y	letalibus		y	impuritatibus	
z	letiferis		z	inquinamentis	
w	mortalibus		w	inquinacionibus	

---

174   m   in tuam] contra tuam *Wo*
       n   in tuam] contra tuam *b*.

LIBER PRIMVS

133

175

a	pietatem
b	bonitatem
c	maiestatem
d	clemenciam
e	dulcedinem
f	mititatem
g	charitatem
h	sanctitatem
i	uoluntatem
k	iusticiam
l	graciam
m	legem
n	uirtutem
o	ueritatem
p	potenciam
q	celsitudinem
r	equitatem
s	benignitatem
t	miseracionem
v	misericordiam
x	iustificacionem
y	munificenciam
z	excellenciam
w	serenitatem

m peccauimus
n offendimus

176

a	Viciis
b	Malis
c	Culpis
d	Delictis
e	Peccatis
f	Sceleribus
g	Malefactis
h	Sceleribus
i	Impietatibus
k	Iniquitatibus
l	Reatibus
m	Offensis
n	Noxis
o	Maliciis
p	Stulticiis
q	Criminibus
r	Offensionibus
s	Negligenciis
t	Vanitatibus
v	Facinoribus
x	Transgressionibus
y	Temeritatibus
z	Voluptatibus
w	Concupiscenciis

m enim nostris
n enim nostris

---

175 m peccauimus / n offendimus] *als drittes Element* deliquimus *in Wo*.
176 h Sceleribus] impuritatibus *Wo*, Desideriis *b*.
    l Reatibus] Reatibus | namque nostris *Wo*.
    n enim nostris] etenim nostris *b*.

177

a	exigentibus
b	merentibus
c	demerentibus
d	promerentibus
e	postulantibus
f	expostulantibus
g	requirentibus
h	occasionantibus
i	efficientibus
k	facientibus
l	causantibus
m	impellentibus
n	compellentibus
o	interuenientibus
p	decernentibus
q	intercurrentibus
r	interiacentibus
s	mediantibus
t	intermediantibus
v	crescentibus
x	cooperantibus
y	occurrentibus
z	irrumpentibus
w	exundantibus

178

a	inueniunt	
b	inuenerunt	
c	circumdederunt	
d	involuerunt	
e	circundant	
f	involuunt	
g	accesserunt	
h	accedunt	
i	abuoluunt	
k	obtinent	
l	occupant	
m	detinent	nos
n	occuparunt	nos
o	occupauerunt	
p	incluserunt	
q	includunt	
r	obtinuerunt	
s	detinuerunt	
t	preoccuparunt	
v	preoccupauerunt	
x	coangustauerunt	
y	coangustarunt	
z	coangustant	
w	preoccupant	

---

177 z   irrumpentibus] interrumpentibus *Wo.*
178 t   preoccuparunt] preocuparunt *W.*

LIBER PRIMVS

179

a miseros
b misellos
c miserrimos
d miserandos
e miserabiles
f moribundos
g infelicissimos
h fragilissimos
i infirmissimos
k desolatissimos
l uanissimos
m infirmos
n desolatos
o abiectos
p caducos
q inutiles
r uanos
s debiles
t imbecilles
v abiectissimos
x indignissimos
y corruptibiles
z ignauos
w pauperes

180

a homines
b homunciones
c terrigenas
d christianos
e christicolas
f germanos
g alemannos
h pannonios
i ungaros
k theutones
l theutonicos
m theotiscos
n italos
o terrenos
p mundanos
q mortales
r fideles
s ortodoxos
t credentes
v seruulos
x ministros
y sacerdotes
z religiosos
w claustrales

	181		182
a	plures	a	miserie
b	multe	b	uallaciones
c	magne	c	incursiones
d	maxime	d	tribulaciones
e	infinite	e	persecuciones
f	horrende	f	pertubaciones
g	complures	g	conturbaciones
h	quamplures	h	inuasiones
i	innumerabiles	i	uexaciones
k	incredibiles	k	confusiones
l	inexputabiles	l	irrisiones
m	grauissime	m	derisiones
n	importabiles	n	contumelie
o	incessabiles	o	aduersitates
p	durissime	p	depredaciones
q	quotidiane	q	depopulaciones
r	continue	r	deuastaciones
s	assidue	s	desolaciones
t	dure	t	debellaciones
v	pauende	v	molestaciones
x	metuende	x	destructiones
y	horribiles	y	contradictiones
z	crudeles	z	improperaciones
w	crudelissime	w	infestaciones

---

182   q   depredaciones] deprecationes *b*.

LIBER PRIMVS

183

a	malorum
b	prauorum
c	iniquorum
d	impiorum
e	pessimorum
f	impiissimorum
g	iniquissimorum
h	prauissimorum
i	infidelissimorum
k	nequissimorum
l	scelestorum
m	crudelium
n	peruersorum
o	infidelium
p	superborum
q	sceleratorum
r	truculentorum
s	seuissimorum
t	crudelissimorum
v	durissimorum
x	immanissimorum
y	peruersissimorum
z	infelicissimorum
w	scelestissimorum

184

a	furum	
b	hostium	
c	latronum	
d	hominum	
e	turcorum	
f	saracenorum	
g	ruthenorum	
h	tartarorum	
i	thracorum	
k	pelasgorum	
l	paganorum	
m	ethnicorum	qui nos
n	palestinorum	qui nos
o	egyptiorum	
p	mammolucarum	
q	tyrannorum	
r	infidelium	
s	palponum	
t	nebulonum	
v	petronum	
x	incubonum	
y	tenebrionum	
z	spaticorum	
w	gentilium	

185

a	tribulant	
b	perturbant	
c	conturbant	
d	contristant	
e	deprimunt	
f	opprimunt	
g	subuertunt	
h	premunt	
i	decipiunt	
k	conculcant	
l	offendunt	
m	spoliant	sine
n	uexant	absque
o	turbant	
p	inuadunt	
q	ledunt	
r	concuciunt	
s	destruunt	
t	collidunt	
v	euertunt	
x	subuertunt	
y	exterminant	
z	blasphemant	
w	persequuntur	

186

a	pietate	
b	iure	
c	causa	
d	racione	
e	iudicio	
f	iusticia	
g	discrecione	
h	compassione	
i	miseracione	
k	commiseracione	
l	honestate	
m	modestia	nulla
n	cessacione	nemine
o	honore	
p	timore	
q	compaciencia	
r	clemencia	
s	reuerencia	
t	misericordia	
v	consideracione	
x	dissimulacione	
y	intermissione	
z	intercapedine	
w	moderamine	

LIBER PRIMVS

187

a eruente
b eripiente
c curante
d salutante
e adiuuante
f auxiliante
g prohibente
h compaciente
i defendente
k redimente
l contradicente
m interueniente Tu autem
n subueniente Sed tu o
o condolente
p cogitante
q recogitante
r consolante
s sustenante
t refrigerante
v succurrente
x suscipiente
y resistente
z opponente
w repugnante

188

a piissime
b mitissime
c pientissime
d dulcissime
e clementissime
f predulcissime
g benignissime
h misericordissime
i indulgentissime
k mansuetissime
l colendissime
m iustissime
n altissime
o fortissime
p potentissime
q amantissime
r excelentissime
s gloriosissime
t sapientissime
v inuictissime
x uirtuosissime
y uictoriosissime
z fulgentissime
w prestantissime

189

a	pastor
b	tutor
c	adiutor
d	nutritor
e	auxiliator
f	moderator
g	defensor
h	conseruator
i	plasmator
k	fabricator
l	conditor
m	creator
n	auctor
o	opifex
p	rex
q	iudex
r	factor
s	rector
t	imperator
v	protector
x	consolator
y	saluator
z	recreator
w	amator

190

a	omnium
b	cunctorum
c	uniuersorum
d	christianorum
e	christicolarum
f	credentium
g	fidelium
h	bonorum
i	sanctorum
k	iustorum
l	electorum
m	humilium
n	tristatorum
o	contristatorum
p	pauperum
q	afflictorum
r	gementium
s	ortodoxorum
t	catholicorum
v	innocentium
x	fragilium
y	debilium
z	inopum
w	egenorum

LIBER PRIMVS

141

191

a dele
b laua
c ablue
d tege
e terge
f expia
g absconde
h abscondas
i remittas
k remitte
l dimitte
m dimittas
n deleas
o laues
p abluas
q tegas
r tergas
s operias
t purga
v purges
x expurga
y expurges
z indulgeas
w indulge

192

a oramus
b petimus
c rogamus
d precamur
e quesumus
f supplicamus
g postulamus
h expetimus
i expostulamus
k deprecamur
l flagitamus
m efflagitamus
n obsecramus
o desideramus
p exoptamus
q optamus
r affectamus
s cupimus
t exoramus
v percupimus
x peroptamus
y deprecati sumus
z gliscimus
w imploramus

---

191   k   remitte] rermitte *W*.

142 POLYGRAPHIA IOANNIS TRITEMII

193

a	noxas	
b	uicia	
c	culpas	
d	delicta	
e	scelera	
f	peccata	
g	facinora	
h	crimina	
i	peccamina	
k	flagicia	
l	offensas	
m	excessus	omnium te
n	reatus	omnium te
o	reatum	
p	offensiones	
q	negligencias	
r	cupiditates	
s	exorbitancias	
t	transgressiones	
v	iniquitates	
x	impietates	
y	iniusticias	
z	prauitates	
w	immundicias	

194

a	colentium	
b	amantium	
c	adorantium	
d	laudantium	
e	predicantium	
f	uenerantium	
g	diligentium	
h	canentium	
i	timentium	
k	metuentium	
l	inuocantium	
m	sustinentium	per
n	benedicentium	per
o	credentium	
p	sequentium	
q	querentium	
r	requirentium	
s	exquirentium	
t	collaudantium	
v	expectantium	
x	glorificantium	
y	exaltantium	
z	honorantium	
w	imitancium	

---

194   n   per] propter *b*.

LIBER PRIMVS

195

a sanctam
b ineffabilem
c sanctissimam
d gloriosam
e salutiferam
f salutarem
g amabilem
h maximam
i uiuificam
k ammirabilem
l inuictam
m excelsam
n altissimam
o profundam
p uenerabilem
q benedictam
r sempiternam
s incircumscriptam
t incircumscriptibilem
v incomprehensibilem
x incommutabilem
y profundissimam
z infinitam
w eternam

196

a pietatem
b bonitatem
c dulcedinem
d mansuetudinem
e misericordiam
f benignitatem
g diuinitatem
h maiestatem
i deitatem
k graciam
l gloriam
m potenciam   tuam o
n beatitudinem   tuam o
o clemenciam
p celsitudinem
q serenitatem
r claritatem
s longanimitatem
t eminenciam
v omnipotenciam
x sapienciam
y prouidenciam
z felicitatem
w cunctipotenciam

197

a	rex
b	spes
c	uita
d	salus
e	corona
f	creator
g	conditor
h	princeps
i	imperator
k	conseruator
l	gubernator
m	uiuificator
n	instaurator
o	restaurator
p	sustentator
q	consolator
r	defensor
s	protector
t	refugium
v	pater
x	deus
y	iudex
z	saluator
w	redemptor

198

a	fidelium	
b	humilium	
c	omnium	
d	uniuersorum	
e	hominum	
f	credentium	
g	angelorum	
h	mortalium	
i	uisibilium	
k	inuisibilium	
l	christianorum	
m	christicolarum	qui nos
n	pauperum	qui nos
o	mitium	
p	bonorum	
q	iustorum	
r	egentium	
s	uiuentium	
t	sperancium	
v	confidencium	
x	te amantium	
y	te diligentium	
z	te laudancium	
w	te collaudantium	

LIBER PRIMVS 145

199

a	saluas
b	saluasti
c	liberasti
d	liberauisti
e	reuocasti
f	redemisti
g	reduxisti
h	reparasti
i	recuperasti
k	protexisti
l	eripuisti
m	reseruasti	per tuam
n	conseruasti	per tuam
o	preseruasti
p	reformasti
q	instaurasti
r	restaurasti
s	subduxisti
t	sustulisti
v	recepisti
x	resumpsisti
y	uendicasti
z	exemisti
w	resuscitasti

200

a	doctrinam
b	natiuitatem
c	institucionem
d	incarnacionem
e	circumcisionem
f	apparicionem
g	baptizacionem
h	uictoriam
i	predicacionem
k	instructionem
l	erudicionem
m	passionem	de
n	mortem	ex
o	pietatem
p	charitatem
q	resurrectionem
r	ascensionem
s	humanitatem
t	glorificacionem
v	misericordiam
x	uulneracionem
y	crucifixionem
z	flagellacionem
w	coronacionem

---

199 s   subduxisti] subdixisti *b*.

	201		202
a	maligni	a	potestate
b	iniqui	b	imperio
c	perfidi	c	captiuitate
d	pessimi	d	tyrannide
e	perfidissimi	e	crudelitate
f	iniquissimi	f	dominacione
g	malignissimi	g	dominio
h	sceleratissimi	h	seuicia
i	scelestissimi	i	iure
k	mendacis	k	seruicio
l	impiissimi	l	seruitate
m	fallacissimi	m	damnacione
n	furiosissimi	n	uiolencia
o	immundissimi	o	consorcio
p	spurcissimi	p	subiectione
q	inuidissimi	q	dominatu
r	callidissimi	r	detencione
s	superbissimi	s	temeritate
t	mendacissimi	t	oppressione
v	fraudulenti	v	seueritate
x	impii	x	seuicia
y	inuidi	y	sagena
z	dolosi	z	captione
w	scelerati	w	decepcione

---

201 q inuidissimi] infidissimi *Wo, b.*
    y inuidi] infidi *Wo, b.*
202 m damnacione] duricia *Wo.*
    x seuicia] malicia *Wo, b.*

LIBER PRIMVS

203

a	diaboli
b	sathane
c	colubri
d	bufonis
e	draconis
f	deceptoris
g	aduersarii
h	seductoris
i	supplantatoris
k	criminatoris
l	transgressoris
m	blasphematoris
n	desertoris
o	apostate
p	raptoris
q	latronis
r	spiritus
s	homicide
t	accusatoris
v	nugatoris
x	lupi
y	furis
z	hostis
w	inimici

204

a	Eterne	
b	Alme	
c	Maxime	
d	Piissime	
e	Omnipotens	
f	Pientissime	
g	Potentissime	
h	Sempiterne	
i	Cunctipotens	
k	Inuictissime	
l	Iustissime	
m	Optime	domine deus
n	Altissime	domine iesu
o	Fortissime	
p	Mitissime	
q	Colendissime	
r	Sanctissime	
s	Clementissime	
t	Benignissime	
v	Misericordissime	
x	Excelentissime	
y	Illustrissime	
z	Sapientissime	
w	Gloriosissime	

---

203 q latronis] laronis *W.*
204 m domine deus / n domine iesu] *als drittes Element* Iesu Christe *in Wo.*

205

a	uniuersorum
b	cunctorum
c	omnium
d	celorum
e	mundi
f	orbis
g	terre
h	celi
i	maris
k	cosmi
l	thalassis
m	hominis
n	hominum
o	humanitatis
p	mortalium
q	uiuentium
r	animarum
s	animorum
t	spirituum
v	spiritalium
x	angelorum
y	celestium
z	terrestrium
w	supercelestium

206

a	creator	
b	conditor	
c	formator	
d	fabricator	
e	institutor	
f	conseruator	
g	illuminator	
h	illustrator	
i	instaurator	
k	restaurator	
l	imperator	
m	iudex	qui
n	rex	qui
o	factor	
p	auctor	
q	opifex	
r	motor	
s	moderator	
t	ordinator	
v	uiuificator	
x	sanctificator	
y	reformator	
z	purificator	
w	gubernator	

---

205 s   animorum] spirituum *Wo, b.*

     t   spirituum] animorum *Wo, b.*

     v   spiritalium] spritalium *W*, spiritualium *Wo.*

LIBER PRIMVS

149

207

a stans
b nitens
c uiuens
d sedens
e residens
f renitens
g dominans
h regnans
i imperans
k relucens
l lucens
m existens in
n coruscans in
o resplendens
p principans
q gubernans
r triumphans
s preeminens
t splendens
v eminens
x exultans
y gaudens
z fulgens
w refulgens

208

a celo
b alto
c celis
d excelso
e excelsis
f altissimis
g celestibus
h supernis
i maiestate
k supercelestibus
l sublimibus
m superioribus
n eminencioribus
o eminentissimis
p dominacionibus
q principatibus
r uirtutibus
s thronis
t eternitate
v eternum
x perpetuum
y sempiternum
z potestatibus
w claritate

---

207 e   residens] resedens *W*.
    f   renitens] remittens *b*.

209

a	utiliter
b	pulchre
c	decenter
d	potenter
e	prudenter
f	sapienter
g	dulciter
h	uirtuose
i	ordinate
k	moderate
l	modeste
m	ordinatim
n	feliciter
o	gloriose
p	immobiliter
q	fortissime
r	pulcherrime
s	dulcissime
t	suauiter
v	felicissime
x	suauissime
y	modestissime
z	rectissime
w	benignissime

210

a	regis	
b	curas	
c	foues	
d	portas	
e	ordinas	
f	procuras	
g	prouides	
h	disponis	
i	conseruas	
k	moderaris	
l	gubernas	
m	ministras	omnia tam
n	dispensas	omnia tam
o	distribuis	
p	discernis	
q	exornas	
r	decoras	
s	ornas	
t	sustines	
v	sustentas	
x	supportas	
y	preseruas	
z	uiuificas	
w	instauras	

---

209 g   dulciter] indulciter *Wo.*

LIBER PRIMVS

211

a	parua	
b	minora	
c	minima	
d	homines	
e	humana	
f	terrena	
g	terrestria	
h	mundana	
i	mundialia	
k	inferiora	
l	infima	
m	uisibilia	quam
n	mortalia	quam
o	presencia	
p	corpora	
q	corporalia	
r	transitoria	
s	secularia	
t	mundum	
v	terram	
x	tempus	
y	caduca	
z	singula	
w	cuncta	

212

a	magna
b	maiora
c	maxima
d	angelos
e	angelica
f	celestia
g	supercelestia
h	archangelos
i	olympica
k	superiora
l	suprema
m	inuisibilia
n	immortalia
o	futura
p	animas
q	spiritualia
r	eterna
s	uranica
t	celum
v	mentes
x	spiritus
y	animos
z	euum
w	uniuersa

	213		214
a	uide	a	fletus
b	accipe	b	gemitus
c	recipe	c	gemitum
d	suscipe	d	lachrymas
e	audi	e	ploratum
f	exaudi	f	ploraciones
g	ausculta	g	deploraciones
h	intende	h	imploraciones
i	adtende	i	lamentaciones
k	admitte	k	deprecaciones
l	aduerte	l	supplicaciones
m	memento	m	oraciones
n	recordare	n	percaciones
o	memineris	o	preces
p	reminiscare	p	suspiria
q	memorare	q	lamenta
r	reminiscere	r	fletum
s	considera	s	eiulatus
t	pensicula	t	eiulatum
v	recogita	v	miserias
x	cogita	x	clamores
y	pensa	y	inuocaciones
z	intuere	z	afflictiones
w	miserere	w	aduersitates

LIBER PRIMVS

215

a	seruorum	
b	seruulorum	
c	seruitorum	
d	ministrorum	
e	seruientium	
f	subseruientium	
g	ministrantium	
h	famulantium	
i	famulorum	
k	sacerdotum	
l	electorum	
m	pauperum	tuorum
n	puerorum	tuorum
o	filiorum	
p	humilium	
q	fidelium	
r	credentium	
s	christianorum	
t	christicolarum	
v	ortodoxorum	
x	hierodulorum	
y	sacrificulorum	
z	confessorum	
w	discipulorum	

216

a	colentium	
b	amantium	
c	sustinentium	
d	dilgentium	
e	recolentium	
f	laudantium	
g	adorantium	
h	honorantium	
i	inquirentium	
k	requirentium	
l	querentium	
m	canentium	te deum
n	timentium	te deum
o	metuencium	
p	collaudantium	
q	glorificantium	
r	exaltantium	
s	benedicencium	
t	desiderantium	
v	excolentium	
x	expectantium	
y	deprecancium	
z	confitentium	
w	affirmantium	

---

251   m/n tuorum] *nicht in Wo.*
216   v   excolentium] extollentium *Wo.*

	217		218
a	solum	a	omnia
b	uerum	b	cuncta
c	optimum	c	singula
d	maximum	d	queque
e	piissimum	e	uniuersa
f	pientissimum	f	mundum
g	ineffabilem	g	mundana
h	inestimabilem	h	mundialia
i	immortalem	i	supercelestia
k	inuisibilem	k	sempiterna
l	pium	l	perpetua
m	unicum	m	eterna
n	mitem	n	orbem
o	potentem	o	celum
p	omnipotentem	p	terram
q	cunctipotentem	q	celestia
r	incircumscriptum	r	terrena
s	inaccessibilem	s	terrestria
t	incommutabilem	t	mortalia
v	incorruptibilem	v	tempora
x	potentissimum	x	seculum
y	fortissimum	y	uisibilia
z	mitissimum	z	homines
w	sapientissimum	w	humana

LIBER PRIMVS

155

219

a	uidentem	
b	regentem	
c	intuentem	
d	contuentem	
e	moderantem	
f	complectentem	
g	procurantem	
h	prouidentem	
i	ordinantem	
k	dirigentem	
l	seruantem	
m	cernentem	qui propter nos
n	aspicientem	qui propter nos
o	discernentem	
p	curantem	
q	exornantem	
r	decorantem	
s	conseruantem	
t	gubernantem	
v	discernentem	
x	disponentem	
y	conspicientem	
z	aspicientem	
w	inspicientem	

220

a	fragiles
b	miseros
c	iniquos
d	pauperes
e	misellos
f	miserandos
g	miserrimos
h	miserabiles
i	abiectissimos
k	indignissimos
l	infelicissimos
m	perditissimos
n	pauperrimos
o	uanissimos
p	immundos
q	ingratos
r	iniustos
s	impios
t	malos
v	reprobos
x	perditos
y	sceleratos
z	iniquissimos
w	ingratissimos

---

219 v   discernentem] disponentem *Wo, b*.

x   disponentem] discernentem *Wo, b*.

221

a	mortales	
b	terrenos	
c	terrestres	
d	homines	
e	homunciones	
f	peccatores	
g	mundanos	
h	mundiales	
i	seruulos	
k	caducos	
l	seruos	
m	exules	nostramque
n	inopes	et nostram
o	egenos	
p	captiuos	
q	deceptos	
r	desolatos	
s	uermes	
t	uermiculos	
v	uulneratos	
x	apostatas	
y	condemnatos	
z	transfugas	
w	transgressores	

222

a	salutem	
b	utilitatem	
c	saluacionem	
d	liberacionem	
e	redempcionem	
f	uiuificacionem	
g	instauracionem	
h	restauracionem	
i	reparacionem	
k	reductionem	
l	fertilitatem	
m	commoditatem	uoluisti
n	consolacionem	uoluisti
o	reuocacionem	
p	renouacionem	
q	sanctificacionem	
r	iustificacionem	
s	institucionem	
t	beatitudinem	
v	felicitatem	
x	reconciliacionem	
y	emundacionem	
z	purificacionem	
w	purgacionem	

LIBER PRIMVS

223

a	incarnari	
b	baptizari	
c	circumcidi	
d	temptari	
e	apparere	
f	homo fieri	
g	ieiunare	
h	fatigari	
i	laborare	
k	predicare	
l	persequi	
m	pati	natus ex
n	tradi	genitus ex
o	sitire	
p	docere	
q	esurire	
r	uendi	
s	captiuari	
t	ligari	
v	coronari	
x	uulnerari	
y	flagellari	
z	sepeliri	
w	mori	

224

a	castissima	
b	purissima	
c	beatissima	
d	sanctissima	
e	clarissima	
f	nobilissima	
g	tersanctissima	
h	pientissima	
i	piissima	
k	intemerata	
l	impolluta	
m	intacta	uirgine maria
n	perpetua	uirgine maria
o	inuiolata	
p	immaculata	
q	ornatissima	
r	innocentissima	
s	pulcherrima	
t	speciosissima	
v	pudicissima	
x	gloriosissima	
y	benignissima	
z	splendidissima	
w	clementissima	

---

224 g   tersanctissima] *Korrektur aus presanctissima W*, presanctissima *C*.

225

a	Recommendamus	
b	Commendamus	
c	Committimus	
d	Exponimus	
e	Insinuamus	
f	Aperimus	
g	Assignamus	
h	Consignamus	
i	Resignamus	
k	Significamus	
l	Innotescimus	igitur
m	Notificamus	itaque
n	Submittimus	
o	Offerimus	
p	Tradimus	
q	Reddimus	
r	Prosternimus	
s	Reducimus	
t	Adducimus	
v	Deferimus	
x	Immolamus	
y	Presentamus	
z	Commonemus	
w	Subiicimus	

226

a	summe
b	optime
c	maxime
d	altissime
e	piissime
f	dulcissime
g	pientissime
h	colendissime
i	clementissime
k	benignissime
l	metuendissime
m	sempiterne
n	mitissime
o	amantissime
p	nobilissime
q	perpetue
r	metuende
s	recolende
t	adorande
v	uenerande
x	euiterne
y	gloriose
z	ineffabili
w	inestimabili

---

225 m   igitur / n itaque] *als drittes Element* ergo *in Wo.*

LIBER PRIMVS

227

a	bonitati	
b	deitati	
c	maiestati	
d	diuinitati	
e	paternitati	
f	dominacioni	
g	charitati	
h	pietati	
i	gracie	
k	potestati	
l	potencie	
m	sanctitati	tue o domine
n	sapientie	tue o domine
o	uirtuti	
p	claritati	
q	clemencie	
r	prouidencie	
s	munificencie	
t	misericordie	
v	miseracioni	
x	magnitudini	
y	beatitudini	
z	mansuetudini	
w	serenitati	

228

a	deus	
b	pater	
c	factor	
d	creator	
e	tutor	
f	conditor	
g	saluator	
h	moderator	
i	fabricator	
k	conseruator	
l	defensor	
m	rector	iesu christe
n	rex	christe iesu
o	custos	
p	iudex	
q	imperator	
r	institutor	
s	instaurator	
t	restaurator	
v	uiuificator	
x	gubernator	
y	illuminator	
z	illustrator	
w	redemptor	

POLYGRAPHIA IOANNIS TRITEMII

	229		230	
a	omnium	a	actiones	
b	cunctorum	b	animas	
c	uniuersorum	c	mentes	
d	inuisibilium	d	uitas	
e	uisibilium	e	uires	
f	mortalium	f	res	
g	celorum	g	curas	
h	mundi	h	tristicias	
i	orbis	i	miserias	
k	celi	k	affectiones	
l	terre	l	consciencias	
m	hominis	m	conuersaciones	nostras
n	hominum	n	infirmitates	nostras
o	humanitatis	o	temptaciones	
p	uniuersitatis	p	aduersitates	
q	supernorum	q	temptaciunculas	
r	mundanorum	r	anxietates	
s	mundialium	s	indigencias	
t	christicolarum	t	necessitates	
v	christianorum	v	erumnas	
x	dominacionum	x	afflictiones	
y	principatuum	y	tribulaciones	
z	potestatum	z	intenciones	
w	angelorum	w	operaciones	

---

229 m hominis] hominis | principium *b*.
n hominum] hominum | centrum *b*.
230 m conuersaciones] causas *b*.

LIBER PRIMVS

231

a deuote
b adtente
c intente
d deuotius
e adtencius
f intentius
g instanter
h instantius
i humilime
k instantissime
l humiliter
m intentissime
n deuotissime
o adtentissime
p feruentissime
q ardentissime
r feruenter
s feruentius
t ardenter
v ardencius
x affectuose
y affectuosius
z affectuosissime
w indesinenter

232

a orantes
b adorantes
c exorantes
d precantes
e deprecantes
f supplicantes
g rogitantes
h rogantes
i gementes
k pulsantes
l inuocantes
m cupientes   quatenus per
n optantes   ut per
o exoptantes
p clamantes
q exclamantes
r desiderantes
s postulantes
t expostulantes
v flagitantes
x efflagitantes
y expetentes
z petentes
w uociferantes

---

232 g   rogitantes] rogantes *Wo, b.*
     h   rogantes] gementes *Wo, b.*
     i   gementes] rogitantes *Wo, b.*

233

a	magnam
b	infinitam
c	maximam
d	altissimam
e	latissimam
f	profundam
g	copiosam
h	copiosissimam
i	profundissimam
k	inexhaustam
l	inuincibilem
m	insuperabilem
n	sempiternam
o	inestimabilem
p	mellifluam
q	ineffabilem
r	amabilem
s	laudabilem
t	mitissimam
v	laudatissimam
x	singularem
y	locupletissimam
z	incommutabilem
w	incircumscriptam

234

a	commiseracionem	
b	misericordiam	
c	miseracionem	
d	compassionem	
e	liberalitatem	
f	dulcedinem	
g	pietatem	
h	lenitatem	
i	graciam	
k	bonitatem	
l	charitatem	
m	dilectionem	tuam
n	clemencia	tuam
o	suauitatem	
p	mansuetudinem	
q	humanitatem	
r	benignitatem	
s	munificenciam	
t	largitatem	
v	beneuolenciam	
x	longanimitatem	
y	indulgenciam	
z	dulcedinem	
w	magnificenciam	

---

233 h   copiosissimam] profundissimam *Wo, b.*

  i   profundissimam] copiosissimam *Wo, b.*

  w   incircumscriptam] incircumscriptibilem *Wo, b.*

LIBER PRIMVS

163

235

a	indulgeas	
b	condones	
c	dimittas	
d	remittas	
e	relaxes	
f	extergas	
g	abluas	
h	tergas	
i	laxes	
k	laues	
l	tegas	
m	diluas	omnium
n	abstergas	omnium
o	abscondas	
p	dissimules	
q	extinguas	
r	dirumpas	
s	emundes	
t	mundifices	
v	purifices	
x	expurges	
y	emendes	
z	iustifices	
w	auferas	

236

a	nostrum
b	fidelium
c	humilium
d	deuotorum
e	contritorum
f	confitencium
g	credentium
h	pauperum
i	infirmorum
k	miserorum
l	afflictorum
m	gementium
n	inuocancium
o	lachrymantium
p	christianorum
q	christicolarum
r	ortodoxorum
s	ecclesiasticorum
t	compunctorum
v	desolatorum
x	exulantium
y	supplicantium
z	deprecancium
w	desiderancium

237

a	uicia
b	mala
c	noxas
d	culpas
e	peccata
f	scelera
g	delicta
h	occulta
i	commissa
k	crimina
l	malicias
m	impuritates
n	peccamina
o	negligencias
p	transgressiones
q	iniquitates
r	impietates
s	facinora
t	prauitates
v	excessus
x	reatus
y	maculas
z	iniusticias
w	inobediencias

238

a	acti	
b	exacti	
c	peracti	
d	transacti	
e	preteriti	
f	premissi	
g	pereuntis	
h	indulti	
i	preciosissimi	
k	salutiferi	
l	salutaris	
m	precedentis	temporis
n	concessi	temporis
o	amissi	
p	iamacti	
q	neglecti	
r	reuoluti	
s	euoluti	
t	perditi	
v	expensi	
x	fugitiui	
y	prioris	
z	antiqui	
w	labentis	

LIBER PRIMVS

239

a perducens
b reducens
c conducens
d inducens
e ducens
f traducens
g introducens
h producens
i transducens
k promouens
l suscipiens
m recipiens nos ad
n admittens nos in
o accipiens
p trahens
q adducens
r reuocans
s eleuans
t leuans
v socians
x associans
y consocians
z ascribens
w extollens

240

a solacium
b amenitatem
c consolacionem
d felicitatem
e consorcium
f beatitudinem
g tripudium
h conuiuium
i tripudia
k conuiuia
l leticiam
m epulas omnium
n gaudia omnium
o gaudium
p societatem
q triumphos
r mansiones
s habitaciones
t spectacula
v habitacula
x communionem
y participacionem
z claritatem
w requiem

241

a	electorum	
b	sanctorum	
c	amicorum	
d	dilectorum	
e	amatorum	
f	fidelium	
g	seruorum	
h	iustorum	
i	famulorum	
k	beatorum	
l	martyrum	
m	cultorum	tuorum in
n	ciuium	tuorum in
o	angelorum	
p	confessorum	
q	apostolorum	
r	prophetarum	
s	discipulorum	
t	credentium	
v	laudatorum	
x	laudancium	
y	charorum	
z	charissimorum	
w	amantissimorum	

242

a	celis
b	euum
c	eternum
d	perpetuum
e	sempiternum
f	supercelestibus
g	sempiternitate
h	seculaseculorum
i	euumsanctum
k	seculasempiterna
l	celestibus
m	altissimis
n	seculum
o	secula
p	celo
q	excelso
r	excelsis
s	supernis
t	aula celi
v	atrio celorum
x	supremis
y	supremo
z	paradyso
w	uranicis

LIBER PRIMVS

243 | | | 244

	243		244	
a	O miseri	a	mortales	
b	O miselli	b	homines	
c	O miserandi	c	homunciones	
d	O miserrimi	d	populares	
e	O miserabiles	e	peccatores	
f	O infelicissimi	f	principes	
g	O stultissimi	g	barones	
h	O perditi	h	comites	
i	O infelices	i	duces	
k	O uos	k	reges	
l	Sed uos	l	iudices	
m	O uani	m	rectores	ex omni
n	O boni	n	presides	in omni
o	Ideo uos	o	presules	
p	Vos igitur	p	pontifices	
q	Vos itaque	q	imperatores	
r	O perituri	r	sacerdotes	
s	O perditissimi	s	presbyteri	
t	O uanissimi	t	prelati	
v	O increduli	v	pastores	
x	O negligentes	x	seculares	
y	O pauperrimi	y	claustrales	
z	O abiectissimi	z	christiani	
w	O insipientes	w	christicole	

---

243   o   Ideo uos] O perituri *Wo, b.*

      p   Vos igitur] O perditissimi *Wo, b.*

      q   Vos itaque] Ideo uos *Wo, b.*

      r   O perituri] Vos igitur *Wo, b.*

      s   O perditissimi] Vos itaque *Wo, b.*

245

a	terra
b	orbe
c	mundo
d	patria
e	regione
f	territorio
g	prouincia
h	clymate
i	orizonte
k	paralello
l	meridie
m	oriente sub celo
n	occidente sub celo
o	aquilone
p	districtu
q	comitatu
r	principatu
s	imperio
t	lingua
v	regno
x	statu
y	loco
z	uilla
w	ciuitate

246

a	franci
b	bauari
c	austrasii
d	francones
e	francigene
f	germani
g	alemani
h	belgici
i	norici
k	boemi
l	hassii
m	australes
n	monappii
o	westgalli
p	frisones
q	frisii
r	grunes
s	cliuenses
t	sycambri
v	gelrenses
x	wedranii
y	lotharingii
z	morauii
w	saxones

---

246 m   australes] australes | presertim *b*.

     n   monappii] monappii | maxime autem *b*.

LIBER PRIMVS

169

247

248

a thoringii
b misnenses
c mosellani
d renenses
e renaui
f cisrenani
g transrenani
h cismosellani
i transmosellani
k treuerenses
l treuerici
m treuiri
n theutones
o theotisci
p theutonici
q westrasii
r marchii
s cynonoti
t pomerani
v gauiani
x nahgauii
y stauronesii
z renigauii
w wangiones

a burgundiones
b longobardi
c burgundi
d brabantini
e brabantii
f hollandini
g hollandii
h auaros
i huni
k ungarii
l poloni
m polonii
n dani
o daci
p suedi
q suedii
r suediani
s slesiani
t elueciani
v slesii
x eluetii
y alsacii
z alsatici
w alsaciani

---

248 h auaros] auari *Wo*, auares *b*.
m polonii] polonii | simul ac *b*.
n dani] dani | simul ac *b*.

249

a	sueui
b	sueuiani
c	wyndelici
d	tribotes
e	triboti
f	gauioduri
g	neometes
h	neometici
i	spirenses
k	spirani
l	hanarici
m	angliani
n	albiniani
o	anglici
p	scotii
q	scoti
r	retii
s	reciani
t	hibernii
v	hiberniani
x	norwegiani
y	norwegii
z	selandini
w	selandii

250

a	hispani
b	hispaniani
c	normanni
d	normanniani
e	normandenses
f	islandiani
g	islandini
h	islandii
i	britones
k	britanii
l	britaniani
m	sclauiani
n	sclauones
o	sclauaniani
p	sclauii
q	sclaui
r	ruigini
s	rugii
t	rugi
v	rutheni
x	rutheniani
y	ruthenos
z	prutheni
w	pruthenici

---

249 a   sueui] seui *W*.

      h   neometici] spirenses *Wo, b*.

      i   spirenses] neometici *Wo, b*.

      n   albiniani] albiani *W*.

250 m   sclauiani] sclauiani | quoque et *b*.

      n   sclauones] sclauones | et uos *b*.

LIBER PRIMVS

171

251

a lithuorii
b lithuones
c lithuoniani
d flandrii
e flandriani
f cassubiani
g cassubiones
h cassubii
i lusancii
k lusantini
l lusantiani
m athasones
n athasini
o athasii
p sabaudii
q sabaudienses
r sabaudiani
s stiriani
t stirii
v dalmate
x dalmacii
y dalmaciani
z pannoniani
w pannones

252

a picardi
b picardii
c picardes
d picardiani
e mauritani
f mauritanii
g mauritaniani
h portugalliani
i portugallenses
k portugalli
l lausitaniani
m lausitanii
n lausitani
o getuli
p getuliani
q ethiopes
r ethiopenses
s ethiopiani
t scaldiani
v scaldes
x scaldi
y afri
z africani
w maioricani

	253		254
a	siculi	a	mohabares
b	siciliani	b	armeniani
c	neapolites	c	armeni
d	neapolitani	d	palestini
e	italienses	e	hebrei
f	italiani	f	iudei
g	italici	g	rodii
h	itali	h	ciprii
i	calabri	i	egypcii
k	calabres	k	asiani
l	romei	l	asiatici
m	romani	m	tartari
n	etrusci	n	cappadoces
o	etruriani	o	caldei
p	allobroges	p	medi
q	celtiberes	q	parthes
r	gallici	r	perses
s	greci	s	numides
t	galli	t	numediani
v	cabini	v	pelasgi
x	sabini	x	thraces
y	latini	y	thraciani
z	barbari	z	amasones
w	indiani	w	archades

---

254 o   caldei] caldea *W*.

LIBER PRIMVS

255

a	attrebates
b	aduatici
c	auarici
d	ambari
e	auerne
f	aulertii
g	andes
h	auartii
i	antuates
k	aremici
l	arthomici
m	bigeriones
n	brannoces
o	brannonii
p	bituriges
q	bactaui
r	bellocassi
s	centrones
t	caturiges
v	catuaci
x	casani
y	caresei
z	condrusi
w	curiosolite

256

a	ambiani
b	ambulariti
c	ancalites
d	ambilates
e	agendones
f	ambibareti
g	ambibari
h	assiburgii
i	ansuarii
k	arenarii
l	bellouaci
m	bibrogii
n	brigantes
o	battonoduri
p	bethasii
q	bingiones
r	niuicellenses
s	gamadusii
t	bruteri
v	cimbri
x	cargali
y	caletes
z	cadetes
w	cadurci

---

255 e auerne] auernes *b*.

257

a cauillones
b coccosates
c ceuimagni
d caninephates
e cyuarones
f gammani
g ceracates
h diablinthres
i eburonices
k flustates
l garocelli
m hedui
n harudes
o helueteti
p heluii
q iceni
r lingones
s leutii
t lexouii
v lexouienses
x leuaci
y mandubii
z marcomanni
w morini

258

a carnutes
b cantabri
c cantii
d cassii
e cerusii
f cathi
g duracii
h eburones
i eusubii
k essui
l gaballi
m garites
n garumni
o grudii
p gorduni
q gugerni
r hermonduri
s lenonices
t latouici
v lemonices
x leopontii
y ligiones
z ligii
w mendiomatrites

---

258 t   latouici] leoponcii *Wo, b.*
    v   lemonices] latouici *Wo, b.*
    x   leopontii] lemonices *Wo, b.*

LIBER PRIMVS

175

259

a mesii
b neruii
c nanetes
d nantuantes
e nouesii
f osissini
g parisii
h pictones
i pretiani
k sebusiani
l segusiani
m sequani
n gandauii
o gandenses
p gandauenses
q senones
r suesiones
s sibuzates
t silute
v sninici
x sarmate
y turones
z tarusacii
w tarbelli

260

a ordoluce
b pemani
c pleumosii
d petrocorii
e primigeni
f rhemi
g remenses
h rhedones
i santones
k sedusii
l seduni
m sedunenses
n bisuntii
o bisuntini
p suesii
q segni
r sessuuii
s sonciates
t sengoriaci
v tullingni
x tholosaces
y tholosani
z trinobantes
w toctusages

261

a	tauciaci
b	tungri
c	torbiaci
d	tubantes
e	tygeni
f	uocatii
g	uagiones
h	uolge
i	uolsi
k	uellocasses
l	ueragri
m	ueneti
n	unelli
o	ubii
p	usipetes
q	uascones
r	ueromandui
s	chimonoburgii
t	agrippinate
v	colonienses
x	botanepolites
y	botaneburgii
z	peapolites
w	herbipolenses

ceterique omnes
et reliqui omnes

262

a	percipite
b	suscipite
c	recipite
d	accipite
e	concipite
f	exaudite
g	audite
h	obaudite
i	auscultate
k	obscultate
l	adtendite
m	intendite
n	aduertite
o	animaduertite
p	perpendite
q	considerate
r	pensiculate
s	ponderate
t	pensate
v	intelligite
x	cogitate
y	recogitate
z	discernite
w	conseruate

LIBER PRIMVS

177

263

a moniciones
b admoniciones
c ammoniciones
d premoniciones
e commoniciones
f preauisaciones
g auisaciones
h hortaciones
i exhortaciones
k cohortaciones
l suggestiones
m consultaciones
n introductiones
o allegaciones
p insinuaciones
q instituciones
r predictiones
s predicaciones
t enunciaciones
v denunciaciones
x declamaciones
y exclamaciones
z informaciones
w contestaciones

264

a dei
b christi
c meas
d diuinas
e scripturarum
f christianas
g euangelicas
h euangelistarum
i apostolorum
k apostolicas
l sanctorum
m sanctas   et
n ueras   et
o utiles
p salutares
q salutiferas
r optimas
s prophetarum
t propheticas
v ecclesiasticas
x paternas
y patrum
z fidelium
w fideles

---

264 y   patrum] patrium *Wo.*

265

a emendate
b purificate
c rectificate
d componite
e iustificate
f purgate
g expurgate
h sanctificate
i rectas facite
k mundate
l emundate
m lauate   per
n diluite   per
o reformate
p resaurate
q instraurate
r illustrate
s preparate
t reparate
v examinate
x alleuiate
y abiicite
z despicite
w clarificate

266

a ueram
b puram
c rectam
d integram
e fidelem
f sanctam
g continuam
h feruidam
i feruentem
k ardentem
l indesinentem
m uerissimam
n purissimam
o rectissimam
p integerrimam
q fidelissimam
r sanctissimam
s feruentissimam
t ardentissimam
v catholicam
x christianam
y ecclesiasticam
z necessariam
w debitam

LIBER PRIMVS

267

a fidem
b scienciam
c penitenciam
d penitudinem
e confessionem
f contricionem
g adtricionem
h satisfactionem
i humiliacionem
k humilitatem
l castimoniam
m credulitatem
n mortificacionem
o continenciam
p sapienciam
q castigacionem
r opinionem
s charitatem
t conuersionem
v informacionem
x subiectionem
y obedienciam
z conuersacionem
w uitam

268

a adinuenciones
b concupiscencias
c occupaciones
d exercitaciones
e iniquitates
f impietates
g iniusticias
h spurcicias
i maculas
k animas
l affectiones
m culpas   uestras ne
n noxas   uestras ne
o causas
p uias
q semitas
r mentes
s consciencias
t operaciones
v estimaciones
x existimaciones
y cupiditates
z cupidines
w actiones

269

a	mors	
b	infernus	
c	iudicium	
d	calamitas	
e	damnacio	
f	periculum	
g	consumacio	
h	consumpcio	
i	condemnacio	
k	internecio	
l	perdicio	
m	interitus	uos subito
n	ulcio	subito uos
o	finis	
p	pauor	
q	dolor	
r	angustia	
s	miseria	
t	tribulacio	
v	uindicta	
x	sentencia	
y	molestia	
z	mesticia	
w	retribucio	

270

a	comprehendat	
b	deprehendat	
c	apprehendat	
d	circumuolat	
e	conuoluat	
f	inuolunt	
g	obuoluat	
h	preocupet	
i	consumat	
k	absumat	
l	inuadat	
m	auferat	quando non
n	rapiat	dum non
o	deuoret	
p	euertat	
q	subuertat	
r	extinguat	
s	exterminet	
t	degluciat	
v	interimat	
x	confringat	
y	destruat	
z	deuastet	
w	circumdet	

LIBER PRIMVS

181

271

a putatis
b reputatis
c metuitis
d cogitatis
e putabitis
f reputabitis
g cogitabitis
h recogitabitis
i recogitatis
k estimabitis
l estimatis
m reputaueritis
n pauebitis
o expauescitis
p pauescitis
q pauetis
r existimatis
s existimabitis
t precauebitis
v precauetis
x cauebitis
y cauetis
z formidatis
w consideratis

272

a Attendite
b Intendite
c Considerate
d Ponderate
e Pensiculate
f Pensate
g Mementote
h Recogitate
i Cogitate
k Conspicite
l Aspicite
m Inspicite   nunc o uos
n Respicite   nunc igitur uos
o Perspicite
p Discernite
q Cernite
r Intueamini
s Aduertite
t Animaduertite
v Recolite
x Videte
y Agnoscite
z Cognoscite
w Recognoscite

---

272 s Aduertite] Adertite *W.*

	273		274
a	uani	a	christicole
b	pigri	b	christiani
c	duri	c	pontifices
d	tardi	d	presules
e	ignari	e	antistes
f	ignaui	f	pastores
g	miseri	g	episcopi
h	desides	h	reges
i	accidiosi	i	iudices
k	desidiosi	k	fideles
l	obliuiosi	l	populi
m	somnolenti	m	presides
n	negligentes	n	tribuni
o	imprudentes	o	rectores
p	inconsiderati	p	principes
q	miserrimi	q	imperatores
r	miserabiles	r	maioresnatu
s	miserandi	s	homunciones
t	durissimi	t	homines
v	perituri	v	mortales
x	infelices	x	magnates
y	desolati	y	mundani
z	imperiti	z	pretores
w	imperitissimi	w	prefecti

---

273 y   desolati] imperiti *Wo, b.*

z   imperiti] desolati *Wo, b.*

LIBER PRIMVS   183

275

a	deprecor	
b	precor	
c	exoro	
d	rogo	
e	oro	
f	hortor	
g	exhortor	
h	cohortor	
i	adhortor	
k	admoneo	
l	premoneo	
m	moneo	tandem
n	queso	uel sero
o	obsecro	
p	contestor	
q	commoneo	
r	commonefacio	
s	persuadeo	
t	consulo	
v	suadeo	
x	petimus	
y	rogamus	
z	precamur	
w	supplicamus	

276

a	miserias	
b	turbaciones	
c	calamitates	
d	aduersitates	
e	tribulaciones	
f	persecuciones	
g	perturbaciones	
h	infestaciones	
i	molestaciones	
k	desolaciones	
l	uexaciones	
m	erumnas	quas
n	molestias	quas
o	collisiones	
p	perfidias	
q	insolencias	
r	destructiones	
s	deuastaciones	
t	depopulaciones	
v	depredaciones	
x	conculcaciones	
y	contrarietates	
z	afflictiones	
w	irrisiones	

---

276 h   infestaciones] inuestaciones *Wo.*

277

a	sancta	
b	ueneranda	
c	recolenda	
d	beatissima	
e	sanctissima	
f	fructifera	
g	honoranda	
h	honorabilis	
i	uenerabilis	
k	intemerata	
l	impolluta	
m	incontaminata	mater
n	intacta	mater
o	inuiolata	
p	felix	
q	incorrupta	
r	immaculata	
s	sacrosancta	
t	catholica	
v	uniuersalis	
x	benigna	
y	dulcis	
z	casta	
w	pia	

278

a	fidelium	
b	credentium	
c	humilium	
d	ortodoxorum	
e	christianorum	
f	christicolarum	
g	redemptorum	
h	reparatorum	
i	electorum	
k	iustorum	
l	innocentium	
m	apostolorum	ecclesia
n	martyrum	ecclesia
o	confessorum	
p	confitentium	
q	predestinatorum	
r	bonorum	
s	saluandorum	
t	uirginum	
v	beandorum	
x	deuotorum	
y	contritorum	
z	mortalium	
w	uiuentium	

---

278 d   ortodoxorum] ortodorum *W*.

LIBER PRIMVS

185

279

a patitur
b passa est
c sustinet
d sustinuit
e experitur
f experta est
g perpetitur
h perpessa est
i tolerauit
k tolerat
l suffert
m perfert   a
n pertulit   a
o suscipit
p suscepit
q recipit
r recepit
s accipit
t accepit
v prestolatur
x exspectat
y expectauit
z habuit
w habet

280

a dolosis
b reprobis
c peruersis
d flagiciosis
e crudelibus
f crudelissimis
g peruersissimis
h dolosissimis
i reprobissimis
k sceleratissimis
l facinorosis
m pessimis   et
n turpibus   ac
o bestialibus
p turpissimis
q criminosis
r scelestissimis
s seuissimis
t contaminatis
v durissimis
x uanissimis
y spurcissimis
z perfidissimis
w perfidis

---

280 n   ac] at *b*.

281

a	impiis
b	iniquis
c	immundis
d	infidelibus
e	impiissimis
f	iniquissimis
g	immundissimis
h	infidelissimis
i	infelicissimis
k	sordidissimis
l	absurdissimis
m	abiectissimis
n	miserrimis
o	imperitissimis
p	inuidissimis
q	fatuissimis
r	stultissimis
s	ignauissimis
t	indoctissimis
v	inertissimis
x	auarissimis
y	cupidissimis
z	truculentis
w	truculentissimis

282

a	thurcis	
b	paganis	
c	saracenis	
d	ethnicis	
e	gentibus	
f	gentilibus	
g	bulgaribus	
h	mahumetistis	
i	mahumeticis	
k	pelagianis	
l	hereticis	
m	grecis	qui eam
n	tartaris	qui eam
o	tyrannis	
p	armenis	
q	ruthenis	
r	bulgarensibus	
s	scismaticis	
t	idololatris	
v	persecutoribus	
x	raptoribus	
y	parthis	
z	predonibus	
w	hideamphoteris	

---

281 q   inuidissimis] infidissimis *Wo.*
     x   auarissimis] amarissimis *Wo.*

LIBER PRIMVS

187

283

a quotidie
b iugiter
c continue
d grauiter
e nimium
f enormiter
g grauissime
h crudelissime
i horribiliter
k miserabiliter
l miserrime
m crudeliter
n hostiliter
o seuissime
p nequiter
q incessanter
r frequenter
s nequissime
t iniustissime
v frequentissime
x insolentissime
y furiosissime
z inuidenter
w assidue

284

a turbant
b perturbant
c conturbant
d deuastant
e impugnant
f oppugnant
g expugnant
h inuadunt
i opprimunt
k deprimunt
l molestant
m infestant
n affligunt
o euertunt
p subuertunt
q spoliant
r lacerant
s deiiciunt
t annihilant
v conculcant
x depredantur
y persequntur
z concuciunt
w exterminant

---

283 z   inuidenter] infidenter *Wo.*
284 m   infestant] inuestant *Wo.*
    p   subuertunt] abuertunt *Wo.*

285

a	Obtinent	
b	Occupant	
c	Detinent	
d	Tenent	
e	Occuparunt	
f	Occupauerunt	
g	Obtinuerunt	
h	Preoccupauerunt	
i	Preoccuparunt	
k	Preoccupant	
l	Abstulerunt	
m	Ceperunt	ecce nunc
n	Habent	enim iam
o	Possident	
p	Euerterunt	
q	Inuaserunt	
r	Expugnarunt	
s	Expugnauerunt	
t	Subuerterunt	
v	Exterminarunt	
x	Exterminauerunt	
y	Vsurpauerunt	
z	Vsurparunt	
w	Intrauerunt	

286

a	asiam
b	africam
c	greciam
d	thraciam
e	bulgariam
f	carmaniam
g	armeniam
h	cappadociam
i	mauritaniam
k	ethiopiam
l	getuliam
m	lybiam
n	egyptum
o	arabiam
p	antiochiam
q	alexandriam
r	palestinam
s	assiriam
t	iudeam
v	siriam
x	indiam
y	tartariam
z	barbariam
w	hellespontum

LIBER PRIMVS

287

a epyrum
b persiam
c persidem
d albaniam
e dardaniam
f magrabiam
g nigropontum
h taprobanam
i caloquutam
k scoyram
l parthiam
m samariam
n pamphiliam
o numediam
p mesopotamiam
q babiloniam
r hydrontum
s scithiam
t euboiam
v mediam
x etholiam
y chaldeam
z damascum
w archadiam

288

a eoliam
b alaniam
c galaciam
d bithiniam
e macedoniam
f amasoniam
g mellindiam
h gargisam
i coriscum
k repsianam
l agizimbam
m speransam
n marchosam
o lagoniam
p perodiam
q camaroelam
r damesas
s tacharniam
t dalagum
v musameli
x hesperiam
y malachat
z turamidam
w pharasatam

289

a	realam
b	salitanam
c	eleones
d	nigritas
e	tumelicam
f	sagabaciam
g	ichtiophagos
h	cyrenaicam
i	marmariam
k	sisophagos
l	azaniam
m	mascitas
n	abrochidem
o	mynothoram
p	troglodicam
q	smyrnoforam
r	gargisam
s	sabaram
t	rapatam
v	phasagar
x	malichias
y	cassanicam
z	megobardos
w	catramonicas

290

a	sachas
b	maras
c	aschiitas
d	lidiam
e	phrigiam
f	asaborum
g	thamidem
h	labanophas
i	sachalitam
k	susianam
l	hircaniam
m	parfantidem
n	thurciam
o	cariam
p	liciam
q	ciliciam
r	celessiriam
s	colchidem
t	argolicam
v	sarmaciam
x	nogurdiam
y	cypropolitas
z	arsiam
w	iberiam

LIBER PRIMVS

291

a bosnam
b misiam
c achaiam
d moream
e gedrosiam
f paradenam
g drangianam
h omodagascaram
i aramagatam
k callensuanam
l basachatam
m arochosiam
n paropaniam
o zamzibaram
p daradre
q ursanam
r indioscites
s parsiacam
t caspiriam
v cilindimam
x condalim
y adisatri
z aricam
w ionam

292

a passale
b lissam
c sissam
d zibalam
e corancolos
f benagurum
g triliphin
h bisingnos
i alasongam
k chrysoanam
l monrundas
m nangoletas
n aminathas
o armachoram
p bactrianam
q margianam
r sogdianam
s iasarthum
t tectosaces
v astatantas
x darusas
y messeios
z dabase
w biolingas

	293		294
a	cassiam	a	troanam
b	bilthas	b	solanam
c	ciilindos	c	semantinos
d	tagaros	d	nicomediam
e	lestanam	e	octotoraces
f	codupas	f	madagarith
g	calcites	g	seylanam
h	basanatas	h	rabantiam
i	bragmanos	i	garneos
k	archimaram	k	ambastas
l	abischitas	l	rabanam
m	achassam	m	cathigaram
n	caraneiam	n	theriotidem
o	alanorsiam	o	coromam
p	massagetas	p	moabar
q	sacharum	q	chayram
r	isodomsciites	r	scoyram
s	tauranam	s	thineam
t	chersonesum	t	synam
v	pallianam	v	murfuli
x	cathobas	x	loath
y	iberingas	y	edissam
z	comedas	z	olach
w	syndos	w	uarrh

LIBER PRIMVS

193

295

a	laciam	
b	iauam	
c	lamiam	
d	tangut	
e	pertaram	
f	ciiambam	
g	tholamam	
h	siuulglu	
i	sindissam	
k	fulicandoram	
l	anganiam	
m	nechuram	cum aliis
n	mangos	cum aliis
o	eziniam	
p	baloram	
q	thebet	
r	loacham	
s	sanduram	
t	canduram	
v	garneam	
x	bangalam	
y	quinsaiios	
z	quiritiriam	
w	chymchitalim	

296

a	multis	
b	pluribus	
c	compluribus	
d	quampluribus	
e	plurimis	
f	complurimis	
g	quamplurimis	
h	permultis	
i	maximis	
k	permaximis	
l	quammaximis	
m	latissimis	atque
n	magnis	atque
o	amplis	
p	amplissimis	
q	clarissimis	
r	amenissimis	
s	ornatissimis	
t	preclarissimis	
v	optimis	
x	ornatis	
y	latis	
z	claris	
w	preclaris	

---

296 m/n atque] *nicht in C, Wo, b.*

297

a	pulcherrimis
b	speciosissimis
c	splendidis
d	speciosis
e	pulchris
f	opulentis
g	opulentissimis
h	potentissimis
i	populosissimis
k	locupletissimis
l	populosis
m	fortibus
n	fortissimis
o	ditissimis
p	decoris
q	nobilibus
r	nobilissimis
s	precipuis
t	preciosis
v	nominatis
x	nominatissimis
y	preciosissimis
z	spaciosissimis
w	firmissimis

298

a	nostrorum	
b	fidelium	
c	baptizatorum	
d	credentium	
e	ortodoxorum	
f	catholicorum	
g	ecclesiasticorum	
h	christicolarum	
i	christianorum	
k	sanctorum	
l	nazareorum	
m	electorum	quondam regnis
n	beatorum	olim regnis
o	confessorum	
p	martyrum	
q	apostolorum	
r	euangelicorum	
s	euangelizantium	
t	predicantium	
v	rhomanorum	
x	spiritualium	
y	iustificatorum	
z	predestinatorum	
w	iustorum	

---

297 m fortibus] fortibus | quam *Wo, b.*
    n fortissimis] fortissimis | quam *Wo, b.*

LIBER PRIMVS

299

a	incolis	
b	ciuibus	
c	christianis	
d	christicolis	
e	credentibus	
f	fidelibus	
g	nostris	
h	uiris	
i	iustis	
k	sanctis	
l	bonis	
m	pueris	cunctis
n	fratribus	uniuersis
o	repertis	
p	inuentis	
q	credulis	
r	religiosis	
s	hominibus	
t	habitatoribus	
v	uiuentibus	
x	ortodoxis	
y	ecclesiasticis	
z	catholicis	
w	discipulis	

300

a	impie
b	acerbe
c	seuere
d	crudeliter
e	iniuste
f	nequiter
g	impiissime
h	acerbissime
i	seuerissime
k	crudelissime
l	iniustissime
m	nequissime
n	iniquissime
o	nequiciose
p	amarissime
q	turpiter
r	terribiliter
s	horrende
t	horribiliter
v	durissime
x	miserrime
y	truculenter
z	turpissime
w	uiolenter

	301		302	
a	occisis	a	Et	
b	necatis	b	Heu	
c	enecatis	c	Ach	
d	crematis	d	Vah	
e	concrematis	e	Verum	
f	interfectis	f	Interea	
g	interemptis	g	Interim	
h	peremptis	h	Et tamen	
i	consumptis	i	Verumtamen	
k	trucidatis	k	Sed tamen	
l	exterminatis	l	Et ecce	
m	martyrizatis	m	Pape	nemo est qui
n	strangulatis	n	Proch	quis est qui
o	pereuntibus	o	Denique	
p	mortificatis	p	Attamen	
q	interceptis	q	Bone deus	
r	suffocatis	r	Sed ecce	
s	extinctis	s	Prohdolor	
t	crucifixis	t	Prohpudor	
v	truncatis	v	Nihilominus	
x	mactatis	x	Et heu	
y	incensis	y	O deus	
z	succensis	z	Cernite	
w	perditis	w	Ecce tamen	

---

302 n   quis est qui] nemo est qui *Wo.*

LIBER PRIMVS

303

a	eruat	
b	eripiat	
c	doleat	
d	condoleat	
e	lugeat	
f	indoleat	
g	uindicet	
h	subueniat	
i	interueniat	
k	recogitet	
l	cogitet	
m	liberet	nemo qui
n	saluet	nemo qui
o	redimat	
p	adiuuet	
q	aspiciat	
r	aduertat	
s	animaduertat	
t	metuat	
v	timeat	
x	paueat	
y	caueat	
z	precaueat	
w	diiudicet	

304

a	compaciatur	
b	contradicat	
c	repugnet	
d	resistat	
e	defendat	
f	succurrat	
g	occurrat	
h	obsistat	
i	adsistat	
k	suscipiat	
l	sustentet	
m	foueat	omnes sua
n	intendat	omnes sua
o	adtendat	
p	consoletur	
q	ingeniscat	
r	misereatur	
s	commisereatur	
t	contremiscat	
v	contristetur	
x	commoueatur	
y	moueatur	
z	reputet	
w	suspiret	

305

a	curant
b	cogitant
c	procurant
d	recogitant
e	excogitant
f	exquirunt
g	inquirunt
h	querunt
i	diligunt
k	cupiunt
l	perquirunt
m	sectantur
n	aspiciunt
o	inspiciunt
p	respiciunt
q	considerant
r	concupiscunt
s	sequuntur
t	sectantur
v	tractant
x	pertractant
y	preponunt
z	intuentur
w	conseruant

306

a	dei	
b	christi	
c	domini	
d	crucifixi	
e	saluatoris	
f	redemptoris	
g	plasmatoris	
h	fabricatoris	
i	reformatoris	
k	liberatoris	
l	conditoris	
m	creatoris	nostri
n	auctoris	omnium
o	factoris	
p	opificis	
q	patris	
r	nutritoris	
s	illustratoris	
t	illuminatoris	
v	gubernatoris	
x	conseruatoris	
y	protectoris	
z	imperatoris	
w	remuneratoris	

---

305 t   sectantur] preponunt *Wo, b.*

v   tractant] practicant *Wo, b.*

x   pertractant] tractant *Wo, b.*

y   preponunt] pertractant *Wo, b.*

LIBER PRIMVS

307

308

	307		308
a	partem	a	negligentes
b	populum	b	spernentes
c	hereditatem	c	contemnentes
d	familiam	d	despicientes
e	popellum	e	paruiputantes
f	ecclesiam	f	paruipendentes
g	honorem	g	floccipendentes
h	perceptum	h	paruifacientes
i	mandatum	i	obliuiscentes
k	beneplacitum	k	uilipendentes
l	uoluntatem	l	pretereuntes
m	ministros	m	abhorrentes
n	sacerdotes	n	irridentes
o	famulos	o	deridentes
p	ouiculas	p	abiicientes
q	clerum	q	deserentes
r	plebem	r	conculcantes
s	oues	s	subsannantes
t	seruos	t	nihilpendentes
v	fidem	v	abhominantes
x	doctrinam	x	exprobrantes
y	instituta	y	corrumpentes
z	euangelium	z	detestantes
w	religionem	w	execrantes

309

a	Propter hoc	
b	Quapropter	
c	Propterea	
d	Ea propter	
e	Quocirca	
f	Idcirco	
g	Vnde	
h	Obid	
i	Ergo	
k	Ideo	
l	Sed	
m	At	ue uobis
n	Et	ue uobis
o	Itaque	
p	Ex eo	
q	Ex hoc	
r	Igitur	
s	Ob quod	
t	Et ergo	
v	Ob hoc	
x	Proinde	
y	Nunc ergo	
z	Nunc itaque	
w	Nunc igitur	

310

a	reges
b	iudices
c	rectores
d	consules
e	presides
f	presules
g	principes
h	pontifices
i	antistites
k	episcopi
l	cardines
m	moderatores
n	cardinales
o	patriarche
p	primates
q	domini
r	duces
s	prefecti
t	maiores
v	potentes
x	regentes
y	comites
z	capitanei
w	imperatores

---

310   f   presules] principes *Wo, b*.

         g   principe] pontifices *Wo, b*.

         h   pontifices] presules *Wo, b*.

LIBER PRIMVS

201

311

a christianorum
b christicolarum
c christianitatis
d orbisterrarum
e ortodoxorum
f credentium
g populorum
h prouinciarum
i ecclesiarum
k plebium
l fidelium
m terrarum   qui
n mundi   quoniam
o terre
p orbis
q fidei
r iusticie
s pauperum
t hominum
v mortalium
x regionum
y regnorum
z tocius europe
w baptizatorum

312

a ocio
b uiciis
c libidini
d auaricie
e cupiditatibus
f uoluptatibus
g uanitatibus
h impuritatibus
i turpitudinibus
k comesacionibus
l potacionibus
m transitoriis   nimis
n inutilibus   continue
o terrenis
p caducis
q uanis
r conuiuiis
s deliciis
t superbie
v leuitatibus
x arrogancie
y uenacionibus
z concupiscenciis
w chorisacionibus

	313		314
a	intenti	a	ecclesie
b	dediti	b	fidelium
c	occupati	c	iustorum
d	preoccupati	d	ecclesiarum
e	implicati	e	credentium
f	uacantes	f	pereuntium
g	seruientes	g	christianorum
h	inseruientes	h	christicolarum
i	deseruientes	i	ecclesiasticorum
k	subseruientes	k	conchristianorum
l	indulgentes	l	baptizatorum
m	famulantes	m	ortodoxorum
n	insudantes	n	catholicorum
o	mancipati	o	sanctorum
p	studentes	p	innocentium
q	immersi	q	pauperum
r	inuoluti	r	afflictorum
s	polluti	s	desolatorum
t	assueti	t	fratrum
v	consueti	v	miserorum
x	suffocati	x	captiuorum
y	innodati	y	sacerdotum
z	concedentes	z	seruorum christi
w	consencientes	w	oppressorum

---

313 c   occupati] ocupati *W*.

d   preoccupati] preocupati *W*.

LIBER PRIMVS

203

315

a pericula
b periculum
c necessitates
d necessitatem
e necessitudines
f desolaciones
g desolacionem
h destructiones
i destructionem
k excidium
l excidia
m labores   minime
n dolores   non
o miserias
p miseriam
q afflictiones
r tribulaciones
s aduersitates
t oppressionem
v euersionem
x euersiones
y persecuciones
z uexaciones
w elisiones

316

a curatis
b cogitatis
c recogitatis
d conspicitis
e prospicitis
f respicitis
g inspicitis
h aspicitis
i doletis
k iudicatis
l pensatis
m ponderatis
n pensiculatis
o consideratis
p animaduertitis
q uindicatis
r defenditis
s defensatis
t cernitis
v uidetis
x iuuatis
y adiuuatis
z intelligitis
w adtenditis

---

316 q   uindicatis] iudicatis *Wo*.

	317		318	
a	Amen amen	a	dico	
b	Certissime	b	predico	
c	Pro certo	c	aperio	
d	Verissime	d	notifico	
e	Veraciter	e	expono	
f	Pro uero	f	exprimo	
g	Amen	g	insinuo	
h	Ecce	h	presagio	
i	Nunc	i	significo	
k	Itaque	k	prenuncio	
l	Tristis	l	annuncio	
m	Flens	m	denuncio	uobis nisi
n	Merens	n	nuncio	uobis quia nisi
o	Gemens	o	reuelo	
p	Mestus	p	resero	
q	Firmiter	q	refero	
r	Audaciter	r	affirmo	
s	Fidenter	s	confirmo	
t	Confidenter	t	protestor	
v	Constanter	v	contestor	
x	Sine dubio	x	adtestor	
y	Indubitanter	y	uaticinor	
z	Indubie	z	prophetizo	
w	Certe	w	profiteor	

LIBER PRIMVS

319

a uigiletis
b euigiletis
c uigilaueritis
d euigilaueritis
e preueniatis
f succurratis
g subueniatis
h occurratis
i repugnetis
k resistatis
l adsistatis
m obsistatis   aliter
n insurgatis   aliter
o consurgatis
p concurratis
q interueniatis
r defensaueritis
s consulueritis
t consulatis
v cogitetis
x agatis
y curetis
z faciatis
w feceritis

320

a euertent
b inuadent
c destruent
d intrabunt
e occupabunt
f obtinebunt
g subuertent
h usurpabunt
i superabunt
k habebunt
l subiicient
m auferent   successiue
n capient   paulatim
o rapient
p affligent
q concucient
r fedabunt
s comprehendent
t uendicabunt
v conculcabunt
x contaminabunt
y expugnabunt
z impugnabunt
w oppugnabunt

---

319 h   occurratis] procurratis *Wo*.
320 b   inuadent] inudent *W*.

	321		322
a	europam	a	frisiam
b	ungariam	b	hassiam
c	pannoniam	c	miseniam
d	austriam	d	pomeraniam
e	dalmaciam	e	westgalliam
f	croaciam	f	ringauiam
g	stiriam	g	lombardiam
h	ciliam	h	calabriam
i	slesiam	i	italiam
k	daciam	k	histriam
l	poloniam	l	ethruriam
m	boemiam	m	tusciam
n	lusaciam	n	ueneciam
o	suetiam	o	siciliam
p	suediam	p	sardiniam
q	morauiam	q	carinthiam
r	norbegiam	r	sclauoniam
s	sarmaciam	s	germaniam
t	marchiam	t	alemaniam
v	saxoniam	v	theotoniam
x	doringiam	x	eleoniam
y	bauariam	y	sabaudiam
z	franconiam	z	burgundiam
w	sueuiam	w	lotharingiam

---

322 f   ringauiam] neustriam *b*.

LIBER PRIMVS

323

a	helueciam
b	alsaciam
c	prusciam
d	pruteniam
e	walachiam
f	windeliciam
g	lithuoniam
h	hyspaniam
i	aquitaniam
k	lusitaniam
l	portugalliam
m	aragoniam
n	cathaloniam
o	granatam
p	castiliam
q	galiciam
r	gasconiam
s	uasconiam
t	galliam
v	franciam
x	britaniam
y	normaniam
z	picardiam
w	flandriam

324

a	selandiam	
b	hollandiam	
c	brabanciam	
d	sycambriam	
e	grunediam	
f	olsaciam	
g	angliam	
h	albiam	
i	scotiam	
k	hiberniam	
l	hannoniam	
m	angariam	et omnia que
n	wedrauiam	et omnia que
o	westrauiam	
p	buconiam	
q	belgicam	
r	nauarram	
s	luciburgiam	
t	maioricam	
v	minoricam	
x	campaniam	
y	candiam	
z	rodianam	
w	cyprum	

---

323 s   uasconiam] austrasiam *b*.

325

a	nostra	
b	nostrorum	
c	fidelium	
d	rectorum	
e	credentium	
f	ortodoxorum	
g	catholicorum	
h	christianorum	
i	christicolarum	
k	ecclesiarum	
l	ecclesie	
m	uestra	sunt
n	christi	sunt
o	sanctorum	
p	iustorum	
q	sacerdotum	
r	ecclesiasticorum	
s	christianitatis	
t	batizatorum	
v	predestinatorum	
x	euangelicorum	
y	nazareorum	
z	electorum	
w	pauperum	

326

a	rapient
b	auferent
c	diripient
d	deportabunt
e	distrahent
f	accipient
g	suscipient
h	recipient
i	diuident
k	corripient
l	euertent
m	subuertent
n	destruent
o	incendent
p	comminuent
q	spoliabunt
r	depopulabuntur
s	inuadent
t	obtinebunt
v	occupabunt
x	preocupabunt
y	inhastabunt
z	subhastabunt
w	subducent

LIBER PRIMVS

209

327

a necantes
b enecantes
c occidentes
d prefocantes
e suffocantes
f perimentes
g extinguentes
h interimentes
i interficientes
k mortificantes
l submergentes
m exterminantes
n euiscerantes
o detruncantes
p crucifigentes
q suspendentes
r excoriantes
s cruciantes
t torquentes
v punientes
x mactantes
y truncantes
z perdentes
w trucidantes

328

a impie
b passim
c palam
d ubique
e nequiter
f hostiliter
g crudeliter
h horribiliter
i impiissime
k nequissime
l crudelissime
m furiosissime   omnes
n terribiliter   omnes
o seuissime
p flebiliter
q furiose
r publice
s repente
t mox
v nequiciosissime
x immanissime
y improbissime
z auidissime
w miserrime

---

327 d   prefocantes] preuocantes *Wo.*
    x   mactantes] maactantes *W.*
    z   perdentes] perludentes *Wo.*
328 v   nequiciosissime] nequiosissime *Wo.*

329

a	nos
b	uos
c	nostros
d	uestros
e	nostrates
f	uestrates
g	homines
h	catholicos
i	ortodoxos
k	credentes
l	credulos
m	fideles
n	uiros
o	pueros
p	ciues
q	uiuos
r	uiuentes
s	mortales
t	christianos
v	christicolas
x	ecclesiasticos
y	baptizatos
z	uocatos
w	electos

quoscunque
quotquot

330

a	uiderint
b	reperint
c	inuenerint
d	offenderint
e	inuaserint
f	occupauerint
g	preoccupauerint
h	expugnauerint
i	comprehenderint
k	apprehenderint
l	deprehenderint
m	superauerint
n	deuicerint
o	euicerint
p	uicerint
q	aspexerint
r	respexerint
s	inspexerint
t	conspexerint
v	perspexerint
x	captiuauerint
y	deceperint
z	seduxerint
w	ceperint

---

329 k   credentes] credulous *Wo, b.*
    l   credulos] fideles *Wo, b.*
    m   fideles] uiros *Wo, b.*
    n   uiros] pueros *Wo, b.*
    o   pueros] ciues *Wo, b.*
    p   ciues] diuos *Wo,* uiuos *b.*
    q   uiuos] uiuentes *Wo, b.*
    r   uiuentes] mortales *Wo, b.*
    s   mortales] christianos *Wo, b.*
    t   christianos] christicolas *Wo, b.*
    v   christicolas] credentes *Wo, b.*

LIBER PRIMVS

331

a Orate
b Oretis
c Exorate
d Exoretis
e Pulsate
f Pulsetis
g Inuocate
h Inuocetis
i Adorate
k Adoretis
l Rogetis
m Rogate   nunc igitur o
n Petite   nunc o uos
o Petatis
p Expetite
q Expetatis
r Flagitate
s Flagitetis
t Obsecrate
v Obsecretis
x Postuletis
y Postulate
z Expostulate
w Rogitetis

332

a reges
b duces
c comites
d rectores
e regentes
f presules
g pontifices
h principes
i antistites
k mortales
l christiani
m christicole
n imperatores
o marchiones
p prouinciales
q credentes
r sacerdotes
s ecclesiastici
t episcopi
v pastores
x catholici
y ortodoxi
z prefecti
w populi

---

331 d   Exoretis] Pulsate *Wo, b.*
    e   Pulsate] Pulsetis *Wo, b.*
    f   Pulsetis] Inuocate *Wo, b.*
    g   Inuocate] Inuocetis *Wo, b.*
    h   Inuocetis] Adorate *Wo, b.*
    i   Adorate] Adoretis *Wo, b.*
    k   Adoretis] Rogate *Wo, b.*
    m   Rogate] Exoretis *Wo, b.*
332 m   christicole] christocole *W.*

333

a diuicias
b graciam
c potenciam
d pietatem
e dulcedinem
f clemenciam
g opulenciam
h maiestatem
i pacienciam
k largitatem
l bonitatem
m charitatem
n indulgenciam
o benignitatem
p misericordiam
q miseracionem
r commiseracionem
s beniuolenciam
t munificenciam
v magnificenciam
x celsitudinem
y excellenciam
z mansuetudinem
w longanimitatem

334

a factoris
b auctoris
c motoris
d creatoris
e conditoris
f fabricatoris
g moderatoris
h gubernatoris
i conseruatoris
k ordinatoris
l defensoris
m protectoris
n adiutoris
o ereptoris
p rectoris
q iudicis
r regis
s opificis
t principis
v imperatoris
x redemptoris
y instauratoris
z restauratoris
w reparatoris

LIBER PRIMVS

335

a omnium
b cunctorum
c uniuersorum
d christianorum
e christicolarum
f catholicorum
g ortodoxorum
h credentium
i baptizatorum
k fidelium
l humilium
m sanctorum
n electorum
o bonorum
p rectorum
q iustorum
r uiuentium
s mortalium
t mansuetorum
v supplicantium
x miserorum
y pauperum
z nostrum
w uestrum

336

a optimi
b piissimi
c maximi
d mitissimi
e clarissimi
f pientissimi
g sanctisimi
h potentissimi
i omnipotentis
k cunctipotentis
l fortissimi
m altissimi   dei quatenus
n beatissimi   dei quatenus
o gloriosi
p magni
q eterni
r clementis
s sempiterni
t sacratissimi
v speciosissimi
x clementissimi
y robustissimi
z gloriosissimi
w benignissimi

---

335   i   baptizatorum] baptisatorum *W*.
      n   electorum] eloctorum *W*.

337

a	seruos	
b	fideles	
c	famulos	
d	humiles	
e	pauperes	
f	cultores	
g	ministros	
h	sacerdotes	
i	seruitores	
k	credentes	
l	credulos	
m	amatores	suos a cunctis
n	imitatores	suos ab omnibus
o	confessores	
p	adoratores	
q	predicatores	
r	inuocatores	
s	seruulos	
t	oratores	
v	populos	
x	ortodoxos	
y	catholicos	
z	ecclesiasticos	
w	christicolas	

338

a	dolis
b	malis
c	insidiis
d	periculis
e	incommodis
f	fraudibus
g	maleficiis
h	opprobriis
i	uexacionibus
k	contumeliis
l	inuasionibus
m	deuestacionibus
n	tribulacionibus
o	persecucionibus
p	infestacionibus
q	machinacionibus
r	inpugnacionibus
s	machinamentis
t	incursionibus
v	territamentis
x	terroribus
y	pauoribus
z	timoribus
w	minis

LIBER PRIMVS

339

a gentium
b gentilium
c ethnicorum
d peruersorum
e aduersariorum
f incredulorum
g barbarorum
h saracenorum
i mahumetarum
k prauorum
l turcorum
m impiorum   omnium
n iniquorum   omnium
o malorum
p tyrannorum
q hereticorum
r tartarorum
s paganorum
t sceleratorum
v idololatrarum
x malignantium
y apostatarum
z scismaticorum
w infidelium

340

a pie
b semper
c ubique
d assidue
e continue
f benigne
g piissime
h clementer
i clementius
k mitissime
l clementissime
m benignissime
n misericordissime
o misericorditer
p festinantissime
q potentissime
r fortissime
s securos
t uelociter
v dulciter
x dulcissime
y omni tempore
z in eternum
w perpetuo

341

a	preseruare	
b	conseruare	
c	premunire	
d	communire	
e	defendere	
f	defensare	
g	protegere	
h	saluare	
i	munire	
k	eruere	
l	eripere	
m	tueri	dignetur nec
n	fouere	uelit et non
o	eximere	
p	abscondere	
q	liberare	
r	retrahere	
s	subtrahere	
t	custodire	
v	protueri	
x	redimere	
y	confortare	
z	roborare	
w	confirmare	

342

a	sinat
b	faciat
c	liceat
d	faueat
e	concedat
f	permittat
g	admittat
h	assenciat
i	consenciat
k	complaceat
l	dissimulet
m	placeat
n	uelit
o	prebat
p	det
q	donet
r	paciatur
s	sustineat
t	contribuat
v	indulgeat
x	annuat
y	aspiciat
z	inspiciat
w	conspiciat

---

342 c   liceat] condonet *b*.

LIBER PRIMVS

343

a labi
b elidi
c euerti
d subuerti
e destrui
f desolari
g deficere
h labefactari
i conculcari
k annihilari
l exterminari
m conturbari
n perturbari
o deturpari
p deuastari
q corrumpi
r uiolari
s fedari
t prolabi
v extingui
x perire
y collabi
z uexari
w disperdi

344

a electam
b sacram
c sanctam
d fidelem
e dilectam
f inuiolatam
g uenerandam
h honorandam
i uenerabilem
k incorruptam
l predilectam
m charam
n dulcem
o puram
p uocatam
q catholicam
r christianam
s credentem
t assumptam
v sanctissimam
x purissimam
y dilectissimam
z pulcherrimam
w predestinatam

---

343 o   deturpari] deturbari *Wo, b.*

345

a	partem
b	particulam
c	porcionem
d	hereditatem
e	possessionem
f	amatricem
g	cultricem
h	plebeculam
i	ecclesiolam
k	ecclesiam
l	plebem
m	turbam suam quam
n	ouiculam suam quam
o	ouem
p	nauem
q	nauicula
r	domum
s	domunculam
t	animam
v	mentem
x	tribum
y	plantacionem
z	institucionem
w	conuocacionem

346

a	natiuitate
b	ascensione
c	predicacione
d	humanitate
e	incarnacione
f	circumcisione
g	resurrectione
h	interfectione
i	interempcione
k	passione
l	cruore
m	morte iesu christi
n	nece christi iesu
o	obitu
p	captione
q	captiuitate
r	sanguine
s	doloribus
t	sudoribus
v	laboribus
x	crucifixione
y	flagellacione
z	humilitate
w	paciencia

---

346 i   interempcione] interemcione *W*.

LIBER PRIMVS

219

347

a	dilecti
b	eterni
c	coeterni
d	dulcis
e	sancti
f	amati
g	predulcis
h	predilecti
i	unigeniti
k	monogeniti
l	charissimi
m	chari filii sui
n	unici uerbi sui
o	consimilis
p	sanctissimi
q	sempiterni
r	coessencialis
s	coomnipotentis
t	consubstancialis
v	amantissimi
x	dilectissimi
y	dulcissimi
z	predulcissimi
w	predilectissimi

348

a	pie
b	dulciter
c	potenter
d	benigne
e	uirtuose
f	graciose
g	dignanter
h	liberaliter
i	dulcissime
k	clementer
l	liberalissime
m	pientissime
n	uirtuosissime
o	benignissime
p	clementissime
q	misericordissime
r	indulgentissime
s	misericorditer
t	graciosissime
v	potentissime
x	benigniter
y	gratanter
z	piissime
w	gratis

	349		350	
a	elegit	a	Clamemus	
b	coemit	b	Inclamemus	
c	uocauit	c	Exclamemus	
d	saluauit	d	Proclamemus	
e	reparauit	e	Succlamemus	
f	comparauit	f	Vociferemus	
g	preparauit	g	Ploremus	
h	restaurauit	h	Eiulemus	
i	instaurauit	i	Surgamus	
k	desponsauit	k	Exsurgamus	
l	congregauit	l	Consurgamus	
m	emundauit	m	Resurgamus	igitur ad
n	reconciliauit	n	Reuertamur	nunc ad
o	sublimauit	o	Conuertamur	
p	coronauit	p	Oremus	
q	redemit	q	Exoremus	
r	saluauit	r	Vadamus	
s	liberauit	s	Pergamus	
t	extruxit	t	Accedamus	
v	construxit	v	Procedamus	
x	renouauit	x	Confugiamus	
y	conuocauit	y	Refugiamus	
z	reuocauit	z	Adoremus	
w	expiauit	w	Rogemus	

---

349 r saluauit] eripuit *Wo, b.*

LIBER PRIMVS

351

a   pium
b   bonum
c   sanctum
d   optimum
e   maximum
f   mellifluum
g   largifluum
h   pientissimum
i   piissimum
k   benignum
l   mitissimum
m   dulcissimum
n   clementissimum
o   benignissimum
p   indulgentissimum
q   excelentissimum
r   amantissimum
s   misericordem
t   amabilem
v   largissimum
x   gloriosum
y   graciosum
z   dulcem
w   mitem

352

a   creatorem
b   conditorem
c   saluatorem
d   liberatorem
e   redemptorem
f   plasmatorem
g   uiuificatorem
h   fabricatorem
i   reformatorem
k   formatorem
l   adiutorem
m   auctorem   nostrum iesum
n   deum   nostrum christum
o   opificem
p   regem
q   iudicem
r   dominum
s   ereptorem
t   susceptorem
v   conseruatorem
x   gubernatorem
y   remuneratorem
z   illuminatorem
w   illustratorem

---

351   c   sanctum] sactum *W*.

353

a deuote
b syncere
c quotidie
d continue
e humilime
f deuotissime
g ardentissime
h feruentissime
i instantissime
k fiducialiter
l confidenter
m assidue   dicentes
n pure   dicentes
o recte
p pie
q uere
r ueraciter
s synceriter
t purissime
v humiliter
x ardenter
y feruenter
z affectuose
w cordialiter

354

a O pie
b O dulcis
c O clemens
d O maxime
e O piissime
f O dulcissime
g O pientissime
h O cunctipotens
i O potentissime
k O clementissime
l O benignissime
m O amantissime
n O indulgentissime
o O misericordissime
p O excellentissime
q O gloriosissime
r O uictoriosissime
s O inuictissime
t O fortissime
v O mitissime
x O misericors
y O crucifixe
z O adorande
w O colende

LIBER PRIMVS

223

355

a rex
b rector
c factor
d auctor
e creator
f conditor
g princeps
h imperator
i fabricator
k plasmator
l instaurator
m restaurator
n illuminator
o illustrator
p institutor
q deus
r opifex
s saluator
t dominator
v conseruator
x gubernator
y sanctificator
z moderator
w constitutor

356

a celi
b orbis
c terre
d celorum
e terrarum
f celestium
g terrestrium
h mundialium
i mundanorum
k supercelestium
l uniuersorum
m cunctorum
n omnium
o mundi
p uniuersi
q fidelium
r hominum
s angelorum
t humanitatis
v inuisibilium
x uisibilium
y mortalium
z uiuentium
w corporalium

---

335 a rex] rector *Wo.*

c factor] fauctor *Wo.*

357

a	commisereare	
b	commiserere	
c	propricare	
d	miserere	
e	miserare	
f	adesto	
g	adsis	
h	adsiste	
i	subueni	
k	subuenias	
l	succurrito	
m	subcurras	nobis
n	succurre	nobis
o	occurito	
p	occuras	
q	occure	
r	intende	
s	placare	
t	complacare	
v	auxiliare	
x	benefacito	
y	compatere	
z	adtende	
w	superintende	

358

a	uanis
b	caducis
c	miseris
d	abiectis
e	desolatis
f	misellis
g	infirmis
h	ignauis
i	delibilibus
k	humilimis
l	accidiosis
m	indignis
n	uanissimis
o	humilibus
p	fragilibus
q	miserandis
r	miserabilibus
s	abiectissimis
t	indignissimis
v	pauperrimis
x	miserrimis
y	pauperibus
z	pauperculis
w	inmundis

LIBER PRIMVS

359

a	seruis	
b	famulis	
c	ouiculis	
d	ouibus	
e	seruulis	
f	ministris	
g	cultoribus	
h	oratoribus	
i	amatoribus	
k	creaturis	
l	uocatis	
m	fidelibus	tuis per
n	asseclis	tuis per
o	pueris	
p	saluatis	
q	redemptis	
r	liberatis	
s	conuocatis	
t	coadunatis	
v	seruitoribus	
x	credentibus	
y	christicolis	
z	christianis	
w	baptizatis	

360

a	sacram
b	sanctam
c	sacratam
d	gloriosam
e	preclaram
f	uenerandam
g	uernerabilem
h	memorandam
i	recolendam
k	sacratissimam
l	beatissimam
m	gloriosissimam
n	excelentissimam
o	benignissimam
p	sacrosanctam
q	honorabilem
r	honorificam
s	honorandam
t	salutiferam
v	salutarem
x	laudabilem
y	clarissimam
z	preclaram
w	magnam

361

a	mortem	
b	passionem	
c	doctrinam	
d	institucionem	
e	predicacionem	
f	natiuitatem	
g	incarnacionem	
h	humanitatem	
i	annunciacionem	
k	diuinitatem	
l	deitatem	
m	pietatem	tuam et
n	apparicionem	tuam et
o	concepcionem	
p	circumcisionem	
q	baptizacionem	
r	captiuitatem	
s	flagellacionem	
t	crucifixionem	
v	resurrectionem	
x	coronacionem	
y	ascensionem	
z	dignacionem	
w	miseracionem	

362

a	da	
b	dona	
c	prebe	
d	confer	
e	presta	
f	reuela	
g	exhibe	
h	dones	
i	infunde	
k	condona	
l	condones	
m	infundas	nobis
n	impendas	nobis
o	impendito	
p	impende	
q	concedas	
r	concede	
s	inspira	
t	inspires	
v	aspires	
x	aspiria	
y	immitte	
z	immittas	
w	largire	

---

362 s   inspira] suspiria *Wo.*
     t   inspires] suspiries *Wo.*

LIBER PRIMVS

363

a ueram
b rectam
c puram
d firmam
e assiduam
f continuam
g perpetuam
h integram
i perfectam
k uerissimam
l rectissimam
m purissimam
n firmissimam
o integerrimam
p perfectissimam
q perseuerantem
r indesinentem
s indeficientem
t salutiferam
v salutarem
x synceram
y debitam
z necessariam
w plenam

364

a spem
b fidem
c pacem
d charitatem
e dilectionem
f sanctitatem
g innocenciam
h contricionem
i deuocionem
k conuersionem
l mundiciam
m castitatem   ut tue
n concordiam   ut tue
o pacienciam
p castimoniam
q continenciam
r compunctionem
s obseruanciam
t abstinenciam
v sanctimoniam
x temperanciam
y humilitatem
z bonitatem
w obedienciam

365

a laudabili
b inuisibili
c sempiterne
d inestimabili
e sacrosancte
f sacratissime
g inuictissime
h incommutabili
i incircumscripte
k incircumscriptibili
l incomprehensibili
m profundissime
n excellentissime
o fulgentissime
p gloriosissime
q imperscrutabili
r inexcogitabili
s serenissime
t illustrissime
v sanctissime
x immortali
y inuariabili
z ineffabili
w eterne

366

a pietati
b bonitati
c deitati
d uirtuti
e maiestati
f sapiencie
g diuinitati
h benignitati
i magnitudini
k magnificencie
l omnipotencie
m miseracioni
n dominacioni
o sublimitati
p celsitudini
q uoluntati
r prouidencie
s mansuetudini
t beatitudini
v claritati
x ordinacioni
y dulcedini
z potestati
w pulchritudini

---

365 l   incomprehensibili] incomprehendibili *Wo.*

LIBER PRIMVS

367

a recte
b bene
c deuote
d digne
e condigne
f gratanter
g constanter
h indesinenter
i deuotissime
k incessanter
l laudabiliter
m constantissime
n dignissime
o placidissime
p rectissime
q synceriter
r inculpate
s innocenter
t perpetuo
v iugiter
x semper
y assidue
z continue
w hilariter

368

a seruire
b obsequi
c inseruire
d deseruire
e subseruire
f ministrare
g administrare
h complacere
i reconciliari
k famulari
l militare
m obedire   mereamur et
n uiuere   ualeamus et
o sociari
p associari
q consociari
r coniungi
s presentari
t communicare
v coherere
x adherere
y inherere
z participare
w adesse

---

368 o   sociari] sociari | possimus *Wo.*

369

a	uitam	
b	pacem	
c	lucem	
d	requiem	
e	quietem	
f	gloriam	
g	porcionem	
h	fruicionem	
i	dulcedinem	
k	suauitatem	
l	claritatem	
m	uisionem	cum
n	graciam	cum
o	mansionem	
p	felicitatem	
q	amenitatem	
r	consolacionem	
s	exultacionem	
t	iocunditatem	
v	habitacionem	
x	hereditatem	
y	beatitudinem	
z	tranquillitatem	
w	iubilacionem	

370

a	electis	
b	sanctis	
c	uocatis	
d	seruis	
e	seruulis	
f	famulis	
g	angelis	
h	archangelis	
i	seruitoribus	
k	seruientibus	
l	famulantibus	
m	cultoribus	tuis
n	amicis	tuis
o	apostolis	
p	dilectis	
q	fidelibus	
r	charissimis	
s	amatoribus	
t	confessoribus	
v	predestinatis	
x	preordinatis	
y	martyribus	
z	amicissimis	
w	dilectissimis	

---

369 m cum] cum omnibus *b*.
n cum] una cum *b*.
x hereditatem] iubilationem *b*.
z tranquillitatem] mercedem *b*.
w iubilacionem] leticiam *b*.
370 g angelis] archangelis *b*.
h archangelis] seruitoribus *b*.
i seruitoribus] cultoribus *b*.
k seruientibus] amicis *b*.
l famulantibus] apostolis *b*.
m cultoribus] dilectis *b*.
n amicis] fidelibus *b*.

o apostolis] amatoribus *b*.
p dilectis] charissimis *b*.
q fidelibus] confessoribus *b*.
r charissimis] predestinatis *b*.
s amatoribus] iustificatis *b*.
t confessoribus] martyribus *b*.
v predestinatis] discipulis *b*.
x preordinatis] asseclis *b*.
y martyribus] uernaculis *b*.
z amicissimis] domesticis *b*.
w dilectissimis] iustificatis *b*.

LIBER PRIMVS

371

a	habeamus
b	obtineamus
c	capiamus
d	accipiamus
e	recipiamus
f	suscipiamus
g	concipiamus
h	assequamur
i	consequamur
k	percipiamus
l	contingamus
m	participemus
n	communicemus
o	promereamur
p	nanciscamur
q	introeamus
r	ingrediamur
s	intremus
t	inueniamus
v	sorciamur
x	uideamus
y	cernamus
z	gustemus
w	degustemus

372

a	eternam
b	eternalem
c	perpetuam
d	perennem
e	euiternam
f	sempiternam
g	perennalem
h	incorruptam
i	incorruptibilem
k	incommutabilem
l	supercelestem
m	lucidissimam
n	indeficientem
o	desiderabilem
p	uranicam
q	optatam
r	celestem
s	celorum
t	infinitam
v	lucifluam
x	quietissimam
y	supernam
z	supremam
w	tranquillam

---

371   d   accipiamus] recipiamus *Wo, b.*
     e   recipiamus] accipiamus *Wo, b.*
     g   concipiamus] percipiamus *b.*
     k   percipiamus] mereamur *b.*
     l   contingamus] promereamur *b.*
     m   participemus] nanciscemur *b.*
     n   communicemus] adipiscamur *b.*
     o   promereamur] ingrediamur *b.*
     p   nanciscamur] introiamus *b.*
     q   introeamus] inueniamus *b.*
     r   ingrediamur] reperiamus *b.*
     s   intremus] conspiciamus *b.*
     t   inueniamus] inspiciamus *b.*
     v   sorciamur] possideamus *b.*
     x   uideamus] intueamur *b.*
     y   cernamus] gustemus *b.*
     z   gustemus] degustemus *b.*
     w   degustemus] participemus *b.*
372   b   eternalem] euiternam *b.*
     c   perpetuam] perpetuam *b.*
     d   perennem] sempiternam *b.*

     e   euiternam] perennem *b.*
     f   sempiternam] incorruptam *b.*
     g   perennalem] incorruptibilem *b.*
     h   incorruptam] permansuram *b.*
     i   incorruptibilem] supernaturalem *b.*
     k   incommutabilem] inestimabilem *b.*
     l   supercelestem] celestem *b.*
     m   lucidissimam] infinitam *b.*
     n   indeficientem] interminabilem *b.*
     o   desiderabilem] supercelestem *b.*
     p   uranicam] indeficientem *b.*
     q   optatam] spiritualem *b.*
     r   celestem] intellectualem *b.*
     s   celorum] superintellectualem *b.*
     t   infinitam] incircumscriptibilem *b.*
     v   lucifluam] supereminentem *b.*
     x   quietissimam] superhumanam *b.*
     y   supernam] semper manentem *b.*
     z   supremam] ineffabilem *b.*
     w   tranquillam] incommutabilem *b.*

232   POLYGRAPHIA IOANNIS TRITEMII

	373		374
a	O uita	a	omnium
b	O spes	b	cunctorum
c	O salus	c	uniuersorum
d	O rector	d	credentium
e	O amator	e	christianorum
f	O saluator	f	christicolarum
g	O redemptor	g	ecclesiasticorum
h	O moderator	h	catholicorum
i	O consolator	i	ortodoxorum
k	O gubernator	k	fidelium
l	O plasmator	l	pauperum
m	O uiuificator	m	egenorum
n	O illuminator	n	piorum
o	O illustrator	o	hominum
p	O dulcedo	p	humilium
q	O susceptor	q	deuotorum
r	O imperator	r	penitencium
s	O pater	s	contritorum
t	O rex	t	compunctorum
v	O merces	v	gementium
x	O consolacio	x	mortalium
y	O defensor	y	uiuentium
z	O conseruator	z	animarum
w	O confortator	w	miserorum

christe iesu
iesu christe

---

373 r   O imperator] O conseruator *b*.
   s   O pater] O imperator *b*.
   t   O rex] O merces *b*.
   v   O merces] O princeps *b*.
   x   O consolacio] O pater *b*.
   y   O defensor] O rex *b*.
   z   O conseruator] O defensor *b*.
   w   O confortator] O remunerator *b*.

374 p   humilium] mortalium *b*.
   q   deuotorum] humilium *b*.
   r   penitencium] deuotorum *b*.
   s   contritorum] penitentium *b*.
   t   compunctorum] contritorum *b*.
   x   mortalium] uiuentium *b*.
   y   uiuentium] plorantium *b*.
   z   animarum] miserorum *b*.
   w   miserorum] confidentium *b*.

LIBER PRIMVS

233

375

a	crucifixe	
b	nazarene	
c	iustissime	
d	fortissime	
e	amantissime	
f	clementissime	
g	benignissime	
h	excellentissime	
i	gloriosissime	
k	pientissime	
l	dulcissime	
m	piissime	nos
n	mitissime	nos
o	sanctissime	
p	clarissime	
q	charissime	
r	suauissime	
s	potentissime	
t	colendissime	
v	sapientissime	
x	misericordissime	
y	indulgentissime	
z	inuictissime	
w	uictoriosissime	

376

a	infirmi
b	miserrimi
c	miserandi
d	miserabiles
e	immundi
f	sordidissimi
g	uanissimi
h	fragiles
i	miselli
k	miseri
l	inutiles
m	indigni
n	ignaui
o	uani
p	stulti
q	sordidi
r	pauperes
s	pauperrimi
t	culpabiles
v	abiectissimi
x	infelicissimi
y	infirmissimi
z	indignissimi
w	ignauissimi

---

376 a   infirmi] miseri *b*.
    b   miserrimi] infirmi *b*.
    d   miserabiles] miserrimi *b*.
    e   immundi] miserabiles *b*.
    f   sordidissimi] immundi *b*.
    g   uanissimi] sordidissimi *b*.
    h   fragiles] uanissimi *b*.
    i   miselli] fragiles *b*.
    k   miseri] miselli *b*.
    p   stulti] uani *b*.

q   sordidi] uagissimi *b*.
r   pauperes] iniquissimi *b*.
s   pauperrimi] stultissimi *b*.
t   culpabiles] stulti *b*.
v   abiectissimi] fatui *b*.
x   infelicissimi] fatuelli *b*.
y   infirmissimi] inopes b.
z   indignissimi] pauperes b.
w   ignauissimi] indignissimi *b*.

377

a	serui	
b	seruuli	
c	famuli	
d	cultores	
e	seruitores	
f	sacerdotes	
g	christiani	
h	christicole	
i	amatores	
k	adoratores	
l	hierophantes	
m	ueneratores	tui
n	homunciones	tui
o	famulatores	
p	predicatores	
q	ministratores	
r	inuocatores	
s	debitores	
t	oratores	
v	fideles	
x	pueri	
y	exules	
z	confessores	
w	laudatores	

378

a	magnam
b	diuinam
c	maximam
d	gloriosam
e	superdiuinam
f	dignissimam
g	uenerabilem
h	uenerandam
i	honorabilem
k	laudabilem
l	honorandam
m	sempiternam
n	euiternam
o	perennem
p	infinitam
q	perpetuam
r	sacram
s	sanctam
t	sanctissimam
v	sacrosanctam
x	sacratissimam
y	inexplicabilem
z	inestimabilem
w	ineffabilem

LIBER PRIMVS

379

a	uirtutem	
b	perfectionem	
c	maiestatem	
d	clemenciam	
e	dulcedinam	
f	benignitatem	
g	miseracionem	
h	misericordiam	
i	mansuetudinem	
k	beatitudinem	
l	bonitatem	
m	graciam	tuam
n	pietatem	tuam
o	charitatem	
p	dilectionem	
q	serenitatem	
r	humanitatem	
s	munificenciam	
t	largitatem	
v	mitatem	
x	suauitatem	
y	claritatem	
z	celsitudinem	
w	excellenciam	

380

a	deuote
b	deuotius
c	supplices
d	ardenter
e	suppliciter
f	feruenter
g	instanter
h	instantius
i	constanter
k	constantius
l	instantissime
m	constantissime
n	feruentissime
o	ardentissime
p	diligentissime
q	deuotissime
r	humilime
s	humiliter
t	fiducialiter
v	confidenter
x	reuerenter
y	prostrati
z	cernui
w	assidue

381

a	oramus	
b	exoramus	
c	petimus	
d	expetimus	
e	adoramus	
f	postulamus	
g	expostulamus	
h	interpellamus	
i	imploramus	
k	inuocamus	
l	deprecamur	
m	precamur	ut
n	rogamus	ut
o	poscimus	
p	quesumus	
q	exposcimus	
r	deposcimus	
s	flagitamus	
t	efflagitamus	
v	contestamur	
x	concupiscimus	
y	desideramus	
z	affectamus	
w	cupimus	

382

a	dimittas	
b	remittas	
c	indulgeas	
d	abscondas	
e	obliuiscaris	
f	mundifices	
g	purifices	
h	emundes	
i	expurges	
k	emendes	
l	abluas	
m	diluas	quod contra
n	deleas	quod contra
o	laues	
p	laxes	
q	relaxes	
r	purges	
s	auferas	
t	concedas	
v	postponas	
x	condones	
y	corrigas	
z	sustollas	
w	dissimules	

---

381 n ut] quatinus *b*.
382 n quod contra] quicquid contra *b*.

LIBER PRIMVS

383

a iusticiam
b pietatem
c bonitatem
d clemenciam
e dulcedinem
f rectitudinem
g mansuetudinem
h longanimitatem
i ordinacionem
k iustificacionem
l uoluntatem
m maiestatem   tuam male
n doctrinam   tuam inique
o legem
p iussionem
q equitatem
r pacienciam
s sanctitatem
t integritatem
v diuinitatem
x celsitudinem
y institucionem
z benignitatem
w predicacionem

384

a egimus
b gessimus
c peregimus
d patrauimus
e perpetrauimus
f desiderauimus
g concupiuimus
h pretermisimus
i affectauimus
k intermisimus
l commisimus
m omisimus   amen
n dileximus   amen
o cupiuimus
p amauimus
q curauimus
r peccauimus
s deliquimus
t offendimus
v negleximus
x practicauimus
y recogitauimus
z cogitauimus
w admisimus

[1]FInem adesse primi polygraphie nostre gaudemus, ad maiora prosperati ausum carpentes. [2]Turbant enim facile cuiuslibet noue adinuencionis principia mentem, que perfundata feliciter magnam rursus confidenciam prestant. [3]Vnde primum rite absoluentes librum trecentis octoginta quatuor mundum distinximus alphabetis sub christianorum religione sanctissima non sine ordine pulcherrimo ducentis supra nouem milibus post sex decem periodos nimis laboriose peruagantes, quo nihil desit nostrarum adinuencionum studiosis, qui magno prefecti orbis imperio in rebus arduis atque archanis fidem subiectorum plerumque habent necessario suspectam. [4]Omnia uero, que continentur in orbe, procedunt a puncto, qui athomus indiuisibilis lineam infinite longitudinis constituit rectam, et sine reflexu consurgit in orbem. [5]Quociens igitur cunque lineam a puncto digrediens in circulum perduxeris, si spiritu ferues ampliore, ad principium reuertaris necesse. [6]Nec reuereare pudorem, si diem atque noctem continue non deprehenderis in eodem puncto ad finem, sed spheras artificiose considera planetarum, sciens, quod in creacione dierum uespere et mane factus est dies unus. [7]Quo circa uespere consumato diem periodo confige proximo in luce, cum adest, uel, si desit, in primum solis punctum, aut, si malueris, in alium, qui magis conueniet racioni. [8]Inter diem et noctem appropinquante iam uespere notam apponito gradui, si uel solis uel lune interuenerit eclypsis minor, pro dimidia duracione punctis duobus. [9]Verum quo hanc superare difficultatem queas, omnes tocius mundi reuoluciones magnas gradibus distinguito arithmeticis, et, ubi dies pro nocte repetitur, gradum affigito, et utriusque semper manifesta erit eclypsacio tempore sempiterno. [10]Nam ad hoc literas alphabeti singulis dictionibus synsemanticis a capite apposuimus, ut operantem in hac speculacione a labore arithmetice releuaremus. [11]Nec dubita lector, uolumus, quocunque libuerit, perges tute atque secure ad quaslibet mundi regiones hac demonstracione adinuencionis nostre formatus, et, quod multi ante nos frustra conati sunt, solem in nocte uidebis tibi lucentem sicut in die. [12]Vnum caue, precamur, ne hoc secretum peruersis ostendas. [13]Finis libri primi polygraphie Ioannis tritemii abbatis xii die mensis februarii. Anno christianorum **M.D.viii.**

[14]Ἰωάννης ὁ τριτήμιος γέγραφα

1–2 ausum] cursum *Wo.*   3 rursus] cursus *C, Wo.*   5 distinximus] distinximis *C.*   8 magno] magni *Wo.*   11 longitudinis] longitudimis *Wo.* ‖ sine] fine *C.*   13 ampliore] anteriore *Wo.* ‖ necesse] necesse est *Wo.* ‖ reuereare] uereare *Wo.*   15 spheras] speras *Wo.*   17 luce] lucem *Wo.*   19 iam] *nicht in C.*   22 gradibus] gradui *C.* ‖ nocte] noctibus *über der Zeile* nocte *C.*   23 eclypsacio] eclypsacos *C,* ecclipsiacio *Wo.*   26 lector] lector te *Wo.* ‖ libuerit] uolueris *Wo.* ‖ tute] *über der Zeile nachgetragen C.*   29 uidebis] uides *Wo.*   32 Ἰωάννης ὁ τριτήμιος γέγραφα] *nur W.*

PREFACIO IN SECVNDVM LIBRVM   239

In secundum polygraphie librum Ioannis tritemii abbatis diui iacobi herbipolensis prefacio sequitur.

[1]A Primo, quod est supra omnem numeri posicionem, producta sunt omnia,
que uel numero uel ordine continentur; cuius nomen est ipsum, quod colimus,
benedicimus et adoramus in seculum. [2]Infinitum est rerum omnium inacces-   5
sibile principium, ad cuius agnicionem mediatore uerbo eternitatis reducti
sumus fideles quicunque mortales. [3]Ipsum igitur saluantem nos arte charitatis pro uiribus imitantes cognicionem ad unitatem ordinamus, quamque indi-
uiduorum nos multitudo non parum impedire uideatur. [4]Ob id enim nostre
adinuencionis mysterium primi sub christi doctrina ponendum constituimus,   10
quo nos fideles declarantes in cognicione uiam studiosis per caput omnium
ad membra queque preberemus. [5]Quicquid enim in mundo cernitur, quicquid
in uniuerso continetur, miraculo plenum est, nostreque institucioni per omnia
consentaneum, ut nihil penitus reperiatur in natura, quod nostra sit uacuum
ab arte. [6]Nos igitur in binario consistentes racione tenemur inter totum et   15
particulam minutissimam inexplicabilem differenciam precogitantes. [7]Neque
enim, ut supra conaremur, ad particularia incitans nobis dabatur occasio, quam
quisquis dederit in posterum, que dicimus, fiet, ut intelligat, quoniam sine
causa nihil fieri potest. [8]Secundum ergo polygraphie nostre librum primo comparantes eiusdem forme racionem sequemur; ministros lucifluos archani ad   20
sacram parthenicen octo supra trecentos sub ordine localiter componentes,
quorum dominio subiicitur, quicquid in uniuerso mundo cogitatur. [9]Nitorem
nostris lucubracionibus studiosa dabit posteritas, cui fatemur ingenue rudem
cecinisse camenam abbatem tritemium. [10]Primi sumus etenim huius adinuencionis positores, qui ueterum inuentis necessario cedimus gracia honestatis.   25
[11]Nam, ut uerum sit, constat ab origine mundi cuiuslibet noue adinuencionis
rudiora semper fuisse principia, sed tempore et usu policioris forme studioso-
rum cogitacione uultum induerunt. [12]Simile nobis in hac polygraphia si proue-
nerit cum inuentoribus nouorum utilium, honeste quiescemus, sin uero limam
adhibuerit nemo neque dispendium sentiemus laborum. [13]Ex peapoli ciuitate   30
francorum scripsi xii die mensis februarii. Anno christianorum. **M.D.** octauo.

Liber polygraphie secundus Ioannis tritemii abbatis diui iacobi herbipolensis
in nomine christi incipit.

---

2 sequitur] *nicht in Wo.*   8 quamque] quanque *Wo.*   12 Quicquid] Quidquid *C.*   15 racione]
nicht in Wo.   18 dicimus] *über der Zeile nachgetragen C.*   24 tritemium] trittemium *C.*   31 scri-
psi] *nicht in C.*

	1		2	
a	Ortum	a	intacte	
b	Vitam	b	beatissime	
c	Mores	c	intemerate	
d	Merita	d	incontaminate	
e	Laudes	e	innocentissime	
f	Prosapiam	f	splendidissime	
g	Originem	g	fulgentissime	
h	Preconia	h	modestissime	
i	Progeniem	i	honestissime	
k	Genealogiam	k	salutifere	
l	Parentelam	l	inuiolate	
m	Integritatem	m	beate	uirginis marie
n	Virginitatem	n	sacre	uirginis marie
o	Castimoniam	o	sancte	
p	Castitatem	p	sacrate	
q	Iusticiam	q	sanctissime	
r	Pietatem	r	pudicissime	
s	Virtutes	s	purissime	
t	Charitatem	t	speciosissime	
v	Sanctitatem	v	pientissime	
x	Institucionem	x	benignissime	
y	Pulchritudinem	y	serenissime	
z	Benignitatem	z	dulcissime	
w	Misericordiam	w	mitissime	

---

2   n   uirginis marie] mariæ uirginis *b*.

LIBER SECVNDVS

3

a matris
b nutricis
c lactricis
d parentis
e genitricis
f conceptricis
g portatricis
h baiulatricis
i productricis
k susceptricis
l educatricis
m thalami
n armarii
o sacrarii
p altricis
q templi
r arche
s sponse
t lactantis
v pastricis
x tabernaculi
y ergastherii
z gazophilacii
w architriclinii

4

a coequalis
b coessencialis
c consubstancialis
d inaccessibilis
e immutabilis
f incommutabilis
g incomprehensibilis
h inexcogitabilis
i inestimabilis
k indeficientis
l sempiterni
m ineffabilis filii
n coeterni uerbis
o eterni
p dilecti
q perennis
r unigeniti
s monogeniti
t coexistentis
v immortalis
x amantissimi
y charissimi
z dulcissimi
w fortissimi

---

4 d inaccessibilis] impassibilis *b*.

5

a	summi	
b	optimi	
c	maximi	
d	omnipotentis	
e	cunctipotentis	
f	pientissimi	
g	potentissimi	
h	robustissimi	
i	incircumscriptibilis	
k	insuperabilis	
l	felicissimi	
m	altissimi	dei patris o
n	clarissimi	dei patris o
o	excellentis	
p	clementissimi	
q	benignissimi	
r	supercelestis	
s	supereminentis	
t	supersubstancialis	
v	superessencialis	
x	supersancti	
y	superboni	
z	supremi	
w	superni	

6

a	socii	
b	amici	
c	fratres	
d	confratres	
e	commilitones	
f	conchristicole	
g	conchristiani	
h	concatholici	
i	confideles	
k	consodales	
l	consocii	
m	monachi	mei
n	claustrales	mei
o	conmonachi	
p	conclaustrales	
q	consacerdotes	
r	conpresbyteri	
s	presbyteri	
t	compastores	
v	pastores	
x	commortales	
y	contubernales	
z	concredentes	
w	conuiuentes	

LIBER SECVNDVS

7

a optimi
b mitissimi
c dulcissimi
d fortissimi
e doctissimi
f charissimi
g amantissimi
h studiosissimi
i eruditissimi
k uigilantissimi
l sollertissimi
m dilectissimi
n amenissimi
o cautissimi
p humilimi
q deuotissimi
r honestissimi
s uirtuosissimi
t prestantissimi
v precharissimi
x laboriosissimi
y pacientissimi
z nobilissimi
w prudentissimi

8

a deuote
b assidue
c libenter
d continue
e continuo
f feruenter
g humiliter
h humilime
i deuotissime
k incessanter
l indesinenter
m ardentissime
n feruentissime
o constantissime
p iocundissime
q libentissime
r constanter
s feruentius
t ardencius
v iocundius
x quotidie
y iugiter
z hilariter
w semper

POLYGRAPHIA IOANNIS TRITEMII

9

a	celebremus	
b	concelebremus	
c	honoremus	
d	honorificemus	
e	commemoremus	
f	magnificemus	
g	adnunciemus	
h	glorificemus	
i	collaudemus	
k	exaltemus	
l	cantemus	
m	decantemus	quoniam ipsa est
n	canamus	nam ipsa est
o	enarremus	
p	cogitemus	
q	festiuemus	
r	predicemus	
s	depromamus	
t	modulemur	
v	benedicemus	
x	extollamus	
y	ueneremur	
z	colamus	
w	recolamus	

10

a	reparacio	
b	reparatrix	
c	consolacio	
d	consolatrix	
e	conseruacio	
f	conseruatrix	
g	recuperacio	
h	recuperatrix	
i	restauracio	
k	restauratrix	
l	instauracio	
m	instauratrix	omnium
n	innouatrix	omnium
o	innouacio	
p	renouacio	
q	renouatrix	
r	uiuificacio	
s	uiuificatrix	
t	sanctificacio	
v	sanctificatrix	
x	iustificatrix	
y	iustificacio	
z	saluatrix	
w	saluacio	

---

10   x   iustificatrix] iustificacio *Wo, b.*

      y   iustificacio] iustificatrix *Wo, b.*

      z   saluatrix] saluatio *Wo, b.*

      w   saluatio] saluatrix *Wo, b.*

LIBER SECVNDVS

11

a	nostrum	
b	uestrum	
c	bonorum	
d	sanctorum	
e	iustorum	
f	electorum	
g	credentium	
h	ordinum	
i	fidelium	
k	humilium	
l	rectorum	
m	piorum	per quam
n	deuotorum	per quam
o	mentium	
p	animarum	
q	saluandorum	
r	christianorum	
s	christicolarum	
t	penitenciarum	
v	ortodoxorum	
x	catholicorum	
y	mortalium	
z	uiuencium	
w	hominum	

12

a	porta	
b	aditus	
c	accessus	
d	reditus	
e	transitus	
f	introitus	
g	ingressus	
h	regressus	
i	progressus	
k	ascensus	
l	conscensus	
m	ianua	nobis ad
n	strata	nobis ad
o	uia	
p	iter	
q	semita	
r	facultas	
s	ducatus	
t	confidencia	
v	commeatus	
x	manuductio	
y	transimigracio	
z	emigracio	
w	introductio	

---

11   q   saluandorum] saluadorum *b*.

13

a uitam
b lucem
c leticiam
d felicitatem
e amenitatem
f consolacionem
g beatudinem
h iocunditatem
i participacionem
k communionem
l communicacionem
m tranquillitatem
n remuneracionem
o habitacionem
p exultacionem
q possessionem
r hereditatem
s mansionem
t fruicionem
v claritatem
x gloriam
y requiem
z uisionem
w quietem

14

a datur
b patet
c patefit
d patescit
e patebit
f aperitur
g paratur
h reparatur
i conceditur
k condonatur
l contribuitur
m demonstratur
n ministratur
o retribuitur
p reformatur
q tribuitur
r redditur
s donatur
t redonatur
v reseratur
x exhibetur
y ostenditur
z declaratur
w monstratur

LIBER SECVNDVS

15

a eternam
b eternalem
c euiternam
d sempiternam
e apostolicam
f supercelestem
g inaccessibilem
h incommutabilem
i interminabilem
k superessencialem
l immarcessibilem
m supernaturalem
n supernorum
o apostolorum
p angelorum
q martyrum
r supernam
s perpetuam
t sanctorum
v electorum
x celestem
y perennem
z spiritualem
w perennalem

16

a O beata
b O sancta
c O intacta
d O lucida
e O perpetua
f O inuiolata
g O benedicta
h O intemerata
i O incontaminata
k O beatissima
l O sanctissima
m O lucidissima   et
n O ueneranda   et
o O gloriosa
p O precelsa
q O speciosa
r O graciosa
s O spectabilis
t O uenerabilis
v O graciosissima
x O gloriosissima
y O speciosissima
z O tersanctissima
w O quater sanctissima

17

a	piissima	
b	splendida	
c	pientissima	
d	dulcissima	
e	sempiterna	
f	benignissima	
g	misericordissima	
h	splendidissima	
i	fulgentissima	
k	honestissima	
l	uenustissima	
m	felicissima	uirgo
n	castissima	uirgo
o	ornatissima	
p	serenissima	
q	illustrissima	
r	nobilissima	
s	pulcherrima	
t	pudicissima	
v	potentissima	
x	clementissima	
y	innocentissima	
z	fecundissima	
w	mitissima	

18

a	mater
b	nutrix
c	ductrix
d	lucerna
e	lumen
f	patrona
g	aduocata
h	adiutrix
i	mediatrix
k	promotrix
l	auxiliatrix
m	defensatrix
n	preseruatrix
o	conseruatrix
p	interuentrix
q	refocillatrix
r	consolatrix
s	saluatrix
t	liberatrix
v	amatrix
x	domina
y	regina
z	fautrix
w	imperatrix

LIBER SECVNDVS

249

19

a inopum
b exulum
c flencium
d fidelium
e pauperum
f egenorum
g omnium
h cunctorum
i humilium
k credentium
l uniuersorum
m christicolarum que
n christianorum que
o suplicancium
p lachrymantium
q infirmantium
r compunctorum
s contritorum
t penitencium
v lugencium
x uiuencium
y mortalium
z hominum
w fragilium

20

a uicio
b culpe
c delicto
d peccato
e macule
f reatui
g excessui
h facinori
i crimini
k peccamini
l sceleri
m noxe numquam
n neuo numquam
o flagicio
p malicie
q displicencie
r negligencie
s transgressioni
t indignacioni
v temptacioni
x uanitati
y ire dei
z offensioni
w uoluptati

---

20 m   numquam] minime *b*.

21

a	subiecta
b	inuioluta
c	innodata
d	corrupta
e	submersa
f	immersa
g	debitrix
h	submissa
i	consensisti
k	concessisti
l	indulsisti
m	assensisti — sed
n	detulisti — sed
o	adhesisti
p	inhesisti
q	sorduisti
r	polluta
s	contacta
t	attaminata
v	contaminata
x	deturpata
y	denigrata
z	maculata
w	fedata

22

a	pura
b	munda
c	innocens
d	immunis
e	innoxia
f	impolluta
g	purissima
h	clarissima
i	mundissima
k	lucidissima
l	inculpabilis
m	iustissima — et
n	inuiolata — et
o	sanctissima
p	innocentissima
q	immaculata
r	incontaminata
s	fulgentissima
t	speciosissima
v	pulcherrima
x	splendidissima
y	speciosa
z	pulchra
w	lucida

---

21 b inuiolata] inuoluta *W*.
22 m et] et semper *b*.
  n et] semperque *b*.

LIBER SECVNDVS

23

a	munita	
b	premunita	
c	communita	
d	preseruata	
e	preseruatissima	
f	reseruatissima	
g	premunitissima	
h	communitissima	
i	confirmatissima	
k	immunitissima	
l	remotissima	
m	alienissima	semper
n	liberrima	semper
o	exemptissima	
p	exempta	
q	remota	
r	aliena	
s	procul	
t	libera	
v	custodita	
x	defensata	
y	segregata	
z	confirmata	
w	priuilegiata	

24

a	uixisti	
b	fulsisti	
c	mansisti	
d	permansisti	
e	remansisti	
f	perseuerasti	
g	resplenduisti	
h	refloruisti	
i	splenduisti	
k	floruisti	
l	enituisti	
m	extitisti	ab omni
n	fuisti	ab omni
o	durasti	
p	rutilasti	
q	emicuisti	
r	perdurasti	
s	choruscasti	
t	claruisti	
v	processisti	
x	illuxisti	
y	euasisti	
z	luxisti	
w	reluxisti	

23　k　immunitissima] immunis *b*.
m/n semper] *nicht in C, Wo, b*.

25

a	labe	
b	noxa	
c	sorde	
d	culpa	
e	reatu	
f	excessu	
g	macula	
h	putredine	
i	pollucione	
k	uanitate	
l	fetore	
m	uicio	peccati nos
n	neuo	peccati nos
o	uredine	
p	fedacione	
q	displicencia	
r	contractione	
s	corrupcione	
t	immundicia	
v	preuaricacione	
x	offensione	
y	turpitudine	
z	incursione	
w	commissione	

26

a	miseri
b	fragiles
c	miserrimi
d	miserandi
e	miserabiles
f	commiserandi
g	indignissimi
h	corruptibiles
i	corruptissimi
k	iniquissimi
l	uanissimi
m	turpissimi
n	iniustissimi
o	abiectissimi
p	infelicissimi
q	sordidissimi
r	immundi
s	humiles
t	infirmi
v	pauperes
x	inutiles
y	caduci
z	iniusti
w	abiecti

LIBER SECVNDVS

27

a homines
b homunciones
c christicole
d christiani
e catholici
f ortodoxi
g fideles
h uermes
i mortales
k iuuentes
l credentes
m creduli
n debitores
o peccatores
p uermiculi
q ecclesiastici
r claustrales
s regulares
t monachi
v canonici
x populares
y uulgares
z seculares
w carnales

28

a omnipotentis
b cunctipotentis
c omnitenentis
d omniscientis
e superlucentis
f immortalis
g sempiterni
h inestimabilis
i indeficientis
k ineffabilis
l dulcissimi
m pientissimi
n charissimi
o clarissimi
p mitissimi
q amantissimi
r dilectissimi
s clementissimi
t benignissimi
v excellentissimi
x incommutabilis
y incomprehensibilis
z supercelestis
w gloriosissimi

filii tui
nati tui

29

a creatoris
b conditoris
c fabricatoris
d plasmatoris
e gubernatoris
f conseruatoris
g redemptoris
h uiuificatoris
i moderatoris
k liberatoris
l directoris
m rectoris   omnium
n auctoris   uniuersorum
o motoris
p promotoris
q productoris
r imperatoris
s ordinatoris
t illuminatoris
v illustratoris
x nutritoris
y principis
z iudicis
w opificis

30

a serui
b seruuli
c creature
d clientuli
e seruitores
f sacerdotes
g hierophantes
h ministratores
i predicatores
k famulatores
l auditores
m famuli   licet inutiles
n cultores   ualde parui
o discipuli
p precones
q amatores
r adoratores
s ueneratores
t obsequiosi
v imitatores
x sequaces
y oratores
z ministri
w assecle

LIBER SECVNDVS

31

a solitam
b magnam
c ingentem
d consuetam
e maximam
f permaximam
g inexhaustam
h ditissimam
i locupletem
k indeficientem
l locupletissimam
m opulentissimam
n incomparabilem
o inexhauribilem
p supereffluentem
q promptissimam
r inestimabilem
s incredibilem
t ineffabilem
v mitissimam
x promptam
y diuitem
z innatam
w insitam

32

a pietatem
b clemenciam
c charitatem
d dulcedinem
e miseracionem
f benignitatem
g misericordiam
h commiseracionem
i mansuetudinem
k dilectionem
l suauitatem
m graciam   tuam
n bonitatem   tuam
o ubertatem
p maternitatem
q fecunditatem
r affluenciam
s abundanciam
t graciositatem
v serenitatem
x sanctitatem
y maiestatem
z humanitatem
w munificenciam

33

a	deuote
b	ardenter
c	continue
d	humiliter
e	humilime
f	deuotissime
g	ardentissime
h	instantissime
i	feruentissime
k	cordialissime
l	desiderantissime
m	affectuosissime
n	lachrymabiliter
o	lachrymanter
p	reuerentissime
q	desideranter
r	cordialiter
s	feruenter
t	confidenter
v	reuerenter
x	suppliciter
y	supplices
z	humiles
w	fiducialiter

34

a	oramus	
b	petimus	
c	exoramus	
d	precamur	
e	expetimus	
f	deprecamur	
g	inuocamus	
h	imploramus	
i	efflagitamus	
k	flagitamus	
l	adoramus	
m	rogamus	ne
n	quesumus	ne
o	pulsamus	
p	aduocamus	
q	rogitamus	
r	postulamus	
s	expostulamus	
t	interpellamus	
v	deposcimus	
x	exposcimus	
y	poscimus	
z	suspiramus	
w	querimus	

LIBER SECVNDVS

35

a spernas
b spreueris
c spernito
d despicias
e despicito
f despexeris
g contemnas
h contemnito
i contempseris
k paruipendas
l paruipenderis
m floccipenderis   nos
n abomineris   nos
o floccipendas
p uilipenderis
q obliuiscaris
r uilipendas
s abieceris
t abiicias
v proiicias
x abneges
y abnegaueris
z derelinquas
w confundas

36

a infirmissimos
b corruptissimos
c corruptibiles
d contemptibiles
e homunciones
f homines
g pauperes
h infelices
i fragiles
k caducos
l uanos
m desides   propterea quod
n uiles   ideo quia
o pigros
p egenos
q inopes
r ignauos
s miseros
t misellos
v miserrimos
x miserandos
y miserabiles
z perditos
w desolatos

37

a	mali	
b	polluti	
c	iniusti	
d	iniqui	
e	scelerati	
f	carnales	
g	criminosi	
h	peccantes	
i	peccatores	
k	imperfecti	
l	immundi	
m	maculati	sumus sed
n	maliciosi	existimus sed
o	praui	
p	obtusi	
q	uiciosi	
r	accidiosi	
s	maculosi	
t	culpabiles	
v	negligentes	
x	delinquentes	
y	iniquissimi	
z	iniustissimi	
w	fragiles	

38

a	reminiscaris	
b	reminiscare	
c	reminiscere	
d	memineris	
e	rememorare	
f	memorare	
g	memor esto	
h	memor sis	
i	memento	
k	considera	
l	recogita	
m	cogita	quia nisi
n	pensa	quoniam nisi
o	aspice	
p	respice	
q	inspice	
r	conspcie	
s	pensato	
t	adtende	
v	adtendas	
x	adtendito	
y	aduertas	
z	aduertito	
w	animaduerte	

---

38   e   rememorare] memorare *Wo, b.*
      f   memorare] memor esto *Wo, b.*
      g   memor esto] memor sis *Wo, b.*
      h   memor sis] memento *Wo, b.*
      i   memento] considera *Wo, b.*
      k   considera] recogita *Wo, b.*
      l   recogita] cogita *Wo, b.*
      m   cogita] pensa *Wo, b.*
      n   pensa] aspice *Wo, b.*
      o   aspice] rememorare *Wo, b.*

LIBER SECVNDVS

39

a fuissent
b extitissent
c cecidissent
d corruissent
e deliquissent
f apostatassent
g effecissent
h peccassent
i fecissent
k essent
l errassent
m deuiassent
n errauissent
o deuiauissent
p oberrauissent
q aberrauissent
r oberrassent
s aberrassent
t offendissent
v lapsi essent
x excidissent
y excessissent
z degenerassent
w degenerauissent

40

a mortales
b homines
c uiuentes
d carnales
e parentes
f protoparentes
g peccatores
h mundani
i mundiales
k terrestres
l terreni
m infirmi   in tali tu
n miseri   tu in tali
o iniusti
p iniqui
q noxii
r nocentes
s fragiles
t imbecilles
v miserandi
x miserabiles
y primiparentes
z protoplasti
w transgressores

41

a potestate
b honore
c maiestate
d dignitate
e eminencia
f preminencia
g honorificencia
h magnificencia
i excellencia
k prerogatiua
l principatu
m potencia   nequaque
n gloria   minime
o statu
p cultu
q claritate
r celsitudine
s beatitudine
t pulchritudine
v sublimitate
x exaltacione
y ueneracione
z dominio
w magnitudine

42

a fulgeres
b regnares
c refulgeres
d choruscares
e resplenderes
f splenderes
g rutilares
h radiares
i resideres
k luceres
l niteres
m eniteres
n existeres
o esses
p gauderes
q letareris
r tripudiares
s triumphares
t habereris
v imperares
x preualeres
y colereris
z exultares
w consisteres

LIBER SECVNDVS

43

a	Infirmitatem	
b	Valitudinem	
c	Fragilitatem	
d	Insufficienciam	
e	Deficienciam	
f	Indigenciam	
g	Debilitatem	
h	Defectionem	
i	Miseriam	
k	Egestatem	
l	Inopiam	
m	Causam	igitur
n	Egenciam	itaque
o	Ruinam	
p	Ceritatem	
q	Calamitatem	
r	Deiectionem	
s	Infelicitatem	
t	Erumnam	
v	Condicionem	
x	Ignoranciam	
y	Paupertatem	
z	Desolacionem	
w	Afflictionem	

44

a	nostram	
b	nostrum	
c	nostrorum	
d	omnium	
e	cunctorum	
f	singulorum	
g	uniuersorum	
h	hominum	
i	credencium	
k	mortalium	
l	uiuentium	
m	terrestrium	o maria
n	carnalium	o maria
o	exulantium	
p	peregrinorum	
q	peregrinantium	
r	lachrymantium	
s	infirmancium	
t	gementium	
v	clamantium	
x	plorancium	
y	supplicancium	
z	deprecancium	
w	postulantium	

45

a	castissima
b	beatissima
c	pudicissima
d	sanctissima
e	speciosissima
f	pulcherrima
g	potentissima
h	gloriosissima
i	preclarissima
k	clarissima
l	purissima
m	uenerabilis	uirgo
n	dulcissima	uirgo
o	pientissima
p	predulcissima
q	clementissima
r	benignissima
s	fecundissima
t	florentissima
v	colendissima
x	innocentissima
y	excelentissima
z	fulgentissima
w	mitissima

46

a	regina
b	mater
c	domina
d	princeps
e	patrona
f	aduocata
g	consolacio
h	reparacio
i	reparatrix
k	consolatrix
l	refugium
m	presidium	omnium
n	auxilium	omnium
o	adiutorium
p	auxiliatrix
q	adiutrix
r	speculum
s	confugium
t	confidencia
v	fiducia
x	leticia
y	spes
z	decus
w	gaudium

---

46 n   auxilium] auxlium *W*.

LIBER SECVNDVS

47

a	nostrum
b	fidelium
c	bonorum
d	mortalium
e	uiuentium
f	credentium
g	christianorum
h	christicolarum
i	penitencium
k	terrestrium
l	creaturarum
m	hominum
n	angelorum
o	sanctorum
p	iustorum
q	piorum
r	humilium
s	sperantium
t	catholicorum
v	ortodoxorum
x	pauperum
y	exulum
z	deuotorum
w	contritorum

tociusque
ac tocius

48

a	fons
b	urna
c	archa
d	putens
e	riuulus
f	fluuius
g	scaturigo
h	domicilium
i	principium
k	fundamentum
l	profluuium
m	profundum
n	umbraculum
o	triclinium
p	habitaculum
q	habitacio
r	mansio
s	ortus
t	ortulus
v	sacrarium
x	cenaculum
y	paradysus
z	ergasterium
w	promptuarium

	49		50
a	pacis	a	pie
b	gracie	b	piissime
c	pietatis	c	benigne
d	puritatis	d	clementer
e	charitatis	e	benignius
f	dilectionis	f	benigniter
g	indulgencie	g	clementius
h	misericordie	h	fauorabiliter
i	miseracionis	i	benignissime
k	consolacionis	k	clementissime
l	pulchritudinis	l	misericorditer
m	innocencie	m	dignantissime
n	uenustatis	n	pientissime
o	uirtutis	o	dignanter
p	bonitatis	p	incessanter
q	salutis	q	continue
r	felicitatis	r	quotidie
s	sanctitatis	s	assidue
t	humilitatis	t	iugiter
v	beatitudinis	v	semper
x	mansuetudinis	x	libenter
y	iocunditatis	y	codolenter
z	integritatis	z	pacienter
w	clemencie	w	compacienter

LIBER SECVNDVS

51

a	audi	
b	exaudi	
c	aspice	
d	inspice	
e	respice	
f	conspice	
g	prospice	
h	aspicito	
i	inspicito	
k	respicito	
l	conspicito	
m	prospicito	teque
n	perspicito	teque
o	prospicias	
p	perspicias	
q	conspicias	
r	respicias	
s	inspicias	
t	aspicias	
v	perspicie	
x	intuere	
y	agnosce	
z	cognosce	
w	agnoscito	

52

a	matrem	
b	nutritem	
c	patronam	
d	aduocatam	
e	adiutricem	
f	consolatricem	
g	conseruatricem	
h	auxiliatricem	
i	defensatricem	
k	promotricem	
l	mediatricem	
m	saluatricem	esse
n	susceptricem	esse
o	curatricem	
p	ereptricem	
q	prolocutricem	
r	interuentricem	
s	reconciliatricem	
t	presidium	
v	confugium	
x	refugium	
y	miseratricem	
z	protectricem	
w	liberatricem	

---

51 n teque] et te *b*.
52 q prolocutricem] preloquutricem *Wo*.

POLYGRAPHIA IOANNIS TRITEMII

53

a	debilium
b	egenorum
c	pauperum
d	miserorum
e	infirmorum
f	infirmantium
g	christianorum
h	christicolarum
i	nazareorum
k	catholicorum
l	ecclesiasticorum
m	ortodoxorum
n	desolatorum
o	compunctorum
p	contritorum
q	paruulorum
r	afflictorum
s	deuotorum
t	fidelium
v	humilium
x	credentium
y	lugencium
z	merentium
w	penitencium

54

a	ostende	
b	ostendas	
c	ostendito	
d	memento	
e	memineris	
f	memorare	
g	demonstrato	
h	demonstra	
i	monstrato	
k	monstra	
l	declarato	
m	declares	et pro
n	declara	ac pro
o	cognosce	
p	cognoscas	
q	cognoscito	
r	recognoscito	
s	recognoscas	
t	recognosce	
v	intellige	
x	scito	
y	scias	
z	noueris	
w	adtende	

---

54   w   adtende] exhibeto *b*.

LIBER SECVNDVS

55

a culpis
b reatibus
c maculis
d peccaminibus
e impietatibus
f iniquitatibus
g enormitatibus
h transgressionibus
i inperfectionibus
k impuritatibus
l offensionibus
m prauitatibus
n criminibus
o sceleribus
p nequiciis
q peccatis
r delictis
s offensis
t iniusticiis
v excessibus
x commissis
y negligenciis
z immundiciis
w malefactis

56

a nostris
b omnium
c fidelium
d humilium
e credencium
f penitencium
g christianorum
h christicolarum
i predestinatorum
k catholicorum
l ecclesiasticorum
m compunctorum
n ortodoxorum
o contritorum
p afflictorum
q gementium
r lugentium
s bonorum
t piorum
v orantium
x petencium
y postulancium
z sperancium
w desiderancium

57

a	sanctis
b	pergratis
c	assiduis
d	continuis
e	promptis
f	salutiferis
g	sanctissimis
h	gratissimis
i	acceptissimis
k	salutaribus
l	pergratissimis
m	potentissimis
n	efficacissimis
o	promptissimis
p	deuotissimis
q	clementissimis
r	benignissimis
s	pientissimis
t	dulcissimis
v	magnificis
x	maternis
y	piissimis
z	dignissimis
w	maximis

58

a	interpellacionibus	
b	interuencionibus	
c	deprecacionibus	
d	postulacionibus	
e	precacionibus	
f	inuocacionibus	
g	subuencionibus	
h	oracionibus	
i	peticionibus	
k	precibus	
l	suffragiis	
m	presidiis	tuis coram
n	adiutoriis	tuis coram
o	meritis	
p	beneficiis	
q	patrociniis	
r	fauoribus	
s	iuuaminibus	
t	rogaminibus	
v	rogacionibus	
x	leuaminibus	
y	releuaminibus	
z	precaminibus	
w	flagitacionibus	

LIBER SECVNDVS

59

a optimo
b summo
c maximo
d glorioso
e inuisibili
f inmortali
g sanctissimo
h omnipotente
i cunctipotente
k potentissimo
l clementissimo
m benignissimo
n sempiterno
o incommutabili
p incircumscriptibili
q misericordissimo
r excellentissimo
s dulcissimo
t piissimo
v unico
x eterno
y supremo
z clarissimo
w pientissimo

60

a opifice
b auctore
c creatore
d conditore
e fabricatore
f plasmatore
g conseruatore
h gubernatore
i illuminatore
k illustratore
l redemptore
m liberatore
n saluatore
o imperatore
p factore
q iudice
r rege
s rectore
t domino
v moderatore
x preseruatore
y dispositore
z ordinatore
w directore

270 POLYGRAPHIA IOANNIS TRITEMII

	61		62	
a	celi	a	semper	
b	orbis	b	iugiter	
c	terre	c	mitius	
d	mundi	d	assidue	
e	celorum	e	quotidie	
f	terrarum	f	continue	
g	celestium	g	libenter	
h	terrestrium	h	libentius	
i	supernorum	i	uoluntarie	
k	supercelestium	k	dignanter	
l	christianorum	l	hilariter	
m	christicolarum	m	dulciter	intercede
n	archangelorum	n	libere	intercede
o	dominacionum	o	euiter	
p	principatuum	p	dulciter	
q	potestatum	q	dulcius	
r	angelorum	r	clementer	
s	creaturarum	s	clementius	
t	rerum	t	quantocius	
v	nostro	v	misericorditer	
x	hominum	x	perenniter	
y	omnium	y	perpetuo	
z	cunctorum	z	pleniter	
w	uniuersorum	w	plenius	

---

62 n   intercede] interpella *b.*

     p   dulciter] ardenter *Wo*, sine intermissione *b.*

LIBER SECVNDVS

63

a Eternus
b Optimus
c Maximus
d Supernus
e Supremus
f Immortalis
g Omnipotens
h Cunctipotens
i Fortissimus
k Omnitenens
l Omnisciens
m Excelsus   namque
n Gloriosus   namque
o Virtuosus
p Inuisibilis
q Altissimus
r Euiternus
s Sempiternus
t Sapientissimus
v Potentissimus
x Laudatissimus
y Prudentissimus
z Excelentissimus
w Fulgentissimus

64

a celi
b orbis
c terre
d celorum
e terrarum
f mundi
g hominum
h omnium
i cunctorum
k humanitatis
l uniuersorum
m mundanorum
n mundialium
o supercelestium
p intellectualium
q sensibilium
r mortalium
s celestium
t rerum
v maris
x abyssi
y uniuersi
z uniuersitatis
w elementorum

---

63   n   namque] enim *b*.

65

a	auctor
b	factor
c	creator
d	conditor
e	fabricator
f	moderator
g	institutor
h	restaurator
i	instaurator
k	productor
l	dispositor
m	ordinator
n	conseruator
o	gubernator
p	uiuificator
q	reformator
r	illuminator
s	illustrator
t	imperator
v	dominator
x	dominus
y	princeps
z	operator
w	opifex

66

a	incircumscriptibilis	
b	incomprehensibilis	
c	misericordissimus	
d	clementissimus	
e	incommutabilis	
f	benignissimus	
g	perfectissimus	
h	pientissimus	
i	beatissimus	
k	dulcissimus	
l	mitissimus	
m	ineffabilis	deus te o
n	infinitus	deus te o
o	piissimus	
p	clarissimus	
q	inestimabilis	
r	incorruptibilis	
s	inexcogitabilis	
t	mansuetissimus	
v	gloriosissimus	
x	incommouibilis	
y	inaccessibilis	
z	immutabilis	
w	super omnia	

LIBER SECVNDVS

67

- a uirgo
- b regina
- c domina
- d columba
- e imperatrix
- f margarita
- g uirguncula
- h theotocos
- i ouicula
- k puella
- l lucerna
- m maria   omnium
- n mulier   omnium
- o radix
- p rosa
- q fenix
- r uiola
- s hera
- t filia
- v stella
- x femina
- y uirgula
- z puerpera
- w uerbigena

68

- a purissima
- b castissima
- c lucidissima
- d nobilissima
- e clarissima
- f pudicissima
- g preclarissima
- h pulcherrima
- i speciosissima
- k uenustissima
- l splendidissima
- m fulgentissima   in
- n ornatissima   in
- o pientissima
- p felicissima
- q piissima
- r mitissima
- s potentissima
- t celeberrima
- v suauissima
- x integerrima
- y prudentissima
- z illustrissima
- w serenissima

---

67   n   omnium] cunctorum *b*.

69

a	matrem	
b	parentem	
c	genitricem	
d	puerperam	
e	conceptricem	
f	educatricem	
g	procuratricem	
h	mansionem	
i	sacrarium	
k	archam	
l	altricem	
m	fotricem	filii sui
n	nutricem	uerbi sui
o	lactricem	
p	templum	
q	curatricem	
r	triclinium	
s	domicilium	
t	pastricem	
v	habitaculum	
x	receptaculum	
y	reclinatorium	
z	tabernaculum	
w	umbraculum	

70

a	dilecti	
b	coeterni	
c	predilecti	
d	unigeniti	
e	monogeniti	
f	sempergeniti	
g	sempiterni	
h	dulcissimi	
i	amantissimi	
k	dilectissimi	
l	iesu christi	
m	christi iesu	ante
n	unici	ante
o	coeui	
p	lucidi	
q	charissimi	
r	coessencialis	
s	suauissimi	
t	gratissimi	
v	sanctissimi	
x	potentissimi	
y	gloriosissimi	
z	coomnipotentis	
w	consubstancialis	

---

69 m | uerbi sui] flilii sui *Wo.*
    p templum] amplum *Wo.*

LIBER SECVNDVS

71

72

	71		72
a	celi	a	inicium
b	terre	b	exordium
c	orbis	c	principium
d	celorum	d	primordium
e	mundi	e	posicionem
f	rerum	f	operacionem
g	orbium	g	existenciam
h	omnem	h	creacionem
i	creature	i	condicionem
k	creaturarum	k	institucionem
l	hominis	l	constitucionem
m	hominum	m	fabricacionem
n	angelorum	n	productionem
o	uisibilium	o	ordinacionem
p	sensibilium	p	inchoacionem
q	mortalium	q	procreacionem
r	uniuersitatis	r	constructionem
s	uniuersorum	s	insinuacionem
t	firmamenti	t	composicionem
v	uniuersi	v	disposicionem
x	stellarum	x	apparicionem
y	solis	y	formacionem
z	lune	z	edicionem
w	maris	w	locacionem

---

71   h   omnium] omnem *W*, cosmi *b*.
72   b   exordium] excidium *Wo*.

73

a pienter
b prouide
c piissime
d perpetuo
e prudenter
f prouidenter
g infallibiliter
h prudentissime
i prouidentissime
k benignissime
l sapientissime
m pientissime
n dulcissime
o clementer
p sapienter
q dulciter
r placide
s uoluntarie
t dignanter
v benigniter
x placidissime
y dignantissime
z misericorditer
w misericordissime

74

a elegit
b uocauit
c preelegit
d parauit
e preparauit
f ordinauit
g preordinauit
h predestinauit
i prenominauit
k precanonizauit
l priuilegiauit
m predisposuit   ut per te
n magnificauit   ut ex te
o preconstituit
p prelocauit
q preputauit
r recognouit
s proposuit
t conspexit
v inspexit
x respexit
y aspexit
z uidit
w preuidit

---

74   l   priuilegiauit] prouilegiauit *Wo.*
    m   predisposuit] disposuit *Wo.*

LIBER SECVNDVS

75

a uita
b salus
c saluacio
d saluator
e liberacio
f liberator
g redempcio
h redemptor
i reparacio
k reparator
l uiuificacio
m uiuificator
n santificacio
o sanctificator
p reconciliator
q reconciliacio
r purificator
s purificacio
t innouator
v renouator
x innouacio
y renouacio
z innocencia
w libertas

76

a daretur
b appareret
c donaretur
d adueniret
e nasceretur
f redderetur
g restitueretur
h redonaretur
i condonaretur
k distribueretur
l approximaret
m propinquaret
n appropropinquaret
o ministraretur
p exhiberetur
q ostenderetur
r consurgeret
s exsurgeret
t proueniret
v emergeret
x erumperet
y subueniret
z oriretur
w suscitaretur

---

76 m propinquaret] propinquaret | nobis *b*.

n appropropinquaret] appropropinquaret | cunctis *b*.

POLYGRAPHIA IOANNIS TRITEMII

	77		78
a	miseris	a	dolo
b	misellis	b	fraude
c	infirmis	c	inuidia
d	miserandis	d	malicia
e	pauperibus	e	suadela
f	miserabilibus	f	perfidia
g	peccatoribus	g	mendacio
h	hominibus	h	inuidencia
i	terrigenis	i	uirulencia
k	exulibus	k	fraudulencia
l	gementibus	l	maliuolencia
m	egentibus	m	malignancia
n	egenis	n	malignitate
o	nobis	o	peruersitate
p	inopibus	p	adulacione
q	impiis	q	furore
r	iniustis	r	astucia
s	iniquis	s	liuore
t	terrenis	t	insania
v	terrestribus	v	ueneno
x	mortalibus	x	uesania
y	sperantibus	y	uersucia
z	penitentibus	z	calliditate
w	humilibus	w	crudelitate

---

77   o   nobis] anthropis *b*.

       p   inopibus] inopis *Wo*.

78   e   suadela] swadela *Wo*.

       g   mendacio] mendacia *Wo*.

       t   insania] infamia *Wo*.

       w   crudelitate] credulitate *Wo*, suggestione *b*.

LIBER SECVNDVS

79

a mali
b peruersi
c maligni
d maliciosi
e maliuoli
f iniquissimi
g sceleratissimi
h nephandissimi
i malignissimi
k peruersissimi
l mendacissimi
m improbissimi   spiritus
n astutissimi   spiritus
o nequissimi
p turpissimi
q fedissimi
r pessimi
s inqui
t ceci
v cecati
x obcecati
y stultissimi
z fatuissimi
w spurcissimi

80

a baal
b baalim
c diaboli
d sathane
e astaroth
f luciferi
g beelzebub
h leuiathan
i paymonis
k merhezyn
l sathanici
m sathan
n barban
o uulcani
p plutonis
q misothei
r misanthropi
s sachmachi
t asmhodei
v acherontis
x belialis
y zagan
z buffyn
w zabuli

---

79   s   iniqui] inqui *W*.
80   l   sathanici] amaymonis *Wo, b*.

POLYGRAPHIA IOANNIS TRITEMII

	81		82
a	astute	a	deceptis
b	iniuste	b	euersis
c	misere	c	seductis
d	pessime	d	subuersis
e	dolose	e	despoliatis
f	inique	f	exspoliatis
g	maliciose	g	suplantatis
h	miserrime	h	dehonestatis
i	crudeliter	i	deturpatis
k	dolosissime	k	prostratis
l	crudelissime	l	deiectis
m	miserabiliter	m	deuictis
n	fraudulenter	n	enecatis
o	calumnianter	o	necatis
p	nequiciosissime	p	uictis
q	fraudulentissime	q	captis
r	perniciosissime	r	occisis
s	astutissime	s	trucidatis
t	iniustissime	t	interemptis
v	impiissime	v	interceptis
x	subdole	x	captiuatis
y	callide	y	corruptis
z	turpiter	z	deprauatis
w	nequiter	w	circumuentis

---

81   p   nequiciosissime] nequiosissime *Wo.*

LIBER SECVNDVS   281

83

a Vera
b Sacra
c Verace
d Sancta
e Salutare
f Mystica
g Veridica
h Diuina
i Apostolica
k Euangelica
l Catholica
m Christiana   etenim
n Ecclesiastica   quippe
o Dominica
p Sacrosancta
q Sacratissima
r Salutifera
s Sanctissima
t Ortodoxa
v Probata
x Solidissima
y Firmissima
z Certissima
w Solida

84

a proloquente
b demonstrante
c premonstrante
d premonente
e manifestante
f protestante
g insinuante
h declarante
i confirmante
k affirmante
l clamante
m testante   scriptura
n dicente   scriptura
o docente
p referente
q astruente
r instruente
s ostendente
t reuelante
v explicante
x interloquente
y contestante
z attestante
w firmante

---

83 e   Salutare] Salutari *Wo, b*.
84 n   scriptura] pagina *b*.
    o   docente] ducente *Wo*.

85

a	legimus	
b	scimus	
c	nouimus	
d	credimus	
e	intelleximus	
f	intelligimus	
g	agnouimus	
h	cognouimus	
i	cognoscimus	
k	agnoscimus	
l	accepimus	
m	didicimus	quoniam sic
n	discimus	quia sic
o	docemur	
p	fatemur	
q	confitemur	
r	profitemur	
s	instruimur	
t	instituimur	
v	certificamur	
x	informamur	
y	audiuimus	
z	percepimus	
w	imbuimur	

86

a	deus	
b	pater	
c	creator	
d	conditor	
e	auctor	
f	fabricator	
g	plasmator	
h	monarcha	
i	gubernator	
k	conseruator	
l	imperator	
m	princeps	noster
n	rector	noster
o	rex	
p	factor	
q	iudex	
r	opifex	
s	rectificator	
t	confirmator	
v	dominator	
x	distributor	
y	dispositor	
z	ordinator	
w	moderator	

---

86 a   deus] dominus *b*.
   m/n noster] deus noster *b*.

LIBER SECVNDVS

87

a eternus
b excelsus
c optimus
d maximus
e supernus
f supremus
g gloriosus
h mitissimus
i omnipotens
k cunctipotens
l clementissimus
m excellentissimus
n misericordissimus
o incircumscriptibilis
p incommutabilis
q benignissimus
r sempiternus
s pientissimus
t gloriosissimus
v magnificus
x sanctissimus
y dulcissimus
z immensus
w piissimus

88

a dilexit
b estimauit
c ponderauit
d appreciauit
e pensiculauit
f magnifecit
g magnificauit
h computauit
i reputauit
k diligebat
l dilexerat
m amauit
n amabat
o curat
p amat
q diligit
r estimat
s appreciat
t pensat
v honorat
x reputat
y amauerat
z estimauerat
w honorauit

---

88 f magnifecit] magnificat *Wo.*

89

a	mundum
b	mundanos
c	mundiales
d	mundigenas
e	homines
f	mortales
g	miseros
h	exules
i	captos
k	captiuos
l	perditos
m	abiectos ut filium suum
n	deceptos ut filium suum
o	exulantes
p	hominem
q	supplantatos
r	humanitatem
s	protoplastos
t	infatuatos
v	prolapsos
x	seductos
y	pauperes
z	miserabiles
w	terrigenas

90

a	unicum
b	dilectum
c	coeternum
d	benedictum
e	dulcissimum
f	unigenitum
g	monogenitum
h	amantissimum
i	charissimum
k	similimum
l	consimilem
m	christum ex te
n	predilectum ex te
o	amatum
p	preamatum
q	amabilem
r	piissimum
s	pientissimum
t	coimmensum
v	coessencialem
x	euogenitum
y	sempiternum
z	dilectissimum
w	consubstancialem

---

90   l   consimilem] consimilium *Wo.*
      p   preamatum] preatuatum *Wo.*
      t   coimmensum] commensum *b.*

LIBER SECVNDVS

91

a mortalem
b hominem
c uisibilem
d carnem
e passibilem
f nostrum
g carnalem
h corpus
i soma
k corporalem
l sensibilem
m mediatorem factum
n saluatorem factum
o liberatorem
p redemptorem
q reformatorem
r similem nobis
s anthropon
t pauperem
v pacientem
x humilem
y egenum
z inopem
w nudum

92

a dare
b offere
c donare
d mittere
e exponere
f condonare
g destinare
h impendere
i immolare
k presentare
l transmittere
m interimi pro
n mactari pro
o interfici
p trucidari
q incarnari
r flagellari
s uenundari
t uerberari
v contribuere
x tribuere
y prebere
z mori
w pati

---

91 f nostrum] anthropum *b*.
92 m interimi] interemi *Wo*.

	93		94	
a	salute	a	mundi	
b	erectione	b	hominis	
c	erepcione	c	omnium	
d	saluacione	d	cunctorum	
e	liberacione	e	uniuersorum	
f	recreacione	f	hominum	
g	reparacione	g	penitencium	
h	redempcione	h	credentium	
i	restauracione	i	desiderancium	
k	instauracione	k	confidentium	
l	innouacione	l	confitentium	
m	renouacione	m	humilium	non dubitaret
n	reformacione	n	pauperum	non recusaret
o	sanctificacione	o	fragilium	
p	rectificacione	p	fidelium	
q	iustificacione	q	exulum	
r	uiuificacione	r	mortalium	
s	emundacione	s	gementium	
t	beatificacione	t	miserorum	
v	glorificacione	v	exulantium	
x	consolacione	x	contritorum	
y	reuocacione	y	collapsorum	
z	reductione	z	deuiancium	
w	recuperacione	w	redeuntium	

LIBER SECVNDVS

95

a	**O** rosa	
b	**O** uiola	
c	**O** radix	
d	**O** lilium	
e	**O** maria	
f	**O** regina	
g	**O** uirgo	
h	**O** parens	
i	**O** mater	
k	**O** domina	
l	**O** sponsa	
m	**O** uitis	omnium
n	**O** spes	omnium
o	**O** salus	
p	**O** pax	
q	**O** mulier	
r	**O** femina	
s	**O** patrona	
t	**O** aduocata	
v	**O** columba	
x	**O** imperatrix	
y	**O** consolatrix	
z	**O** conseruatrix	
w	**O** miseratrix	

96

a	beatissima	
b	sanctissima	
c	pulcherrima	
d	speciosissima	
e	ornatissima	
f	fecundissima	
g	preciosissima	
h	benignissima	
i	clementissima	
k	dulcissima	
l	felicissima	
m	piissima	de qua
n	mitissima	per quam
o	purissima	
p	castissima	
q	pientissima	
r	pudicissima	
s	uirtuosissima	
t	innocentissima	
v	potentissima	
x	serenissima	
y	illustrissima	
z	nobilissima	
w	preclarissima	

---

95   g   O uirgo] O uirigo *W*.
96   m   de qua] per quam *b*.
     n   per quam] ex qua *b*.

288   POLYGRAPHIA IOANNIS TRITEMII

97

a uita
b spes
c pax
d salus
e uirtus
f bonitas
g felicitas
h securitas
i concordia
k consolacio
l uiuificacio
m glorificacio
n tranquillitas
o resuscitacio
p resurrectio
q restitucio
r saluacio
s sanitas
t curacio
v requies
x quies
y gracia
z gloria
w leticia

98

a miseris
b misellis
c fidelibus
d humilibus
e miserandis
f pauperibus
g miserabilibus
h exulantibus
i gementibus
k peccatoribus
l penitentibus
m credentibus
n christianis
o christicolis
p supplantatis
q spoliatis
r seductis
s deceptis
t contritis
v afflictis
x desolatis
y hominibus
z mortalibus
w merentibus

---

97   p   resurrectio] resurrexio *Wo.*
     q   restitucio] institucio *Wo.*

LIBER SECVNDVS

99

a uenit
b aduenit
c processit
d prouenit
e radiauit
f pullulauit
g germinauit
h communicatur
i reparata est
k reparatur
l germinat
m pullulat
n orta est
o oritur
p creuit
q crescit
r floret
s floruit
t illuxit
v emicuit
x procedit
y prorupit
z paratur
w parata est

100

a amenissima
b pulcherrima
c iocundissima
d suauissima
e dulcissima
f sempiterna
g clarissima
h perpetua
i perennis
k angelica
l maxima
m lucidissima
n copiosissima
o preclarissima
p excellentissima
q abundantissima
r diuinissima
s predulcissima
t mitissima
v altissima
x uerissima
y tutissima
z letissima
w liberrima

---

99   r   floret] floruit *Wo*.
    s   floruit] floret *Wo*.
100   f   sempiterna] sempiternum *Wo*.

101

a	ora	
b	exora	
c	perora	
d	adora	
e	supplica	
f	postula	
g	expostula	
h	implora	
i	interpella	
k	loquere	
l	precare	
m	pulsa	quesumus pro
n	roga	quesumus pro
o	insta	
p	adsta	
q	clama	
r	exclama	
s	deprecare	
t	interueni	
v	intercedito	
x	intercedas	
y	interuenias	
z	subuenias	
w	subueni	

102

a	culpis	
b	delictis	
c	peccatis	
d	maliciis	
e	reatibus	
f	excessibus	
g	nequiciis	
h	sceleribus	
i	facinoribus	
k	negligenciis	
l	criminibus	
m	commissis	nostris ad
n	iniusticiis	nostris ad
o	malefactis	
p	impietatibus	
q	iniquitatibus	
r	necessitatibus	
s	impuritatibus	
t	imperfectionibus	
v	transgressionibus	
x	calamitatibus	
y	aduersitatibus	
z	tribulacionibus	
w	peccaminibus	

LIBER SECVNDVS

103

a	deum
b	regem
c	iudicem
d	pastorem
e	principem
f	dominum
g	imperatorem
h	dominatorem
i	redemptorem
k	moderatorem
l	conseruatorem
m	gubernatorem
n	uiuificatorem
o	fabricatorem
p	instauratorem
q	restauratorem
r	reformatorem
s	inspectorem
t	consolatorem
v	defensatorem
x	defensorem
y	saluatorem
z	factorem
w	auctorem

104

a	omnium
b	cunctorum
c	uniuersorum
d	maiestatis
e	hominum
f	angelorum
g	humanitatis
h	uniuersitatis
i	supernorum
k	supercelestium
l	eternitatis
m	mortalium
n	uiuentium
o	fidelium
p	humilium
q	celorum
r	uniuersi
s	creature
t	animarum
v	spirituum
x	celestium
y	mentium
z	cordium
w	animorum

---

104 d maiestatis] seculorum *b*.

l eternitatis] mundi *b*.

105

a	iesum christum	
b	dulcissimum	
c	potentissimum	
d	benignissimum	
e	pientissimum	
f	clementissimum	
g	indulgentissimum	
h	misericordissimum	
i	sapientissimum	
k	fulgentissimum	
l	iustissimum	
m	mitissimum	quem tu
n	piissimum	quem tu
o	clarissimum	
p	charissimum	
q	altissimum	
r	equissimum	
s	sanctissimum	
t	incommutabilem	
v	omnipotentem	
x	cunctipotentem	
y	excellentissimum	
z	incomprehensibilem	
w	incircumscriptibilem	

106

a	casta
b	pura
c	uirgo
d	lucida
e	intacta
f	castissima
g	purissima
h	intemerata
i	integerrima
k	pudicissima
l	lucidissima
m	pulchra
n	speciosa
o	pudica
p	integra
q	impolluta
r	inuiolata
s	incorrupta
t	splendida
v	speciosissima
x	pulcherrima
y	incontaminata
z	innocentissima
w	quatercastissima

---

106 n   speciosa] preciosa *Wo.*

w   quatercastissima] mater *b.*

LIBER SECVNDVS

107

a peperisti
b concepisti
c parturisti
d parturiuisti
e enixa fuisti
f fuisti enixa
g enixa es
h genuisti
i lactauisti
k lactasti
l curasti
m nutristi   qui te ante
n fouisti   qu te ante
o nutriuisti
p procurasti
q procurauisti
r amplexata es
s osculabaris
t generauisti
v generabas
x generaueras
y generasti
z pepereras
w conceperas

108

a constitucionem
b fabricacionem
c comparicionem
d inchoacionem
e institucionem
f productionem
g ordinacionem
h condicionem
i incepcionem
k disposicionem
l situacionem
m locacionem
n posicionem
o processum
p progressum
q apparitionem
r exordium
s principium
t existenciam
v subsistenciam
x operacionem
y formacionem
z creacionem
w inicium

---

107 g   enixa es] genuisti *Wo, b.*
     h   genuisti] lactauisti *Wo, b.*
     i   lactauisti] enixa es *Wo, b.*
     s   osculabaris] osculaberis *Wo.*
108 f   productionem] produxionem *Wo.*

109

a	mundi	
b	creature	
c	creaturarum	
d	hominis	
e	hominum	
f	humanitatis	
g	mundanorum	
h	mundialium	
i	supercelestium	
k	naturarum	
l	uisibilium	
m	sensibilium	in
n	terrarum	in
o	angelorum	
p	principatus	
q	principatuum	
r	terrenorum	
s	corruptibilium	
t	materialium	
v	spiritualium	
x	spirituum	
y	aquarum	
z	montium	
w	collium	

110

a	matrem	
b	parentem	
c	lactricem	
d	genitricem	
e	susceptricem	
f	conceptricem	
g	balneatricem	
h	consolatricem	
i	procuraticem	
k	conseruatricem	
l	parturientem	
m	generantem	sui
n	concipientem	sui
o	portatricem	
p	baiulatricem	
q	educatricem	
r	curatricem	
s	nutricem	
t	fotricem	
v	altricem	
x	lotricem	
y	sponsam	
z	amicam	
w	puerperam	

LIBER SECVNDVS

111

a specialem
b propriam
c carnalem
d corporalem
e sanctissimam
f castissimam
g dulcissimam
h charissimam
i dilectissimam
k celeberrimam
l dignissimam
m predignissimam
n sacratissimam
o innocentissimam
p reuerendissimam
q honestissimam
r gratissimam
s pudicissimam
t pulcherrimam
v speciosissimam
x purissimam
y uenustissimam
z amantissimam
w preclarissimam

112

a elegit
b prouidit
c preelegit
d ordinauit
e preparauit
f predisposuit
g predestinauit
h prenominauit
i preassumpsit
k sublimauit
l segregauit
m disposuit   atque
n preuidit   ac
o parauit
p uocauit
q constituit
r sacrauit
s preconstituit
t consecrauit
v preconizauit
x sanctificauit
y preseruauit
z prerogauit
w priuilegiauit

113

a	feliciter
b	gloriose
c	felicissime
d	honorifice
e	dignanter
f	reuerenter
g	dignissime
h	reuerentissime
i	gloriosissime
k	magnifice
l	potentissime
m	clementer nunc super
n	gaudenter nunc super
o	iocundissime
p	honestissime
q	fulgentissime
r	eminentissime
s	excellentissime
t	munificenter
v	perenniter
x	perpetuo
y	pulcherrime
z	placidissime
w	gratissime

114

a	celos
b	angelos
c	celestia
d	angelica
e	sydera
f	potestates
g	principatus
h	archangelos
i	dominaciones
k	uniuersitatem
l	omnem creaturam
m	omnem uirtutem
n	eternitatem
o	potestates
p	uirtutes
q	seraphyn
r	cherrubyn
s	uniuersa
t	thronos
v	ethera
x	omnia
y	nubes
z	lunam
w	solem

---

114 o potestates] choros angelorum *Wo.*

LIBER SECVNDVS

115

a locauit
b exaltauit
c decorauit
d sublimauit
e superexaltauit
f constituit
g prouexit
h collocauit
i eleuauit
k transtulit
l subleuauit
m introduxit   ut quanto
n preposuit   ut quanto
o coronauit
p illustrauit
q assumpsit
r aduexit
s deputauit
t computauit
v annumerauit
x ascripsit
y conscripsit
z assignauit
w segregauit

116

a preminencior
b eminencior
c excellencior
d gloriosior
e sublimior
f potencior
g clarior
h illustrior
i maior
k melior
l altior
m beatior   es tanto te
n felicior   es tanto te
o liberior
p serenior
q preclarior
r prestancior
s insignior
t dignior
v precellencior
x sanctior
y eximior
z pulchrior
w speciosior

---

116 e   sublimior] sublimis *Wo*.

117

a	mitiorem	
b	dulciorem	
c	suauiorem	
d	benigniorem	
e	clemenciorem	
f	misericordiorem	
g	indulgenciorem	
h	propinquiorem	
i	fauorabiliorem	
k	affluenciorem	
l	promptiorem	
m	placaciorem	nobis
n	placidiorem	nobis
o	hilariorem	
p	uicinorem	
q	proximiorem	
r	inclinaciorem	
s	mansuetiorem	
t	humaniorem	
v	munificenciorem	
x	prestabiliorem	
y	familiariorem	
z	frequentiorem	
w	beneficenciorem	

118

a	prestare	
b	exhibere	
c	declarare	
d	monstrare	
e	demonstrare	
f	presentare	
g	manifestare	
h	recognoscere	
i	agnoscere	
k	cognoscere	
l	prebere	
m	ostendere	non recuses
n	insinuare	non obmittas
o	reuelare	
p	estimare	
q	existimare	
r	recogitare	
s	cogitare	
t	meminisse	
v	reputare	
x	memorari	
y	impendere	
z	intelligere	
w	consignare	

LIBER SECVNDVS

119

a	Vere	
b	Certe	
c	Certo	
d	Veraciter	
e	Fideliter	
f	Firmiter	
g	Euidenter	
h	Verissime	
i	Procerto	
k	Veracissime	
l	Purissime	
m	Perfecte	namque
n	Integre	quippe
o	Indubie	
p	Rectissime	
q	Constanter	
r	Certissime	
s	Fidelissime	
t	Integerrime	
v	Euidentissime	
x	Constantissime	
y	Certitudinaliter	
z	Cordialissime	
w	Affectuosissime	

120

a	scimus
b	nouimus
c	credimus
d	sentimus
e	agnoscimus
f	agnouimus
g	cognouimus
h	cognoscimus
i	recognoscimus
k	recognouimus
l	intelligimus
m	intelleximus
n	protestamur
o	contestamur
p	adtestamur
q	profitemur
r	confitemur
s	consentimus
t	confidimus
v	speramus
x	fatemur
y	tenemus
z	docemus
w	docemur

121

a	matrem	
b	parentem	
c	genitricem	
d	paratricem	
e	inuentricem	
f	reparatricem	
g	recuperatricem	
h	instauratricem	
i	restauratricem	
k	repertricem	
l	dominam	
m	ortulum	te esse
n	archam	te esse
o	fontem	
p	ortum	
q	urnam	
r	datricem	
s	operatricem	
t	domicilium	
v	reginam	
x	imperatricem	
y	promptuarium	
z	gazophilacium	
w	apothecam	

122

a	uite	
b	lucis	
c	pacis	
d	salutis	
e	pietatis	
f	luminis	
g	felicitatis	
h	charitatis	
i	dulcedinis	
k	bonitatis	
l	gracie	
m	leticie	ideoque
n	iusticie	et ideo
o	uirtutis	
p	sapiencie	
q	clemencie	
r	innocencie	
s	dilectionis	
t	perfectionis	
v	misericordie	
x	miseracionis	
y	beatitudinis	
z	amenitatis	
w	puritatis	

---

121   m   ortulum] hortulum *Wo, b.*

      p   ortum] hortum *Wo.*

122   x   miseracionis] miserabiliter *Wo.*

LIBER SECVNDVS

123

a cunctis
b eternis
c assiduis
d continuis
e maximis
f uniuersis
g preclaris
h omnibus
i immensis
k sempiternis
l deuotissimis
m humilibus
n immortalibus
o cumulatissimis
p huberrimis
q perennibus
r humilimis
s perpetuis
t ingentibus
v euiternis
x precipuis
y amplis
z multis
w sanctis

124

a dignam
b canendam
c ornandam
d decorandam
e coronandam
f honorandam
g celebrandam
h uenerandam
i commendandam
k concelebrandam
l canonizandam
m commemorandam
n rememorandam
o memorandam
p solemnisandam
q festiuandam
r extollendam
s amandam
t diligendam
v orandam
x cantandam
y predicandam
z sublimandam
w perornandam

125

a	meritis	
b	precibus	
c	laudibus	
d	preconiis	
e	obsequiis	
f	honoribus	
g	oracionibus	
h	laudacionibus	
i	collaudacionibus	
k	supplicacionibus	
l	solemnitatibus	
m	tripudiis	quoniam
n	cantilenis	quia
o	fauoribus	
p	uocibus	
q	leticiis	
r	festis	
s	uotis	
t	cantibus	
v	uersibus	
x	precordiis	
y	carminibus	
z	honoribus	
w	festiuitatibus	

126

a	uita	
b	pax	
c	salus	
d	pietas	
e	iusticia	
f	sanctitas	
g	redempcio	
h	sanctificacio	
i	iustificacio	
k	reconciliacio	
l	liberacio	
m	libertas	per te
n	securitas	per te
o	consolacio	
p	innocencia	
q	immortalitas	
r	beatitudo	
s	gloriacio	
t	felicitas	
v	sanitas	
x	bonitas	
y	uirtus	
z	lux	
w	spes	

LIBER SECVNDVS

127

a datur
b donatur
c redonatur
d condonatur
e restituitur
f impenditur
g consignatur
h resignatur
i assignatur
k exhibetur
l prebetur
m redditur
n adiicitur
o ostenditur
p paratur
q reparatur
r manifestatur
s monstratur
t demonstratur
v instauratur
x restauratur
y reformatur
z proponitur
w offertur

128

a infirmis
b miseris
c misellis
d mitibus
e pauperibus
f mansuetis
g humilibus
h mortalibus
i hominibus
k terrigenes
l exulantibus
m penitentibus   quos
n peregrinantibus   quos
o credentibus
p christicolis
q christianis
r fidelibus
s catholicis
t ortodoxis
v desolatis
x fragilibus
y nocentibus
z peccatoribus
w mundanis

---

128   v   desolatis] nocentibus *Wo.*
       x   fragilibus] peccatoribus *Wo.*
       y   nocentibus] mundanis *Wo.*
       z   peccatoribus] desolatis *Wo.*
       w   mundanis] fragilibus *Wo.*

129

a	dolus
b	fraus
c	astucia
d	inuidia
e	seuicia
f	nequicia
g	perfidia
h	uenenum
i	inuidencia
k	malignitas
l	maleficium
m	fraudulencia
n	peruersitas
o	dolositas
p	prauitas
q	suadela
r	persuasio
s	crudelitas
t	malicia
v	adulacio
x	furor
y	uirus
z	inuencio
w	machinacio

130

a	perfidi
b	pessimi
c	maligni
d	mendacis
e	turpissimi
f	spurcissimi
g	immundissimi
h	sceleratissimi
i	insipientissimi
k	nefandissimi
l	scelestissimi
m	nequissimi
n	iniquissimi
o	impiissimi
p	stultissimi
q	fatuissimi
r	nequiciosi
s	falsissimi
t	inuidissimi
v	uenenosissimi
x	mendacissimi
y	perfidissimi
z	tenebrosi
w	scelerati

---

129   r   persuasio] suasio *Wo.*
130   r   nequiciosi] nequiciosissimi *Wo.*

LIBER SECVNDVS

131

132

	131		132
a	hostis	a	zabuli
b	colubri	b	diaboli
c	serpentis	c	sathane
d	aduersarii	d	luciferi
e	aduersantis	e	asmodei
f	calumniatoris	f	paymonis
g	calumniantis	g	amaymonis
h	criminatoris	h	rambantis
i	corrumpentis	i	radamantis
k	corruptoris	k	hamelontis
l	insidiatoris	l	ammontis
m	apostate	m	alaphantis
n	inimici	n	astarothis
o	osoris	o	nergetis
p	lupi	p	argeetis
q	leonis	q	belial
r	latronis	r	berich
s	spiritus	s	egiin
t	homicide	t	orson
v	deceptoris	v	ursur
x	insidiantis	x	asantis
y	preuaricatoris	y	schuraiim
z	supplantatoris	z	luthealis
w	uenenatoris	w	misalethis

---

132 f   paymonis] pannonis *Wo.*

h   rambantis] allaphantis *Wo.*

i   radamantis] astorothis *Wo.*

k   hamelonis] nergetis *Wo*

l   ammontis] argeetis *Wo.*

m   alaphantis] belial *Wo.*

n   astarothis] berich *Wo.*

o   nergetis] egin *Wo.*

p   argeetis] orson *Wo.*

q   belial] ursur *Wo.*

r   berich] asantis *Wo.*

s   egiin] schuraiim *Wo.*

t   orson] luthealis *Wo.*

v   ursur] misalethis *Wo.*

x   asantis] rambantis *Wo.*

y   schuraiim] radamantis *Wo.*

z   luthealis] amelontis *Wo.*

w   misalethis] amontis *Wo.*

	133		134
a	misere	a	tenuit
b	turpiter	b	detinuit
c	miserrime	c	tenuerat
d	turpissime	d	detinebat
e	iniquissime	e	detinuerat
f	crudelissime	f	ocupauerat
g	miserabiliter	g	preocupauerat
h	fraudulenter	h	preocupabat
i	amarissime	i	preocupauit
k	nefandissime	k	occupabat
l	infelicissime	l	ocupauit
m	infeliciter	m	tenebat
n	potenter	n	habuit
o	ferociter	o	habebat
p	iniuste	p	habuerat
q	impie	q	possidebat
r	inique	r	possederat
s	nequiter	s	mactabat
t	tyrannice	t	mactauerat
v	uiolenter	v	cruciauerat
x	hostiliter	x	cruciabat
y	ferocissime	y	cruciauit
z	furiosissime	z	possedit
w	scelestissime	w	obtinuit

LIBER SECVNDVS

135

a captos
b captiuos
c inclusos
d conclusos
e reclusos
f oppressos
g compressos
h constrictos
i compeditos
k submersos
l detrusos
m intrusos   in carcere
n uinctos   in carcere
o clausos
p uinculatos
q mancipatos
r lamentantes
s lachrymantes
t gementes
v colligatos
x deuinctos
y desolatos
z afflictos
w ligatos

136

a auerni
b inferni
c mortis
d miserie
e mesticie
f meroris
g miseriarum
h tenebrarum
i amaritudinis
k tristiciarum
l desolacionis
m infelicitatis
n damnacionis
o auersionis
p paupertatis
q exulacionis
r deuiacionis
s erroris
t ignorancie
v corrupcionis
x anathematis
y malignitatis
z maledictionis
w indignacionis

	137			138	
a	Nascitur		a	eterni	
b	Natus est		b	magni	
c	Nascebatur		c	optimi	
d	Comparuit		d	summi	
e	Comparebat		e	maximi	
f	Comparuerat		f	ineffabilis	
g	Apparuerat		g	inestimabilis	
h	Apparebat		h	omnipotentis	
i	Apparuit		i	cunctipotentis	
k	Concipitur		k	incommutabilis	
l	Conceptus est		l	incomprehensibilis	
m	Conciebatur	ex te	m	incircumscriptibilis	
n	Veniebat	in te	n	inperscrutabilis	
o	Venerat		o	inexcogitabilis	
p	Venit		p	incorruptibilis	
q	Claruit		q	summipotentis	
r	Clarebat		r	clementissimi	
s	Claruerat		s	benignissimi	
t	Clarescebat		t	pientissimi	
v	Emicuerat		v	sempiterni	
x	Emicabat		x	immortalis	
y	Emicuit		y	inuisibilis	
z	Processit		z	magnifici	
w	Floruit		w	piissimi	

---

138 n   inperscrutabilis] inperscriptibilis *Wo.*

LIBER SECVNDVS

139

a dei
b patris
c regis
d opificis
e auctoris
f factoris
g creatoris
h conditoris
i fabricatoris
k plasmatoris
l moderatoris
m gubernatoris
n gubernantis
o conseruatoris
p ordinatoris
q imperatoris
r dominatoris
s dominantis
t imperantis
v inspectoris
x regentis
y rectoris
z iudicis
w arbitri

140

a sempergenitus
b eternegenitus
c consubstancialis
d monogenitus
e coessencialis
f unigenitus
g euigenitus
h coeternus
i coequalis
k coeuus
l dilectus
m unicus   filius in
n monos   filius in
o eternus
p gratus
q beneplacitus
r promissus
s repromissus
t mitissimus
v dulcissimus
x amantissimus
y dilectissimus
z innocentissimus
w incomprehensibilis

141

a iacob
b israel
c terra
d terris
e iudea
f mundo
g palestina
h hieropoli
i hierusalem
k medio terre
l humanitate
m anthropinis
n humanis
o heliopoli
p theopoli
q herenopoli
r hominibus
s mortalibus
t abrahamitis
v peregrinacione
x inferioribus
y samaria
z nazareth
w bethleem

142

a uisibilis
b tangibilis
c palpabilis
d corporalis
e sensibilis
f tractabilis
g passibilis
h mortalis
i carnalis
k audibilis
l affabilis
m abiectus   incedens
n egenus   factus
o pauper
p egens
q inops
r solus
s despectus
t incognitus
v contemptus
x incarnatus
y homofactus
z humanatus
w enanthropiison

---

142 z humanatus] homo natus *Wo.*

LIBER SECVNDVS

143

a	schema	
b	formam	
c	speciem	
d	materiam	
e	sarcinulam	
f	participium	
g	infirmitatem	
h	communionem	
i	participacionem	
k	infirmacionem	
l	humiliacionem	
m	humilitatem	de te o
n	humanitatem	ex te o
o	humanacionem	
p	incarnacionem	
q	corpusculum	
r	ergastulum	
s	formulam	
t	hominem	
v	carnem	
x	corpus	
y	soma	
z	nostrum	
w	sensum	

144

a	nobilissima	
b	sanctissima	
c	pulcherrima	
d	speciosissima	
e	splendidissima	
f	fulgentissima	
g	gloriosissima	
h	lucidissima	
i	pudicissima	
k	castissima	
l	purissima	
m	piissima	uirgo
n	maxima	uirgo
o	clarissima	
p	honestissima	
q	clementissima	
r	innocentissima	
s	misericordissima	
t	prestantissima	
v	eminentissima	
x	excelentissima	
y	preciosissima	
z	colendissima	
w	pientissima	

---

143 n   ex te o] de te o *Wo.*

145

a	capiens
b	accipiens
c	recipiens
d	suscipiens
e	percipiens
f	concipiens
g	assumens
h	resumens
i	desumens
k	induens
l	subiiens
m	operiens
n	eligens
o	preeligens
p	portans
q	habens
r	baiulans
s	ferens
t	preferens
v	perferens
x	secumferens
y	circumferens
z	circumducens
w	coaptans

146

a	carnis	
b	sarcos	
c	infirmitatis	
d	humanitatis	
e	fragilitatis	
f	condicionis	
g	similitudinis	
h	mortalitatis	
i	passibilitatis	
k	generacionis	
l	humilitatis	
m	debilitatis	nostre
n	paupertatis	nostre
o	abiectionis	
p	substancie	
q	essencie	
r	nature	
s	inopie	
t	indigencie	
v	necessitatis	
x	egestatis	
y	nuditatis	
z	exulacionis	
w	imbecillitatis	

---

146 b   sarcos] sarcine *Wo.*

LIBER SECVNDVS

147

a impium
b iniquum
c pessimum
d mendacem
e sceleratum
f truculentum
g sceleratissimum
h mendacissimum
i truculentissimum
k malignissimum
l nequiciosissimum
m perfidissimum
n nequissimum
o scelestissimum
p superbissimum
q impiissimum
r malignum
s maliciosum
t perfidum
v antiquum
x inuidum
y tortuosum
z inuidiosum
w crudelem

148

a hostem
b furem
c lupum
d leonem
e spiritum
f diabolum
g demonem
h latronem
i homicidam
k apostatam
l desertorem
m insidiatorem
n criminatorem
o calumniatorem
p preuaricatorem
q misanthropum
r misalethem
s tyrannum
t uersipellem
v colubrum
x serpentem
y draconem
z inimicum
w aduersarium

149

a	magna
b	permagna
c	maxima
d	permaxima
e	dignissima
f	pulcherrima
g	preclarissima
h	clarissima
i	iustissima
k	equissima
l	sanctissima
m	beatissima
n	benigna
o	pulchra
p	beata
q	sancta
r	firma
s	stabili
t	digna
v	altissima
x	preclara
y	superna
z	celesti
w	diuina

150

a	uirtute
b	iusticia
c	equitate
d	humilitate
e	fortitudine
f	dimicacione
g	decertacione
h	concertacione
i	conpugnancia
k	compugnacione
l	perseuerancia
m	mansuetudine
n	congressione
o	conflictacione
p	miseracione
q	uelocitate
r	facilitate
s	bonitate
t	racione
v	pietate
x	clemencia
y	charitate
z	dilectione
w	tolerancia

LIBER SECVNDVS

151

a	superauit	
b	exsuperauit	
c	eneruauit	
d	debellauit	
e	denudauit	
f	exspoliauit	
g	despoliauit	
h	spoliauit	
i	deuicit	
k	contriuit	
l	euertit	
m	euicit	et animas
n	uicit	et animas
o	elisit	
p	ligauit	
q	subuertit	
r	constrinxit	
s	infirmauit	
t	debilitauit	
v	prostrauit	
x	colligauit	
y	corripuit	
z	proiecit	
w	restrinxit	

152

a	fidelium	
b	humilium	
c	pauperum	
d	miserorum	
e	captiuorum	
f	deceptorum	
g	abiectorum	
h	perditorum	
i	fragilium	
k	hominum	
l	mortalium	
m	penitencium	ad
n	compunctorum	ad
o	gementium	
p	exultantium	
q	desolatorum	
r	clamantium	
s	inuocantium	
t	credulorum	
v	credentium	
x	christianorum	
y	christicolarum	
z	catholicorum	
w	ortodoxorum	

153

a	uitam
b	lucem
c	quietem
d	requiem
e	patriam
f	leticiam
g	gloriam
h	libertatem
i	beatitudinem
k	fruicionem
l	suauitatem
m	dulcedinem
n	innocenciam
o	amenitatem
p	claritatem
q	uoluptatem
r	mansionem
s	habitacionem
t	celsitudinem
v	iocunditatem
x	iubilacionem
y	perfectionem
z	exultacionem
w	felicitatem

154

a	reparauit
b	reuocauit
c	renouauit
d	innouauit
e	restaurauit
f	instaurauit
g	reformauit
h	reaptauit
i	reordinauit
k	restituit
l	reduxit
m	recepit
n	remisit
o	induxit
p	introduxit
q	instituit
r	ordinauit
s	reelegit
t	preelegit
v	inuitauit
x	intromisit
y	reabilitauit
z	sanctificauit
w	uiuificauit

---

154 a   reparauit] preparauit *Wo.*

LIBER SECVNDVS

155

a eternam
b perennem
c euiternam
d amissam
e angelicam
f supernam
g perpetuam
h sempiternam
i beatificam
k lucidissimam
l pulcherrimam
m saluberrimam
n honestissimam
o inestimabilem
p supercelestem
q superangelicam
r incommutabilem
s interminabilem
t desiderabilem
v perennalem
x salutiferam
y salutarem
z deificam
w diuinam

156

a Natus
b Passus
c Captus
d Necatus
e Occisus
f Mortuus
g Detentus
h Percussus
i Crucifixus
k Interfectus
l Interemptus
m Conclauatus   enim pro
n Flagellatus   namque pro
o Vulneratus
p Perfossus
q Incarnatus
r Homo factus
s Consputus
t Coronatus
v Verberatus
x Humiliatus
y Colaphisatus
z Blasphematus
w Martyrisatus

157

a	uiciis
b	culpis
c	meritis
d	demeritis
e	peccatis
f	reatibus
g	excessibus
h	maliciis
i	iniusticiis
k	commissis
l	iniquitatibus
m	enormitatibus
n	prauitatibus
o	transgressionibus
p	preuaricacionibus
q	peccaminibus
r	impietatibus
s	facinoribus
t	negligenciis
v	criminibus
x	sceleribus
y	actibus
z	delictis
w	noxis

158

a	nostris	
b	lapsorum	
c	collapsorum	
d	miserorum	
e	pauperum	
f	infirmorum	
g	egenorum	
h	hominum	
i	mortalium	
k	desolatorum	
l	morientium	
m	mortuorum	morte nos
n	terrigenarum	nos morte
o	credentium	
p	uniuersorum	
q	cunctorum	
r	omnium	
s	alienis	
t	aliorum	
v	orbis	
x	mundi	
y	fidelium	
z	humilium	
w	penitentium	

---

158 n   nos morte] morte nos *b*.

LIBER SECVNDVS

159

a	acerba
b	amara
c	preciosa
d	sancta
e	dolorosa
f	miserabili
g	miseranda
h	commiseranda
i	uirtuosissima
k	uictoriosissima
l	innocentissima
m	preciosissima
n	acerbissima
o	atrocissima
p	amarissima
q	miserrima
r	mestissima
s	tristissima
t	seuissima
v	horrenda
x	salutifera
y	turpissima
z	contemptibili
w	crudelissima

160

a	optimo
b	maximo
c	summo
d	altissimo
e	mitissimo
f	dulcissimo
g	omnipotenti
h	cunctipotenti
i	sanctissimo
k	beatissimo
l	sacratissimo
m	clementissimo
n	incommutabili
o	incomprehensibili
p	incircumscriptibili
q	misericordissimo
r	benignissimo
s	colendissimo
t	pientissimo
v	serenissimo
x	piissimo
y	clarissimo
z	placidissimo
w	inaccessibili

---

160   r   benignissimo] benigno *Wo.*

       s   colendissimo] benignissimo *Wo.*

       t   pientissimo] colendissimo *Wo.*

       v   serenissimo] pientissimo *Wo.*

       x   piissimo] serenissimo *Wo.*

       y   clarissimo] piissimo *Wo.*

       z   placidissimo] clarissimo *Wo.*

       w   inaccessibili] placidissimo *Wo.*

161

a	deo
b	patri
c	auctori
d	opifici
e	factori
f	creatori
g	conditori
h	imperatori
i	conseruatori
k	moderatori
l	gubernatori
m	fabricatori
n	plasmatori
o	institutori
p	principio
q	rectori
r	iudici
s	regi
t	motori
v	monarche
x	inspectori
y	cognitori
z	consolatori
w	scrutatori

162

a	nostro	
b	orbis	
c	mundi	
d	omnium	
e	cunctorum	
f	uniuersorum	
g	uniuersitatis	
h	mundanorum	
i	mundialium	
k	celestium	
l	celorum	
m	terrarum	reconciliauit
n	celi	reconciliauit
o	terre	
p	spirituum	
q	animarum	
r	mortalium	
s	uiuentium	
t	angelorum	
v	terrestrium	
x	fidelium	
y	respirantium	
z	spirantium	
w	singulorum	

LIBER SECVNDVS

163

a	Diligentissime	
b	Sapientissime	
c	Prudentissime	
d	Dignissime	
e	Humilime	
f	Fidelissime	
g	Incessanter	
h	Iustissime	
i	Rectissime	
k	Gaudenter	
l	Hilartiter	
m	Merito	itaque a
n	Assidue	igitur a
o	Recte	
p	Iuste	
q	Iure	
r	Semper	
s	Iugiter	
t	Continue	
v	Fideliter	
x	Ardenter	
y	Feruenter	
z	Diligenter	
w	Feruentissime	

164

a	nobis	
b	miseris	
c	misellis	
d	terrenis	
e	desolatis	
f	mortalibus	
g	uiuentibus	
h	terrigenis	
i	pauperibus	
k	exulantibus	
l	fragilibus	
m	defectuosis	omnibus
n	fidelibus	omnibus
o	christianis	
p	christicolis	
q	credentibus	
r	peccatoribus	
s	catholicis	
t	penitentibus	
v	compunctis	
x	contritis	
y	gementibus	
z	labentibus	
w	tribulatis	

165

a	magna	
b	feruente	
c	summa	
d	maxima	
e	continua	
f	incessabili	
g	feruentissima	
h	ardentissima	
i	flagrantissima	
k	honestissima	
l	humilima	
m	purissima	cum
n	mitissima	cum
o	dulcissima	
p	suauissima	
q	quotidiana	
r	syncerissima	
s	pulcherrima	
t	amenissima	
v	cordiali	
x	interna	
y	syncera	
z	humili	
w	intima	

166

a	deuocione
b	alacritate
c	charitate
d	dilectione
e	integritate
f	mundicia
g	innocencia
h	exultacione
i	iubilacione
k	diligencia
l	hilaritate
m	sanctitate
n	affectione
o	bonitate
p	auiditate
q	credulitate
r	reuerencia
s	rectitudine
t	obseruacione
v	beneuolencia
x	simplicitate
y	castimonia
z	sobrietate
w	castitate

---

165   v   cordiali] cordialissima *Wo*.

LIBER SECVNDVS 323

167

a laudanda
b honoranda
c ueneranda
d collaudanda
e prehonoranda
f preconizanda
g predicanda
h peramanda
i preamanda
k amanda
l diligenda
m inploranda   es quia per te
n colenda   es quoniam per te
o recolenda
p miranda
q admiranda
r inuocanda
s adoranda
t memoranda
v rememoranda
x glorificanda
y celebranda
z perquirenda
w obseruanda

168

a salus
b saluacio
c libertas
d liberacio
e redemcio
f renouacio
g innouacio
h resurrectio
i reconciliacio
k instauracio
l restauracio
m uiuificacio
n benedictio
o gracia
p pax
q uita
r lux
s quies
t requies
v securitas
x tranquillitas
y misericordia
z benignitas
w clemencia

169

a	orta	
b	nata	
c	data	
d	exorta	
e	donata	
f	reddita	
g	redonata	
h	restituta	
i	inuenta	
k	reinuenta	
l	adinuenta	
m	suborta	est
n	tradita	est
o	collata	
p	prestita	
q	exhibita	
r	impensa	
s	concessa	
t	reparata	
v	reformata	
x	restaurata	
y	instaurata	
z	ministrata	
w	subministrata	

170

a	fidelibus
b	humilibus
c	rectis corde
d	credentibus
e	mansuetis
f	omnibus
g	uniuersis
h	predestinatis
i	iustificatis
k	sanctificatis
l	penitentibus
m	supplicantibus
n	postulantibus
o	exorantibus
p	expetentibus
q	orantibus
r	petentibus
s	conpunctis
t	contritis
v	miseris
x	misellis
y	miserandis
z	exulantibus
w	mortalibus

LIBER SECVNDVS

171

a	Rogamus	
b	Petimus	
c	Cupimus	
d	Expetimus	
e	Credimus	
f	Speramus	
g	Confidimus	
h	Desideramus	
i	Concupiscimus	
k	Exoptamus	
l	Optamus	
m	Oramus	itaque o
n	Exoramus	enim o
o	Precamur	
p	Deprecamur	
q	Quesumus	
r	Postulamus	
s	Expostulamus	
t	Exspectamus	
v	Efflagitamus	
x	Prestolamur	
y	Flagitamus	
z	Supplicamus	
w	Affectamus	

172

a	piissima
b	mitissima
c	pientissima
d	dignissima
e	speciosissima
f	pulcherrima
g	benignissima
h	clementissima
i	reuerentissima
k	gloriosissima
l	preciosissima
m	innocentissima
n	excelentissima
o	eminentissima
p	splendidissima
q	fulgentissima
r	celeberrima
s	potentissima
t	nobilissima
v	pudicissima
x	castissima
y	purissima
z	sanctissima
w	beatissima

173

a uirgo
b regina
c femina
d domina
e adiutrix
f patrona
g aduocata
h reparatrix
i auxiliatrix
k imperatrix
l dominatrix
m conseruatrix
n defensatrix
o interuentrix
p reconciliatrix
q recuperatrix
r refocillatrix
s restauratrix
t instauratrix
v releuatrix
x subuentrix
y mediatrix
z refigeracio
w confortatrix

174

a omnium
b cunctorum
c uniuersorum
d pauperum
e humilium
f fidelium
g hominum
h mortalium
i miserorum
k gementium
l credentium
m christianorum
n christicolarum
o mansuetorum
p peregrinantium
q catholicorum
r ortodoxorum
s implorantium
t inuocantium
v exulantium
x confidentium
y exspectantium
z prestolantium
w uiuentium

---

174   m   christianorum] christianorum | maria *b*.

         n   christicolarum] christicolarum | maria *b*.

LIBER SECVNDVS

175

a saluari
b uiuificari
c iustificari
d rectificari
e purificari
f emundari
g sanctificari
h informari
i illustrari
k illuminari
l glorificari
m conseruari
n reconciliari
o premuniri
p innouari
q renouari
r beatificari
s letificari
t adiuuari
v emendari
x mundari
y foueri
z iuuari
w seruari

176

a sanctis
b assiduis
c magnis
d maximis
e continuis
f dulcissimis
g frequentibus
h pientissimis
i magnificis
k sanctissimis
l gratissimis
m efficacissimis
n potentissimis
o benignissimis
p gloriosissimis
q preclarissimis
r clementissimis
s clarissimis
t quotidianis
v mitissimis
x ditissimis
y piissimis
z gloriosis
w fructuosis

177

a	meritis	
b	auxiliis	
c	suffragiis	
d	oracionibus	
e	intercessionibus	
f	interuencionibus	
g	subuencionibus	
h	releuaminibus	
i	leuaminibus	
k	patrociniis	
l	presidiis	
m	subsidiis	tuis coram
n	precibus	tuis coram
o	precatibus	
p	fauoribus	
q	iuuaminibus	
r	precacionibus	
s	deprecacionibus	
t	postulacionibus	
v	flagitacionibus	
x	supplicacionibus	
y	defensionibus	
z	rogacionibus	
w	peticionibus	

178

a	eterno
b	superno
c	piissimo
d	supremo
e	summo
f	sempiterno
g	dulcissimo
h	pientissimo
i	omnipotente
k	cunctipotente
l	clementissimo
m	benignissimo
n	misericordissimo
o	indulgentissimo
p	excellentissimo
q	mansuetissimo
r	tranquillissimo
s	gloriosissimo
t	inuictissimo
v	fortissimo
x	sanctissimo
y	altissimo
z	potentissimo
w	prestantissimo

LIBER SECVNDVS

179

a auctore
b saluatore
c creatore
d conditore
e imperatore
f fabricatore
g plasmatore
h restauratore
i instauratore
k reconciliatore
l conseruatore
m gubernatore
n confirmatore
o confortatore
p illuminatore
q illustratore
r consolatore
s iustificatore
t sanctificatore
v reparatore
x promotore
y productore
z liberatore
w mediatore

180

a nostro
b mundi
c uniuersi
d omnium
e cunctorum
f uniuersorum
g uniuersitatis
h tocius mundi
i orbis terrarum
k creaturarum
l christicolarum
m christianorum
n humilium
o fidelium
p uiuentium
q sperantium
r mortalium
s fragilium
t terrarum
v hominum
x humanitatis
y credentium
z catholicorum
w confidentium

iesu christo quem
christo iesu quem

181

a	concepisti	
b	conceperas	
c	peperisti	
d	pepereras	
e	parturisti	
f	parturieras	
g	parturiuisti	
h	baiulaueras	
i	baiulauisti	
k	balneasti	
l	baiulasti	
m	nutristi	qui te
n	fouisti	qui te
o	amasti	
p	portasti	
q	nutriuisti	
r	nutriueras	
s	nutriebas	
t	portaueras	
v	procurasti	
x	balneaueras	
y	educaueras	
z	educauisti	
w	educasti	

182

a	audit	
b	audiet	
c	exaudiet	
d	exaudit	
e	suscipit	
f	suscipiet	
g	admittit	
h	admittet	
i	honorat	
k	honorabit	
l	reueretur	
m	reuerebitur	in omnibus que
n	auscultat	in cunctis que
o	obscultat	
p	obscultabit	
q	auscultabit	
r	consolatur	
s	consolabitur	
t	non despiciet	
v	non despicit	
x	respiciet	
y	respicit	
z	aspiciet	
w	aspicit	

---

181   q   nutriuisti] nutiuisti *W*.

LIBER SECVNDVS

331

183

a	petieris	
b	volueris	
c	optaueris	
d	expecieris	
e	poposceris	
f	postulaueris	
g	expostulaueris	
h	desideraueris	
i	concupieris	
k	concupiueris	
l	exoptaueris	
m	exoraueris	teque
n	oraueris	teque
o	oras	
p	petis	
q	uis	
r	expetis	
s	postulas	
t	desideras	
v	expostulas	
x	rogaueris	
y	deprecaris	
z	precaris	
w	poscis	

184

a	fecit	
b	effecit	
c	statuit	
d	constituit	
e	collocauit	
f	sublimauit	
g	exaltauit	
h	exornauit	
i	decorauit	
k	ordinauit	
l	coronauit	
m	deputauit	esse
n	uoluit	esse
o	instituit	
p	elegit	
q	preelegit	
r	promouit	
s	declarauit	
t	monstrauit	
v	demonstrauit	
x	proposuit	
y	preposuit	
z	complacuit	
w	honorauit	

---

184   z   complacuit] preordinauit *b*.

185

a	potentem	
b	magnam	
c	gloriosam	
d	maximam	
e	honorificam	
f	honorabilem	
g	imperatricem	
h	moderatricem	
i	principem	
k	dominam	
l	reginam	
m	patronam	super
n	aduocatam	super
o	clarissimam	
p	precellentem	
q	altissimam	
r	excellentem	
s	omnipotentem	
t	cunctipotentem	
v	potentissimam	
x	gloriosissimam	
y	eminentissimam	
z	precellentissimam	
w	excellentissimam	

186

a	electos	
b	angelos	
c	archangelos	
d	principatus	
e	potestatus	
f	cherubym	
g	seraphym	
h	uirtutes	
i	thronos	
k	celicolas	
l	sanctos	
m	iustos	omnes
n	celos	omnes
o	beatos	
p	bonos	
q	spiritus	
r	creaturas	
s	animas	
t	homines	
v	sanctificatos	
x	beatificatos	
y	dominaciones	
z	glorificatos	
w	predestinatos	

---

185 v potentissimam] potissimam *Wo*.

LIBER SECVNDVS   333

187   188

a	subiiciens		
b	tradens		
c	tribuens		
d	contradens		
e	contribuens		
f	submittens		
g	permittens		
h	commitens		
i	commendans		
k	prommittens		
l	dimittens		
m	donans	tuis	
n	dans	tuis	
o	prestans		
p	deferens		
q	offerens		
r	prebens		
s	conferens		
t	concedens		
v	assignans		
x	consignans		
y	administrans		
z	ministrans		
w	exhibens		

a	uotis		
b	meritis		
c	precibus		
d	imperiis		
e	mandatis		
f	iussionibus		
g	uoluntatibus		
h	preceptionibus		
i	supplicacionibus		
k	oracionibus		
l	desideriis		
m	preceptis	omnia	
n	nutibus	uniuersa	
o	consiliis		
p	presidiis		
q	subsidiis		
r	suffragiis		
s	beneplacitis		
t	postulacionibus		
v	intercessionibus		
x	interuencionibus		
y	subuencionibus		
z	patrociniis		
w	peticionibus		

---

188 n   beneplacitis] benplacitis *W*.
     x   interuencionibus] subuencionibus *Wo, b*.
     y   subuencionibus] interuencionibus *Wo, b*.

334

POLYGRAPHIA IOANNIS TRITEMII

189

a	Rogamus	
b	Rogitamus	
c	Exposcimus	
d	Postulamus	
e	Expostulamus	
f	Efflagitamus	
g	Flagitamus	
h	Expetimus	
i	Poscimus	
k	Petimus	
l	Optamus	
m	Cupimus	o quater
n	Oramus	o ter
o	Exoramus	
p	Exoptamus	
q	Precamur	
r	Deprecamur	
s	Supplicamus	
t	Desideramus	
v	Imploramus	
x	Suspiramus	
y	Quesumus	
z	Inuocamus	
w	Affectamus	

190

a	maxima	
b	purissima	
c	sanctissima	
d	pientissima	
e	pudicissima	
f	nobilissima	
g	speciosissima	
h	pulcherrima	
i	innocentissima	
k	preciosissima	
l	castissima	
m	mitissima	uirgo
n	piissima	uirgo
o	ornatissima	
p	clarissima	
q	preclarissima	
r	gloriosissima	
s	clementissima	
t	excellentissima	
v	splendidissima	
x	misericordissima	
y	potentissima	
z	benignissima	
w	dulcissima	

---

189 m o quater] o ter quaterque *b*.

n o ter] o ueraciter *b*.

190 m/n uirgo] uirgo maria *b*.

LIBER SECVNDVS

191

a laus
b leticia
c suauitas
d dulcedo
e recreacio
f amenitas
g iocunditas
h imperatrix
i glorificacio
k glorificatrix
l exultacio
m exaltacio
n domina
o regina
p gloria
q gloriacio
r amatrix
s decoracio
t decoratrix
v moderatrix
x consolatrix
y consolacio
z coronatrix
w coronacio

192

a iustorum
b piorum
c rectorum
d bonorum
e sanctorum
f angelorum
g beatorum
h electorum
i humilium
k credentium
l fidelium
m uirtutum   omnium et
n felicium   omnium et
o celestium
p apostolorum
q martyrum
r uirginum
s innocentum
t confessorum
v prophetarum
x patriarcharum
y christicolarum
z christianorum
w principatuum

193

a	pia
b	potens
c	prompta
d	uoluntaria
e	dignissima
f	promptissima
g	potentissima
h	pientissima
i	piissima
k	clemens
l	dulcis
m	mitis
n	uera
o	certa
p	unica
q	sola
r	solida
s	firma
t	optima
v	maxima
x	certissima
y	uerissima
z	amantissima
w	benignissima

194

a	mater
b	parens
c	fautrix
d	patrona
e	aduocata
f	mediatrix
g	auxiliatrix
h	promotrix
i	conseruatrix
k	defensatrix
l	adiutrix
m	fiducia
n	fotrix
o	spes
p	pax
q	salus
r	curatrix
s	saluatrix
t	confidencia
v	restauratrix
x	instauratrix
y	miseratrix
z	procuratrix
w	refrigeracio

LIBER SECVNDVS

195

a	fidelium	
b	fragilium	
c	pauperum	
d	mortalium	
e	uiuentium	
f	gementium	
g	merentium	
h	lugentium	
i	credentium	
k	penitencium	
l	sperancium	
m	dolencium	quatenus
n	exulum	quatenus
o	egentium	
p	exulantium	
q	innocentium	
r	inuocantium	
s	clamantium	
t	postulancium	
v	supplicantium	
x	suspirancium	
y	infirmantium	
z	miserabilium	
w	lachrymancium	

196

a	ores	
b	exores	
c	adores	
d	perores	
e	postules	
f	expostules	
g	intercedas	
h	interuenias	
i	interpelles	
k	interloquaris	
l	proloquaris	
m	implores	pro nobis
n	loquaris	pro nobis
o	deposcas	
p	exposcas	
q	poscas	
r	roges	
s	petas	
t	expetas	
v	preceris	
x	depreceris	
y	flagites	
z	efflagites	
w	assistas	

---

196   i   interpelles] interpellas *Wo*.

197

a	miseris
b	misellis
c	infirmis
d	miserrimis
e	miserandis
f	miserabilibus
g	erumnosis
h	immundis
i	inutilibus
k	fragilibus
l	uanissimis
m	infirmissimis
n	desolatis
o	abiectis
p	caducis
q	uiciosis
r	iniquis
s	iniustis
t	prauis
v	egenis
x	uanis
y	prauissimis
z	iniquissimis
w	abiectissimis

198

a	creaturis	
b	hominibus	
c	homuncionibus	
d	mortalibus	
e	peccatoribus	
f	terrestribus	
g	mundanis	
h	terrigenes	
i	terrenis	
k	exulibus	
l	seruitoribus	
m	credentibus	ad
n	ortodoxis	ad
o	famulis	
p	seruulis	
q	catholicis	
r	christianis	
s	christicolis	
t	ecclesiasticis	
v	peregrinis	
x	pauperibus	
y	carnalibus	
z	claustralibus	
w	ministerialibus	

LIBER SECVNDVS

199

a pium
b iustum
c magnum
d optimum
e maximum
f piissimum
g mitissimum
h pientissimum
i dulcissimum
k omnipotentem
l cunctipotentem
m sempiternum
n benignissimum
o clementissimum
p gloriosissimum
q indulgentissimum
r potentissimum
s incommutabilem
t immortalem
v inuisibilem
x eternum
y gloriosum
z euiternum
w benignum

200

a imperatorem
b redemptorem
c saluatorem
d liberatorem
e conditorem
f creatorem
g factorem
h ereptorem
i dominum
k iudicem
l regem
m deum
n opificem
o auctorem
p patrem
q adiutorem
r rectorem
s motorem
t susceptorem
v dominatorem
x conseruatorem
y uiuificatorem
z gubernatorem
w sanctificatorem

201

a	nostrum	
b	cunctorum	
c	omnium	
d	fidelium	
e	humilium	
f	credentium	
g	uniuersorum	
h	uniuersitatis	
i	uisibilium	
k	mortalium	
l	spirituum	
m	animarum	et cum
n	mentium	et cum
o	bonorum	
p	iustorum	
q	piorum	
r	sanctorum	
s	electorum	
t	mitium	
v	pauperum	
x	hominum	
y	ortodoxorum	
z	uiuentium	
w	christianorum	

202

a	hora
b	horula
c	instans
d	tempus
e	punctus
f	instancia
g	seueritas
h	necessitas
i	crudelitas
k	angustia
l	necessitudo
m	amaritudo
n	momentum
o	perturbacio
p	mestitudo
q	calamitas
r	tribulacio
s	turbacio
t	uiolencia
v	pressura
x	gemitus
y	tristicia
z	timor
w	pauor

LIBER SECVNDVS

341

203

a	mortis
b	obitus
c	eundi
d	exeundi
e	abeundi
f	migrandi
g	emigrandi
h	egrediendi
i	regrediendi
k	progrediendi
l	commigrandi
m	transmigrandi
n	dissolucionis
o	defunctionis
p	defungendi
q	dissoluendi
r	moriendi
s	emoriendi
t	decedendi
v	abscedendi
x	discedendi
y	resoluendi
z	euolandi
w	auolandi

204

a	adesse	
b	uenire	
c	instare	
d	adstare	
e	aduenire	
f	ingruere	
g	emergere	
h	irrumpere	
i	prorumpere	
k	properare	
l	irruere	
m	urgere	ceperit tunc o
n	preualere	ceperit tunc o
o	festinare	
p	perurgere	
q	insurgere	
r	consurgere	
s	approximare	
t	appropinquare	
v	propinquare	
x	proximare	
y	molestare	
z	prosilire	
w	assistere	

---

203 v abscedendi] acredendi *Wo.*

205

a	piissima
b	castissima
c	mitissima
d	beatissima
e	purissima
f	dulcissima
g	pientissima
h	nobilissima
i	sanctissima
k	celeberrima
l	potentissima
m	pulcherrima
n	benignissima
o	clementissima
p	gloriosissima
q	splendidissima
r	misericordissima
s	prudentissima
t	colendissima
v	speciosissima
x	preclarissima
y	pudicissima
z	integerrima
w	clarissima

206

a	uirgo	
b	mater	
c	parens	
d	domina	
e	patrona	
f	aduocata	
g	adiutrix	
h	imperatrix	
i	auxiliatrix	
k	subuentrix	
l	interuentrix	
m	interlocutrix	nobis
n	intermediatrix	nobis
o	conseruatrix	
p	miseratrix	
q	mediatrix	
r	procuratrix	
s	saluatrix	
t	promotrix	
v	puerpera	
x	theotocos	
y	nutrix	
z	femina	
w	regina	

LIBER SECVNDVS

343

207

a pia
b mitis
c dulcis
d suauis
e clemens
f materne
g piissime
h pienter
i suauiter
k fideliter
l dulciter
m clementer
n mitissime
o dulcissime
p pientissime
q fidelissime
r suauissime
s benigniter
t personaliter
v benignissime
x constanter
y hilariter
z salubriter
w potenter

208

a adesto
b appare
c appareas
d subueni
e subuenias
f succurras
g succurrito
h succurre
i faueto
k faueas
l faue
m adsis   ne
n adsta   ne
o adstes
p coram sis
q coram esto
r presens esto
s misereare
t miserearis
v commiserere
x miserere
y adsistes
z adsiste
w illucesce

209

a	damnemur	
b	condemnemur	
c	torqueamur	
d	pereamus	
e	intereamus	
f	iudicemur	
g	cruciemur	
h	affligamur	
i	associemur	
k	computemur	
l	deputemur	
m	reputemur	cum
n	proiiciamur	cum
o	deiiciamur	
p	iungamur	
q	coniungamur	
r	conscribamur	
s	ascribamur	
t	inscribamur	
v	describamur	
x	annumeremur	
y	connumeremur	
z	rapiamur	
w	flagellemur	

210

a	impiis	
b	iniustis	
c	reprobis	
d	sceleratis	
e	iniquis	
f	pessimis	
g	apostatis	
h	perfidis	
i	improbis	
k	incredulis	
l	infidelibus	
m	demonibus	in
n	impiissimis	in
o	iniustissimis	
p	sceleratissimis	
q	scelestissimis	
r	iniquissimis	
s	peruersissimis	
t	peruersis	
v	desperatis	
x	obstinatis	
y	damnatis	
z	maleficis	
w	malis	

LIBER SECVNDVS

211

a tremendo
b metuendo
c timendo
d horrendo
e pauendo
f seuero
g seuissimo
h seuerissimo
i horrendissimo
k metuendissimo
l equissimo
m iustissimo
n futuro
o equo
p iusto
q certo
r instante
s ordinato
t uenturo
v certissimo
x infallibili
y ineuitabili
z propatulo
w manifesto

212

a dei
b christi
c domini
d creatoris
e conditoris
f saluatoris
g plasmatoris
h redemptoris
i sanctificatoris
k uiuificatoris
l dominatoris
m imperatoris
n gubernatoris
o conseruatoris
p fabricatoris
q sustentatoris
r moderatoris
s denotatoris
t inspectoris
v factoris
x rectoris
y opificis
z regis
w iudicis

213

a	nostri	
b	mundi	
c	omnium	
d	cunctorum	
e	uniuersorum	
f	uniuersitatis	
g	omnipotentis	
h	cunctipotentis	
i	omniscientis	
k	iustissimi	
l	rectissimi	
m	maximi	iudicio sed
n	optimi	iudicio sed
o	summi	
p	potentis	
q	equissimi	
r	potentissimi	
s	sapientissimi	
t	incommutabilis	
v	incomprehensibilis	
x	incircumscriptibilis	
y	indeceptibilis	
z	infallibilis	
w	terribilis	

214

a	uitam	
b	leticiam	
c	dulcedinem	
d	requiem	
e	gloriam	
f	suauitatem	
g	amenitatem	
h	iocunditatem	
i	beatitudinem	
k	fruicionem	
l	claritatem	
m	pacem	cum omnibus
n	lucem	cum omnibus
o	quietem	
p	mansionem	
q	habitacionem	
r	felicitatem	
s	iubilacionem	
t	uoluptatem	
v	tranquillitatem	
x	exultacionem	
y	sublimitatem	
z	glorificacionem	
w	libertatem	

LIBER SECVNDVS

215

a sanctis
b electis
c bonis
d iustis
e apostolis
f angelis
g beatis
h rectis
i felicibus
k iustificatis
l sanctificatis
m celicolis   assequamur
n gloriosis   habeamus
o piis
p puris
q fidelibus
r christianis
s christicolis
t uirtuosis
v martyribus
x archangelis
y euangelistis
z confessoribus
w predestinatis

216

a eternam
b euiternam
c perpetuam
d perennem
e sempiternam
f gaudiosam
g amenissimam
h interminabilem
i incomparabilem
k immarcessibilem
l inenarrabilem
m inestimabilem
n lucifluam
o ineffabilem
p pulcherrimam
q incessabilem
r infinibilem
s infinitam
t promissam
v repromissam
x angelicam
y celicam
z celestem
w diuinam

217 218

a	Pater	a	noster
b	Factor	b	nostrum
c	Creator	c	omnium
d	Conditor	d	cunctorum
e	Amator	e	uniuersorum
f	Saluator	f	uniuersitatis
g	Plasmator	g	christianorum
h	Redemptor	h	christicolarum
i	Conseruator	i	predestinatorum
k	Sanctificator	k	supercelestium
l	Iustificator	l	uniuersalium
m	Auxiliator	m	generalium	qui
n	Adiutor	n	generis nostri	qui
o	Opifex	o	hominum
p	Auctor	p	iustorum
q	Iudex	q	bonorum
r	Rex	r	piorum
s	Deus	s	mitium
t	Rector	t	fidelium
v	Defensor	v	sanctorum
x	Imperator	x	credentium
y	Liberator	y	angelorum
z	Viuificator	z	spirituum
w	Consolator	w	ortodoxorum

LIBER SECVNDVS

219

a   es
b   ades
c   uiuis
d   extas
e   existis
f   manes
g   permanes
h   resplendes
i   dominaris
k   principaris
l   triumphas
m   choruscas   in
n   imperas   in
o   regnas
p   reluces
q   luces
r   sedes
s   resides
t   refulges
v   habitas
x   rutilas
y   splendes
z   splendescis
w   glorificaris

220

a   celis
b   celo
c   altis
d   alto
e   excelo
f   excelsis
g   altissimo
h   altissimis
i   celestibus
k   omnibus
l   uniuersis
m   supernis
n   uranicis
o   uranis
p   urano
q   euum
r   eternum
s   euiternum
t   perpetuum
v   sempiternum
x   eternitate
y   eminentissimo
z   eminentissimis
w   supremis

	221		222	
a	sanctificetur	a	nomen	
b	magnificetur	b	onoma	
c	glorificetur	c	regnum	
d	benedicatur	d	imperium	
e	honorificetur	e	uocabulum	
f	superexaltetur	f	scabellum	
g	honoretur	g	diadema	
h	exaltetur	h	sceptrum	
i	laudetur	i	consilium	
k	timeatur	k	eloquium	
l	diligatur	l	institutum	
m	ametur	m	constitutum	tuum
n	adoretur	n	mysterium	tuum
o	colatur	o	alloquium	
p	inuocetur	p	testimonium	
q	celebretur	q	euangelium	
r	concelebretur	r	cognomentum	
s	collaudetur	s	latibulum	
t	clarificetur	t	cognomen	
v	beatificetur	v	agnomen	
x	manifestetur	x	prenomen	
y	amplificetur	y	pronomen	
z	agnoscatur	z	templum	
w	cognoscatur	w	thelema	

LIBER SECVNDVS

223

a adueniat
b conueniat
c perueniat
d proueniat
e adunetur
f coadunetur
g magnificetur
h multiplicetur
i sanctificetur
k amplificetur
l congregetur
m prosperetur
n amplietur
o dilatetur
p pacificetur
q preualeat
r conualeat
s exaltetur
t augeatur
v firmetur
x confirmetur
y confortetur
z crescat
w ueniat

224

a regnum
b imperium
c dominium
d institutum
e constitutum
f documentum
g beneplacitum
h repromissum
i promissum
k eloquium
l consilium
m uerbum   tuum
n dogma   tuum
o ouile
p opus
q placitum
r complacitum
s premium
t amuletum
v remedium
x adiutorium
y domicilium
z testimonium
w sanctificium

	225			226	
a	fiat		a	uoluntas	
b	placeat		b	institucio	
c	ametur		c	constitucio	
d	diligatur		d	preceptio	
e	impleatur		e	disposicio	
f	compleatur		f	ordinacio	
g	adimpleatur		g	consultacio	
h	perficiatur		h	prouidencia	
i	preualeat		i	predestinacio	
k	proficiat		k	commiseracio	
l	formetur		l	misericordia	
m	imperet		m	miseracio	tua
n	regnet		n	cogitacio	tua
o	superet		o	intencio	
p	operetur		p	uolicio	
q	expleatur		q	mens	
r	exerceatur		r	iusso	
s	dominetur		s	lex	
t	obseruetur		t	iusticia	
v	conseruetur		v	ueneracio	
x	custodiatur		x	consolacio	
y	manifestetur		y	iustificacio	
z	complaceat		z	sanctificacio	
w	permaneat		w	illuminacio	

---

225 h   perficiatur] proficiatur *Wo.*

LIBER SECVNDVS

227

a	sicut	
b	sicuti	
c	uelut	
d	ueluti	
e	simul	
f	pariter	
g	equaliter	
h	tamquam	
i	quemadmodum	
k	quatinus	
l	qualiter	
m	instar	in
n	semper	in
o	iugiter	
p	assidue	
q	eque	
r	ast	
s	uti	
t	ut	
v	et	
x	perfecte	
y	similiter	
z	perpetuo	
w	continue	

228

a	celo	
b	celis	
c	celicolis	
d	excelsis	
e	celestibus	
f	supernis	
g	altissimis	
h	supremis	
i	supercelestibus	
k	supremo	
l	superno	
m	excelso	et in
n	altis	et in
o	alto	
p	iustis	
q	bonis	
r	patria	
s	angelis	
t	beatis	
v	felicitate	
x	beatissimis	
y	archangelis	
z	principatibus	
w	dominacionibus	

229

a	terra
b	terris
c	terrenis
d	terrigenis
e	terrestribus
f	hominibus
g	peregrinacione
h	peregrinacionibus
i	exulantibus
k	peccatoribus
l	mortalibus
m	mundanis
n	humanis
o	mundo
p	infimis
q	infimo
r	imis
s	imo
t	nobis
v	exilio
x	fragilibus
y	fidelibus
z	uiuentibus
w	inferioribus

230

a	panem
b	uictum
c	amictum
d	poculum
e	uestimentum
f	operimentum
g	nutrimentum
h	incrementum
i	indumentum
k	uictalicium
l	fomentum
m	edulium
n	potum
o	pastum
p	mixtum
q	cibum
r	ornatum
s	profectum
t	solacium
v	subsidium
x	refrigerium
y	alimentum
z	commeatum
w	sustentaculum

---

229 c terrenis] terrigenis *Wo, b.*

 d terrigenis] terrenis *Wo, b.*

230 n potum] pastum *Wo, b.*

 o pastum] potum *Wo, b.*

 t solacium] solarium *Wo.*

LIBER SECVNDVS

231

a nostrum
b iustorum
c bonorum
d electorum
e sanctorum
f angelorum
g supernorum
h supercelestium
i beatitudinis
k innocentium
l innocencie
m bonitatis
n puritatis
o pietatis
p salutis
q pacis
r uite
s lucis
t iusticie
v uirtutis
x charitatis
y felicitatis
z synceritatis
w perfectionis

232

a quotidianum
b necessarium
c sempiternum
d preparatum
e perpetuum
f euiternum
g eternum
h optatum
i sanctum
k purum
l lucidum
m uranicum
n uiuificum
o salutiferum
p saluberrimum
q robustissimum
r solidissimum
s fortissimum
t suauissimum
v magnificum
x maximum
y optimum
z candidum
w desideratum

POLYGRAPHIA IOANNIS TRITEMII

233

a	da	a	nobis
b	dona	b	miseris
c	condona	c	misellis
d	concede	d	egenis
e	concedas	e	fidelibus
f	concedito	f	egentibus
g	impende	g	pauperibus
h	impendas	h	credentibus
i	impendito	i	postulantibus
k	distribuas	k	supplicantibus
l	distribue	l	expostulantibus
m	elargire	m	exspectantibus
n	largire	n	deprecantibus
o	presta	o	prestolantibus
p	confer	p	penitentibus
q	offer	q	indigentibus
r	infer	r	mortalibus
s	offeras	s	orantibus
t	conferas	t	petentibus
v	prebeas	v	optantibus
x	prebeto	x	precantibus
y	tribue	y	exorantibus
z	tribuas	z	rogantibus
w	ministra	w	poscentibus

234

LIBER SECVNDVS

235			236		
a	hodie		a	dimitte	
b	hocdie		b	dimittas	
c	hacdie		c	dimittito	
d	quotidie		d	remittas	
e	omnidie		e	remittito	
f	continue		f	remitte	
g	incessanter		g	indulge	
h	indesinenter		h	indulgeas	
i	abundanter		i	emunda	
k	sufficienter		k	emundes	
l	clementer		l	abstergas	
m	perenniter	et	m	abstergito	nobis
n	misericorditer	et	n	absterge	nobis
o	perpetuo		o	relaxa	
p	iugiter		p	relaxes	
q	semper		q	condona	
r	assidue		r	condones	
s	piissime		s	resoluito	
t	affluenter		t	resolues	
v	affatim		v	resolue	
x	prouide		x	aufer	
y	pientissime		y	auferas	
z	graciose		z	auferto	
w	gratanter		w	dissolue	

---

235 x   prouide] proinde *Wo*.

237

a	debita	
b	scelera	
c	delicta	
d	crimina	
e	facinora	
f	demerita	
g	maleficia	
h	malefacta	
i	peccamina	
k	flagicia	
l	peccata	
m	occulta	nostra
n	uicia	nostra
o	mala	
p	praua	
q	neglecta	
r	admissa	
s	commissa	
t	pretermissa	
v	transacta	
x	imperfecta	
y	occultiora	
z	perpetrata	
w	paraptomata	

238

a	sicut	
b	sicuti	
c	uelut	
d	ueluti	
e	quia	
f	quantum	
g	quatinus	
h	qualiter	
i	quoniam	
k	quociens	
l	quandocumque	
m	quocienscumque	et nos
n	quemadmodum	et nos
o	dummodo	
p	quamcito	
q	nempe	
r	quippe	
s	cum	
t	dum	
v	qui	
x	uti	
y	ut	
z	si	
w	nam	

LIBER SECVNDVS

359

239

		240			
a	dimittimus	a	debitoribus		
b	remittimus	b	debentibus		
c	indulgemus	c	iniuriantibus		
d	reconciliamur	d	iniuriatoribus		
e	compatimur	e	malefactoribus		
f	condonamus	f	malefacientibus		
g	concedimus	g	insultantibus		
h	condolemus	h	detractoribus		
i	miseremur	i	detrahentibus		
k	relaxamus	k	aduersantibus		
l	laxamus	l	aduersariis		
m	parcimus	m	inimicis	nostris et ne	
n	facimus	n	hostibus	nostris et ne	
o	agimus	o	emulis		
p	largimur	p	contrariis		
q	elargimur	q	osoribus		
r	imprecamur	r	lesoribus		
s	condescendimus	s	ledentibus		
t	succurrimus	t	persecutoribus		
v	subuenimus	v	insidiatoribus		
x	benefacimus	x	calumniatoribus		
y	consentimus	y	calumniantibus		
z	exhibemus	z	persequentibus		
w	ostendimus	w	offensoribus		

---

239 e   compatimur] patimur *Wo.*

240 d   iniuriatoribus] malefactoribus *Wo, b.*

    e   malefactoribus] malefacientibus *Wo, b.*

    f   malefacientibus] insultantibus *Wo, b.*

    g   insultantibus] detractoribus *Wo, b.*

    h   detractoribus] detrahentibus *Wo, b.*

    i   detrahentibus] iniuriatoribus *Wo, b.*

POLYGRAPHIA IOANNIS TRITEMII

	241		242	
a	nos	a	inducas	
b	pios	b	induxeris	
c	iustos	c	adduxeris	
d	bonos	d	adducas	
e	mites	e	inducito	
f	fideles	f	adducito	
g	fragiles	g	perducas	
h	homines	h	perducito	
i	infirmos	i	perduxeris	
k	miseros	k	produxeris	
l	mortales	l	producito	
m	credentes	m	producas	in
n	miserandos	n	conducas	in
o	miserabiles	o	conduxeris	
p	christicolas	p	conducito	
q	christianos	q	abducito	
r	mansuetos	r	abducas	
s	simplices	s	abduxeris	
t	paruulos	t	reduxeris	
v	humiles	v	reducito	
x	pusillos	x	reducas	
y	contritos	y	introducas	
z	pauidos	z	introduxeris	
w	debiles	w	deducas	

---

242 c   adduxeris] abduxeris *b*.

     s   abduxeris] precipites *b*.

LIBER SECVNDVS   361

243   244

a temptacionem   a libera
b temptaciones   b liberes
c temptamentum   c liberato
d temptamenta   d releua
e temptamina   e releues
f temptamen   f releuato
g maliuolenciam   g reseruato
h alienacionem   h reserues
i apostasiam   i preseruato
k auersionem   k preserues
l calamitatem   l preserua
m prauitatem   sed   m conseruato
n maliciam   sed   n conserues
o peccatum   o conserua
p interitum   p protege
q mortem   q conseruabis
r uanitatem   r reseruabis
s perdicionem   s seruabis
t pertinaciam   t custodias
v impenitenciam   v custodi
x superbiam   x serues
y obstinacionem   y serua
z displicenciam   z defence
w desolacionem   w redime

---

244 p   protege] *Korrektur auf Radierung, wahrscheinlich zunächst preseruemur W*, preserue-
        mur *Wo, b.*

    q   conseruabis] *Korrektur auf Radierung, wahrscheinlich zunächst conseruemur W, als
        Marginalie defendere C*, conseruemur *Wo, b.*

    r   reseruabis] *Korrektur auf Radierung, wahrscheinlich zunächst reseruemur W, als radier-
        te Marginalie tuere C*, reseruemur *Wo, b.*

    s   seruabis] *Korrektur auf Radierung, wahrscheinlich zunächst reseruemur W, als Margi-
        nalie auf Radierung tuere C*, seruemur *Wo, b.*

245

a	nos	
b	inopes	
c	egenos	
d	miseros	
e	misellos	
f	pauperes	
g	omnes	
h	cunctos	
i	uniuersos	
k	ministros	
l	sacerdotes	
m	infirmos	tuos a
n	famulos	tuos a
o	seruulos	
p	supplices	
q	fideles	
r	humiles	
s	credulos	
t	oratores	
v	amatores	
x	christianos	
y	christicolas	
z	adoratores	
w	inuocatores	

246

a	malo	
b	malis	
c	peccato	
d	peccatis	
e	malicia	
f	maliciis	
g	maleficio	
h	maleficiis	
i	periculo	
k	periculis	
l	perdicione	
m	reatibus	amen
n	morbis	amen
o	morte	
p	reatu	
q	uiciis	
r	uicio	
s	culpa	
t	culpis	
v	delicto	
x	delictis	
y	crimine	
z	maledictione	
w	maledictionibus	

---

245 h   cunctos] sanctos *Wo.*

LIBER SECVNDVS

247

a Aue
b Aueto
c Salue
d Salueto
e Salueris
f Gaudeto
g Gaudeas
h Gaude
i Letare
k Plaude
l Plaudeas
m Plaudito
n Congaude
o Congaudeas
p Congaudeto
q Colleteris
r Colletare
s Exultes
t Exulta
v Valeas
x Valeto
y Vale
z Viue
w Viuas

248

a maria
b uirgo
c regina
d domina
e puerpera
f imperatrix
g uirguncula
h dominatrix
i uerbigena
k theotocos
l parens
m mater
n uiola
o rosa
p intacta
q inuiolata
r patrona
s deifera
t deipera
v aduocata
x incorrupta
y intemerata
z incontaminata
w benignissima

249

a gracia
b leticia
c iusticia
d pietate
e pudicicia
f castitate
g mundicia
h innocencia
i charitate
k sanctitate
l sanctitudine
m pulchritudine
n benedictionibus
o sanctimonia
p integritate
q castimonia
r uirtutibus
s pneumate
t puritate
v diuinitate
x clemencia
y dulcedine
z suauitate
w sancto spiritu

250

a plena
b repleta
c impleta
d referta
e ornata
f exornata
g decorata
h plenissima
i refertissima
k accumulata
l locupletissima
m acumulatissima
n abundantissima
o affluentissima
p ornatissima
q circumfusa
r sublimata
s sublimis
t ditissima
v locuples
x abundans
y affluens
z perfusa
w diues

LIBER SECVNDVS

251

a dominus
b dominator
c omnipotens
d cunctipotens
e altipotens
f astripotens
g altitonans
h altissimus
i excelsus
k conditor
l creator
m auctor   tecum
n opifex   tecum
o deus
p salus
q saluator
r maximus
s supremus
t redemptor
v ineffabilis
x incommutabilis
y excellentissimus
z incomprehensibilis
w incircumscriptibilis

252

a benedicta
b superbenedicta
c laudabilis
d uenerabilis
e laudatissima
f gloriosissima
g honoratissima
h reuerendissima
i preminentissima
k eminentissima
l potentissima
m clarissima   tu in
n maxima   tu in
o piissima
p nobilissima
q sanctissima
r pudicissima
s speciosissima
t pulcherrima
v excellentissima
x pientissima
y castissima
z mitissima
w ornatissima

253

a	mulieribus
b	dominabus
c	uirginibus
d	genitricibus
e	parientibus
f	parentibus
g	continentibus
h	parturientibus
i	principatibus
k	supercelestibus
l	dominacionibus
m	potestatibus et
n	uirtutibus et
o	hominibus
p	angelis
q	celicolis
r	puellis
s	celis
t	superis
v	supernis
x	altissimis
y	creaturis
z	celestibus
w	sempiternum

254

a	benedictus
b	superbenedictus
c	superexaltatus
d	superlaudatus
e	superlaudabilis
f	nobilissimus
g	clarissimus
h	preclarissimus
i	amenissimus
k	gloriosissimus
l	excellentissimus
m	benignissimus
n	precellentissimus
o	preminentissimus
p	eminentissimus
q	prepotentissimus
r	potentissimus
s	suauissimus
t	speciosissimus
v	dulcissimus
x	uenerandus
y	adorandus
z	colendus
w	nobilis

---

254 e   superlaudabilis] nobilissimus *Wo, b.*

      f   nobilissimus] clarissimus *Wo, b.*

      g   clarissimus] preclarissimus *Wo, b.*

      h   preclarissimus] amenissimus *Wo, b.*

      i   amenissimus] gloriosissimus *Wo, b.*

      k   gloriosissimus] superlaudabilis *Wo, b.*

LIBER SECVNDVS

255

a	fructus
b	conceptus
c	unigenitus
d	monogenitus
e	primogenitus
f	deogenitus
g	celogenitus
h	theotocos
i	puerulus
k	dominus
l	natus
m	filius
n	puer
o	fetus
p	infans
q	infantulus
r	inhabitator
s	preparator
t	sanctificator
v	fecundator
x	illuminator
y	conseruator
z	consecrator
w	glorificator

256

a	uentris	
b	gasteris	
c	umbelici	
d	uentriculi	
e	habitaculi	
f	ergasterii	
g	umbraculi	
h	tabernaculi	
i	corpusculi	
k	corporis	
l	somatis	
m	uteri	tui
n	uberis	tui
o	alui	
p	sacrarii	
q	ergastuli	
r	seminis	
s	sanguinis	
t	hematis	
v	uisceris	
x	etematis	
y	operis	
z	lactis	
w	pectoris	

368   POLYGRAPHIA IOANNIS TRITEMII

	257		258	
a	iesus	a	christus	
b	deus	b	optimus	
c	dominus	c	maximus	
d	dominator	d	exclesus	
e	imperator	e	gloriosus	
f	redemptor	f	altissimus	
g	uiuificator	g	pientissimus	
h	sanctificator	h	omnipotens	
i	iustificator	i	cunctipotens	
k	conseruator	k	dulcissimus	
l	fabricator	l	clementissimus	
m	gubernator	m	benignissimus	amen
n	moderator	n	incommutabilis	amen
o	mediator	o	magnificus	
p	saluator	p	misericors	
q	iudex	q	mitissimus	
r	opifex	r	altitonans	
s	rex	s	colendus	
t	rector	t	pius	
v	auctor	v	benignus	
x	liberator	x	piissimus	
y	medicus	y	adorandus	
z	plasmator	z	misericordissimus	
w	ordinator	w	incomprehensibilis	

---

257 q   iudex] opifex *Wo, b.*

  r   opifex] rex *Wo, b.*

  s   rex] iudex *Wo, b.*

LIBER SECVNDVS

369

259

a	Salue
b	Salueto
c	Salueris
d	Gaudeas
e	Gaudeto
f	Gaude
g	Valeas
h	Valeto
i	Vale
k	Aue
l	Aueto
m	Letare
n	Leteris
o	Exulta
p	Exaltare
q	Congaude
r	Congaudeas
s	Congaudeto
t	Plaudeas
v	Plaudito
x	Plaude
y	Viuito
z	Viuas
w	Viue

260

a	regina
b	uirgula
c	uirguncula
d	imperatrix
e	receptaculum
f	domicilium
g	tabernaculum
h	gazophilacium
i	architriclinium
k	repositorium
l	inuentarium
m	instauratrix
n	restauratrix
o	dominatrix
p	plenitudo
q	domina
r	apotheca
s	puteus
t	archa
v	fons
x	urna
y	ortus
z	ortulus
w	mater

---

259 p   Exaltare] exultas *Wo*.
260 y   ortus] hortus *Wo, b*.
     z   ortulus] hortulus *Wo, b*.

261

a misericordie
b miseracionis
c uirginitatis
d dilcetionis
e clemencie
f uirtutum
g pietatis
h uirtutis
i iusticie
k pacis
l lucis
m leticie
n gracie
o glorie
p amoris
q dulcedinis
r charitatis
s sanctimonie
t indulgencie
v innocencie
x sanctitatis
y castitatis
z puritatis
w felicitatis

262

a uita
b salus
c uirtus
d fiducia
e fortitudo
f confidencia
g miseracio
h uiuificacio
i conseruacio
k recreatrix
l conseruatrix
m sanctificatrix
n iustificatrix
o sanctificacio
p iustificacio
q exultacio
r corona
s leticia
t felicitas
v coronacio
x exaltacio
y benedictio
z glorificacio
w defensatrix

LIBER SECVNDVS

263

a	dulcedo	
b	suauitas	
c	iocunditas	
d	alacritas	
e	amenitas	
f	pulchritudo	
g	procuracio	
h	procuratrix	
i	tranquillitas	
k	instauratrix	
l	reformatrix	
m	restauratrix	et
n	restauracio	et
o	reformacio	
p	consolatrix	
q	consolacio	
r	protectio	
s	iubilacio	
t	festiuitas	
v	hilaritas	
x	charitas	
y	adiutrix	
z	auxiliatrix	
w	promotrix	

264

a	spes
b	laus
c	pietas
d	laudacio
e	patrona
f	aduocata
g	letificacio
h	letificatrix
i	collaudacio
k	confortatrix
l	miseratrix
m	amatrix
n	requies
o	quies
p	pax
q	lux
r	mater
s	parens
t	deuocio
v	releuacio
x	releuatrix
y	saluatrix
z	mediatrix
w	interuentrix

265

a	nostra
b	nostrum
c	fidelium
d	deuotorum
e	humilium
f	credentium
g	christicolarum
h	christianorum
i	infirmorum
k	penitencium
l	catholicorum
m	ortodoxorum
n	inuocantium
o	miserorum
p	pauperum
q	sanctorum
r	iustorum
s	bonorum
t	piorum
v	mitium
x	omnium
y	cunctorum
z	uniuersorum
w	mortalium

266

a	salue	
b	chere	
c	salueto	
d	salueris	
e	gaudeto	
f	gaudeas	
g	congaudeas	
h	congaudeto	
i	congaude	
k	gaude	
l	letare	
m	exulta	Ad te
n	leteris	Ad te
o	aueto	
p	aue	
q	uale	
r	uiue	
s	uiuas	
t	uiuito	
v	ualeto	
x	ualeas	
y	plaude	
z	plaudito	
w	plaudeas	

LIBER SECVNDVS

267

a clamamus
b acclamamus
c declamamus
d exclamamus
e conclamamus
f inclamamus
g succlamamus
h proclamamus
i relamamus
k perclamamus
l interpellamus
m prouocamus
n confugimus
o refugimus
p fugimus
q currimus
r recurrimus
s concurrimus
t obcurrimus
v percurrimus
x uociferamus
y properamus
z festinamus
w contendimus

268

a exules
b miseri
c fragiles
d pauperes
e miselli
f mortales
g exulantes
h sordiduli
i miserrimi
k miserabiles
l pauperrimi
m infelicissimi
n infirmissimi
o infirmantes
p peregrinantes
q immundissimi
r desolatissimi
s abiectissimi
t immundi
v erumnosi
x infirmi
y inflelices
z inutiles
w sordidi

269

a	filii
b	nati
c	pueri
d	filioli
e	pueruli
f	geniti
g	egeniti
h	progeniti
i	procreati
k	ramusculi
l	homunciones
m	homines
n	sequaces
o	postumi
p	serui
q	rami
r	posteri
s	relicti
t	seruuli
v	infantes
x	infantuli
y	conceptus
z	superscites
w	generati

270

a	eue	
b	ade	
c	terre	
d	humi	
e	adam	
f	mortis	
g	doloris	
h	erroris	
i	mesticie	
k	uanitatis	
l	protoplasti	
m	perdicionis	**Ad te**
n	displicencie	**Ad te**
o	deuiacionis	
p	concupiscencie	
q	maledictionis	
r	indignacionis	
s	transgressionis	
t	ire	
v	litis	
x	superie	
y	peccati	
z	iniusticie	
w	abiectionis	

LIBER SECVNDVS   375

271

a	suspiramus
b	anhelamus
c	respiramus
d	aspiramus
e	assurgimus
f	consurgimus
g	affectamus
h	resurgimus
i	cupimus
k	optamus
l	aspicimus
m	respicimus
n	conspicimus
o	suspicimus
p	exoptamus
q	prospicimus
r	proficiscimur
s	desideramus
t	concupiscimus
v	contendimus
x	cogitamus
y	uigilamus
z	festinamus
w	afficimur

272

a	gementes	
b	ingementes	
c	congementes	
d	gemiscentes	
e	ingemiscentes	
f	congemiscentes	
g	pergemiscentes	
h	lachrymantes	
i	complorantes	
k	eiulantes	
l	plorantes	
m	rogantes	et
n	exorantes	et
o	orantes	
p	petentes	
q	adorantes	
r	expetentes	
s	conturbati	
t	consternati	
v	perturbati	
x	humiliati	
y	desolati	
z	abiecti	
w	afflicti	

---

271 a   suspiramus] supiramus *W*.

273

a flentes
b sicientes
c precantes
d deprecantes
e postulantes
f expostulantes
g deplorantes
h complorantes
i implorantes
k exspectantes
l prestolantes
m merentes   in hac
n esurientes   in hac
o poscentes
p deposcentes
q exoscentes
r exlugentes
s perlugentes
t exulantes
v ululantes
x flagitantes
y efflagitantes
z peregrinantes
w colluctantes

274

a lachrymarum
b ploracionum
c erumnarum
d calamitatum
e amaritudinis
f tristiciarum
g infirmitatum
h miseriarum
i mortalitatis
k paupertatis
l corruptionis
m gemituum
n desolacionis
o ploracionis
p turbacionis
q decepcionis
r impietatis
s uanitatis
t doloris
v mortis
x ploratus
y prauitatis
z turbacionis
w tenebrarum

---

273 h   complorantes] trementes *Wo*, threnuntes *b*.
274 i   mortalitas] mortalium *Wo*.

LIBER SECVNDVS

275

a ualle
b conualle
c cauerna
d cauernula
e mansione
f habitacione
g obscuritate
h condensitate
i profunditate
k asperitate
l densitate
m exulacione
n captiuitate
o capcione
p umbra
q mora
r fouea
s uia
t terra
v domo
x morula
y breuitate
z semita
w spelunca

276

a Eia
b Iam
c Nunc
d Modo
e Semper
f Iugiter
g Assidue
h Continue
i Hilariter
k Incessanter
l Indesinenter
m Quesumus   ergo
n Petimus   ergo
o Rogamus
p Oramus
q Ob hoc
r Ob id
s Ast
t At
v Et
x Ach
y Atque
z Precamur
w Obsecramus

277

a aduocata
b domina
c patrona
d parens
e mater
f nutrix
g fotrix
h fautrix
i amatrix
k conxolatrix
l miseratrix
m defensatrix
n conseruatrix
o illuminatrix
p interuentrix
q refocillatrix
r auxiliatrix
s confidencia
t imperatrix
v dominatrix
x adiutrix
y promotrix
z procuratrix
w intermediatrix

278

a nostra
b bonorum
c piorum
d iustorum
e fidelium
f sanctorum
g humilium
h miserorum
i fragilium
k pauperum
l omnium
m debilium   illos tuos
n egenorum   illos tuos
o mortalium
p ortodoxorum
q penitencium
r credencium
s merencium
t gemencium
v lugencium
x plorancium
y flencium
z christianorum
w christicolarum

LIBER SECVNDVS   379

279

a misericordes
b columbinos
c dulcissimos
d speciosos
e pulchros
f pudicos
g lucidos
h rutilos
i claros
k mites
l castos
m puros
n preclaros
o placidos
p castissimos
q clarissimos
r pulcherrimos
s speciosissimos
t benignissimos
v misericordissimos
x simplicissimos
y pudicissimos
z pientissimos
w clementissimos

280

a oculos
b ocellos
c nutus
d obtutus
e aspectus
f intuitus
g contuitus
h conspectus
i ophtalmos
k deprecatus
l interuentus
m complexus   ad
n supplicatus   ad
o amplexus
p inspectus
q cogitatus
r precatus
s respectus
t gressus
v mores
x motus
y uisus
z affatus
w sensus

281

a	nos
b	nostros
c	fideles
d	debiles
e	omnes
f	cunctos
g	uniuersos
h	homines
i	credentes
k	ortodoxos
l	imbecilles
m	supplicantes
n	deprecantes
o	miserabiles
p	postulantes
q	penitentes
r	christicolas
s	christianos
t	compunctos
v	miseros
x	humiles
y	gementes
z	fragiles
w	mortales

282

a	conuerte	
b	conuertas	
c	conuertito	
d	uertito	
e	uertas	
f	uerte	
g	reduc	
h	reducas	
i	reducito	
k	inclinato	
l	inclines	
m	inclina	et
n	reclina	et
o	reclines	
p	reclinato	
q	inflecte	
r	inflectas	
s	reflecte	
t	reflectas	
v	sustollas	
x	sustolle	
y	expande	
z	offeras	
w	conferas	

---

282 t   reflectas] sustollas *Wo.*
    v   sustollas] sustolle *Wo.*
    x   sustolle] reflectas *Wo.*

LIBER SECVNDVS

283

a iesum
b christum
c dominum
d saluatorem
e redemptorem
f uiuificatorem
g sanctificatorem
h iustificatorem
i mediatorem
k conditorem
l creatorem
m auctorem
n opificem
o iudicem
p deum
q rectorem
r pastorem
s medicum
t miseratorem
v consolatorem
x plasmatorem
y gubernatorem
z conseruatorem
w illuminatorem

284

a benedictum
b optimum
c maximum
d uenerabilem
e laudabilem
f supercelestem
g superbenedictum
h sanctissimum
i nobilissimum
k dulcissimum
l gloriosum
m piissimum
n mitissimum
o nobilem
p celestem
q salutarem
r salutiferum
s suauissimum
t saluberrimum
v sacratissimum
x preclarissimum
y excellentissimum
z gloriosissimum
w misericordissimum

285

a	fructum
b	partum
c	conceptum
d	genitum
e	unigenitum
f	monogenitum
g	primogenitum
h	sempergenitum
i	sologenitum
k	euogenitum
l	celogenitum
m	deogenitum
n	sempernatum
o	sanctificatorem
p	inhabitatorem
q	preperatorem
r	infantulum
s	puerulum
t	filiolum
v	filium
x	puerum
y	infantem
z	natum
w	susceptum

286

a	uentris	
b	corporis	
c	somatis	
d	umbelici	
e	uentriculi	
f	habitaculi	
g	corpusculi	
h	ergasterii	
i	ergastuli	
k	generis	
l	gasteris	
m	sacrarii	tui
n	uberis	tui
o	uteri	
p	alui	
q	hematis	
r	etematis	
s	umbraculi	
t	tabernaculi	
v	sanguinis	
x	alimenti	
y	puerperii	
z	seminis	
w	partus	

LIBER SECVNDVS

287

a	nobis	
b	miseris	
c	misellis	
d	orantibus	
e	optantibus	
f	exorantibus	
g	exoptantibus	
h	expostulantibus	
i	postulantibus	
k	credentibus	
l	petentibus	
m	cupientibus	post hoc
n	infirmis	post hoc
o	deuotis	
p	iustis	
q	bonis	
r	piis	
s	sanctis	
t	afflictis	
v	desolatis	
x	contritis	
y	humilibus	
z	penitentibus	
w	christianis	

288

a	exilium
b	spacium
c	certamen
d	suspirium
e	spiraculum
f	disturbium
g	ergastulum
h	ergasterium
i	exercitamentum
k	spaciamentum
l	momentaneum
m	umbraculum
n	habitaculum
o	corpusculum
p	spectaculum
q	momentum
r	somnium
s	seculum
t	modicum
v	tempus
x	instans
y	fastidium
z	spaciolum
w	morticinum

289

a	ostende	
b	ostendas	
c	ostendito	
d	monstra	
e	monstres	
f	monstrato	
g	demonstra	
h	demonstres	
i	demonstrato	
k	communicato	
l	communices	
m	communica	O
n	exhibeto	O
o	exhibeas	
p	exhibe	
q	prebe	
r	da	
s	dona	
t	tribue	
v	condona	
x	contribue	
y	contribuas	
z	concedas	
w	concede	

290

a	clemens	
b	maxima	
c	prepotens	
d	castissima	
e	splendida	
f	misericors	
g	potentissima	
h	speciosissima	
i	pulcherrima	
k	celeberrima	
l	splendidissima	
m	clementissima	O
n	misericordissima	O
o	mitis	
p	casta	
q	lucida	
r	pudica	
s	speciosa	
t	pulchra	
v	mitissima	
x	lucidissima	
y	nobilissima	
z	celebratissima	
w	prepulcherrima	

---

289   b   ostendas] ostendito *b*.
       c   ostendito] ostendas *b*.
       k   communicato] communices *Wo*.
       l   communices] communica *Wo*.
       m   communica] exhibeto Wo
       n   exhibeto] communicato *Wo*, exhibeas *b*.
       o   exhibeas] exhibeto *b*.
290   b   maxima] mitis *b*.
       c   prepotens] mitissima *b*.
       e   splendida] casta *b*.
       f   misericors] pudica *b*.
       g   potentissima] pudicissima *b*.
       h   speciosissima] clementissima *b*.
       i   pulcherrima] speciosissima *b*.
       k   celeberrima] splendidissima *b*.

l   splendidissima] missericors *b*.
m   clementissima] speciosa *b*.
n   misericordissima] pulchra *b*.
o   mitis] nobilis *b*.
p   casta] nobilissima *b*.
q   lucida] excellentissima *b*.
r   pudica] lucida *b*.
s   speciosa] lucidissima *b*.
t   pulchra] misericordissima *b*.
v   mitissima] celeberrima *b*.
x   lucidissima] pulcherrima *b*.
y   nobilissima] potentissima *b*.
z   celebratissima] prepotentissima *b*.
w   prepulcherrima] prepotens *b*.

LIBER SECVNDVS

385

291

a	pia
b	clara
c	sacra
d	bona
e	deifera
f	fulgida
g	piissima
h	indulgens
i	preclara
k	pientissima
l	indulgentissima
m	fulgentissima O
n	colendissima O
o	sanctissima
p	clarissima
q	beatissima
r	benedicta
s	preclara
t	prefulgida
v	sacratissima
x	benignissima
y	superbenedicta
z	benedictissima
w	prefulgidissima

292

a	dulcis	
b	felix	
c	pura	
d	decora	
e	graciosa	
f	egregia	
g	gloriosa	
h	purissima	
i	dulcissima	
k	intemerata	
l	honestissima	
m	felicissima	maria
n	inuiolata	maria
o	eximia	
p	illustris	
q	inclyta	
r	excellens	
s	precelsa	
t	laudabilis	
v	serenissima	
x	illustrissima	
y	fecundissima	
z	incontaminata	
w	gloriosissima	

---

291   c   sacra] bona *b.*
      d   bona] sacra *b.*
      e   deifera] piissima *b.*
      f   fulgida] pientissima *b.*
      g   piissima] clarissima *b.*
      h   indulgens] preclara *b.*
      i   preclara] preclarissima *b.*
      k   pientissima] sacratissima *b.*
      l   indulgentissima] sanctissima *b.*
      m   fulgentissima] sancta *b.*
      n   colendissima] beata *b.*
      o   sanctissima] inclyta *b.*
      p   clarissima] precelsa *b.*
      q   beatissima] excelsa *b.*
      r   benedicta] excellens *b.*
      s   preclara] beatissima *b.*
      t   prefulgida] benedicta *b.*
      v   sacratissima] uirtuosa *b.*
      x   benignissima] uirtuosissima *b.*
      y   superbenedicta] serenissima *b.*

      z   benedictissima] fecundissima *b.*
      w   prefulgidissima] suauissima *b.*
292   g   gloriosa] eximia *b.*
      h   purissima] gloriosa *b.*
      k   intemerata] felicissima *b.*
      l   honestissima] purissima *b.*
      m   felicissima | maria] precelsa | uirgo maria *b.*
      n   inuiolata | maria] illustris | parthene maria *b.*
      o   eximia] melliflua *b.*
      p   illustris] fructifera *b.*
      q   inclyta] deifica *b.*
      r   excellens] innocens *b.*
      s   precelsa] innocentissima *b.*
      t   laudabilis] uenerabilis *b.*
      v   serenissima] honorabilis *b.*
      x   illustrissima] inuiolata *b.*
      y   fecundissima] impolluta *b.*
      z   incontaminata] gloriosissima *b.*
      w   gloriosissima] benignissima *b.*

	293		294	
a	Salue	a	christi	
b	Salueto	b	domini	
c	Salueris	c	auctoris	
d	Exaltare	d	creatoris	
e	Gaudeas	e	conditoris	
f	Gaudeto	f	saluatoris	
g	Gaude	g	redemptoris	
h	Letare	h	plasmatoris	
i	Valeto	i	uiuificatoris	
k	Valeas	k	imperatoris	
l	Vale	l	mediatoris	
m	Aue	m	iesu christi	auia
n	Eia	n	salutis	auia
o	Viue	o	uirtutis	
p	Viuas	p	pietatis	
q	Viuito	q	puritatis	
r	Exulta	r	ueritatis	
s	Plaude	s	deitatis	
t	Plaudito	t	diuinitatis	
v	Plaudeas	v	altitonantis	
x	Congaudeto	x	omnipotentis	
y	Congaudeas	y	cunctipotentis	
z	Gratulare	z	summi regis	
w	Congaude	w	regis superni	

LIBER SECVNDVS

295

a mater
b parens
c domina
d patrona
e aduocata
f promotrix
g consolatrix
h conseruatrix
i interuentrix
k subuentrix
l reconciliatrix
m procuratrix
n refocillatrix
o releuatrix
p dilectrix
q amatrix
r fautrix
s nutrix
t tutrix
v tutatrix
x liberatrix
y defensatrix
z auxiliatrix
w adiutrix

296

a fidelium
b humilium
c credentium
d afflictorum
e desolatorum
f exulantium
g naufragantium
h lachrymantium
i plorantium
k gementium
l lugentium
m flentium anna
n mitium anna
o exulum
p egentium
q merentium
r dolentium
s pauperum
t miserorum
v miserabilium
x infirmantium
y christianorum
z christicolarum
w mortalium

	297		298
a	sanctissima	a	decus
b	potentissima	b	lumen
c	promptissima	c	columen
d	benignissima	d	exemplar
e	clementissima	e	exemplum
f	prestantissima	f	presidum
g	misericordissima	g	refugium
h	excellentissima	h	confugium
i	gloriosissima	i	profugium
k	preciosissima	k	ornamentum
l	pientissima	l	speculum
m	dulcissima	m	solacium
n	mitissima	n	asylum
o	piissima	o	norma
p	optima	p	forma
q	eximia	q	lucerna
r	egregia	r	corona
s	maxima	s	regula
t	clarissima	t	institucio
v	humilima	v	doctrina
x	fidelissima	x	edificacio
y	iustissima	y	institutrix
z	preclarissima	z	imperatrix
w	prefulgida	w	conductrix

---

297 k   preciosissima] speciosissima *Wo.*
298 e   exemplum] presidum *Wo, b.*
     f   presidum] refugium *Wo, b.*
     g   refugium] confugium *Wo, b.*
     h   confugium] exemplum *Wo, b.*
     z   imperatrix] conductrix *Wo.*
     w   conductrix] imperatrix *Wo.*

LIBER SECVNDVS

299

a	nuptarum	
b	mulierum	
c	feminarum	
d	dominarum	
e	matronarum	
f	coniugatarum	
g	maritatarum	
h	generantium	
i	parturientium	
k	parientium	
l	parentum	
m	matrum	omnium
n	piorum	omnium
o	iustorum	
p	uiduarum	
q	nobilium	
r	lactantium	
s	puerperarum	
t	concipientium	
v	continentium	
x	nubentium	
y	mortalium	
z	coniugum	
w	herarum	

300

a	ora	
b	exora	
c	supplica	
d	intercede	
e	interueni	
f	interuenias	
g	intercedas	
h	expostules	
i	expostula	
k	postula	
l	poscas	
m	posce	pro
n	roga	pro
o	precare	
p	obsecra	
q	deposce	
r	deposcas	
s	implora	
t	interpella	
v	interpelles	
x	interpellato	
y	depreceris	
z	deprecare	
w	flagita	

---

299 t concipientum] concupiencium *Wo.*

301

a	nobis
b	turbis
c	populis
d	plebibus
e	plebeculis
f	gentibus
g	nacionibus
h	sacerdotibus
i	principibus
k	imperatoribus
l	claustralibus
m	monasterialibus
n	ministerialibus
o	homuncionibus
p	dominacionibus
q	dominatoribus
r	rectoribus
s	pastoribus
t	abbatibus
v	prelatis
x	subditis
y	episcopis
z	regibus
w	monachis

302

a	miseris	
b	misellis	
c	fidelibus	
d	humilibus	
e	ortodoxis	
f	christianis	
g	credentibus	
h	christicolis	
i	ecclesiasticis	
k	catholicis	
l	europanis	
m	germanis	ad
n	alemanis	ad
o	theutonicis	
p	alethophilis	
q	christophilis	
r	kyriophilis	
s	pistophilis	
t	theutonibus	
v	penitentibus	
x	omnibus	
y	cunctis	
z	contritis	
w	compunctis	

LIBER SECVNDVS

303

a deum
b regem
c iudicem
d dominum
e rectorem
f creatorem
g conditorem
h plasmatorem
i fabricatorem
k gubernatorem
l conseruatorem
m sanctificatorem
n illuminatorem
o glorificatorem
p illustratorem
q uiuificatorem
r moderatorem
s redemptorem
t monarcham
v saluatorem
x liberatorem
y beatificatorem
z factorem
w auctorem

304

a celi
b orbis
c mundi
d fidelium
e celorum
f spirituum
g animarum
h animorum
i angelorum
k archangelorum
l uniuersitatis
m uniuersorum   qui te
n christicolarum   qui te
o christianorum
p principatuum
q supercelestium
r hominum
s celestium
t cunctorum
v omnium
x humilium
y credentium
z ortodoxorum
w mortalium

---

303 y   beatificatorem] benefactorem *Wo.*
304 r   hominum] dominantium *Wo.*

305

a	uoluit	
b	fecit	
c	effecit	
d	statuit	
e	locauit	
f	constituit	
g	ordinauit	
h	preordinauit	
i	confirmauit	
k	precognouit	
l	predisposuit	
m	disposuit	esse
n	deputauit	esse
o	sacrauit	
p	creauit	
q	condidit	
r	pretulit	
s	protulit	
t	extulit	
v	sumsit	
x	assumsit	
y	presciuit	
z	consensit	
w	predestinauit	

306

a	potentem	
b	magnam	
c	maximam	
d	sublimem	
e	gloriosam	
f	insignem	
g	excelsam	
h	excellentem	
i	preminentem	
k	precellentem	
l	eminentem	
m	clarissimam	in
n	prefulgidam	in
o	honorificam	
p	honorabilem	
q	potentissimam	
r	gloriosissimam	
s	excellentissimam	
t	precellentissimam	
v	preminentissimam	
x	eminentissimam	
y	nobilissimam	
z	dignissimam	
w	ornatissimam	

LIBER SECVNDVS

307

a regno
b palacio
c gaudio
d imperio
e dominio
f domicilio
g tabernaculo
h habitaculo
i receptaculo
k habitacione
l exultacione
m sanctuario
n hereditate
o mansione
p principatu
q consistorio
r solemnitate
s iocunditate
t tripudio
v domo
x leticia
y aula
z edibus
w medio

308

a celorum
b beatorum
c electorum
d iustorum
e celestium
f sanctorum
g angelorum
h diuinitatis
i supernorum
k beatitudinis
l amenitatis
m perennitatis
n eternitatis
o felicitatis
p deitatis
q pietatis
r quietis
s pacis
t lucis
v celesti
x piorum
y bonorum
z fruicionis
w tranquillitatis

---

308 m perennitatis] perennitatis | amen *b*.
    n eternitatis] eternitatis | fiat *b*.

POLYGRAPHIA IOANNIS TRITEMII

[1]AVxiliante domino nostro iesu christo mentium pientissimo saluatore fidelium, qui semper sacro uiuit et imperat ternario consistens trinus et unus incommutabilis deus sempiternus, a quo bonum omne uerum et pulchrum, polygraphie hunc librum nostre in ordine secundum complere statuimus; in quo sub narracione laudum intemerate parthenices publica et eorum, que uidentur annexa breuiter, octo et trecenta complexi sumus latencia in mysterio alphabeta infinitam mentis captiue imaginacionem perhorrentes. [2]Quod enim infinitum est simplex unicum – rectum semper manens circulatum, necessario procul omnem excedit intellectum sub eo constitutum. [3]Nam etsi procedens a primo sit numerus perfectus quidem et simplex in se, non autem a se, ternarii minister perficiensque illustrator, unitatem tamen, a qua numerus omnis numeratur, cui participat minor quidem in bonitate, comprehendere non potest. [4]Quid nam ante unitatem comprehendis in numero? [5]Nihil. [6]Quid post illam, quod medio caret? [7]Binarium, qui primus in numero. [8]Deinceps per ternarium progressus componitur linealiter rectus in circulum. [9]Nihil enim extra circulum et lineam rectam. [10]Consistendum ergo in manifestis demonstracione necessario statuimus, ne, cum progressus adinuencionum nouarum nimium extenditur, intellectus mentis recluse confundatur. [11]Infinitum enim comprehendere nequaquam possumus, quoniam finiti sumus. [12]Ex primis corpus nostrum qualitatibus compositum est in mundo, in corpore anima, in anima spiritus, in spiritu racio, in racione mens, in mente deus manet, qui omnia creauit. [13]Sola igitur mente sumus immortales, reliqua corpore tandem intereunte omnia corrumpentur. [14]Quisquis autem progredi ulterius nactus uera inuencionis nostre principia cupit, iter industrius, quod patefecimus, laborumque paciens pergat. [15]Ex uno namque loco ad uniuersum mundi habitabilis scopon est reperibilis uia. [16]Quo ergo quisque mente rapitur ex amore uel utili uel necessario, manibus et arte uia pedibus paretur. [17]Quamquam premonstratum a nobis iter omnibus in nocte securissime ambulare cupientibus ad quelibet mundi loca eciam incognita abunde sufficiat. [18]Hic ergo finem secundo ponimus. [19]Finis libri secundi polygraphie Ioannis tritemii Abbatis ultima die mensis februarii **M.D.viii.**
[20]Ἰωάννης ὁ τριτήμιος γέγραφα

---

2 sacro] *nicht in Wo.*   6 complexi] complexa *Wo.*   7 Quod] quot *Wo.*   8 est] *nicht in Wo.*
11 perficiensque] proficiensque *Wo.* ‖ illustrator] ministrator *Wo.*   12 bonitate] unitate *Wo.*
19 nequaquam] neququam *W.*   23 corrumpentur] corumpentur *C.*   25 uniuersum] uniuersi
Wo.   26 rapitur] raptum *Wo.*   27 et] uel *über der Zeile nachgetragen* et *C.*   31 ultima] ultimo
Wo.   32 Ἰωάννης ὁ τριτήμιος γέγραφα] *nur W.*

PREFACIO IN LIBRVM TERCIVM   395

In sequentem hunc tercium polygraphie librum Ioannis tritemii abbatis diui
iacobi peapolitani prefacio incipit.

[1]QVid a primordio institucionis hominum lingue unitatem confudit, nisi diui-
sio corporum et uarietas animorum? [2]Non enim mentitur dei uerbum dicens,
quod constat uerissimum in sancto euangelio: »quoniam ex abundancia cordis   5
os loquitur«. [3]Mores lingua sequitur, et loquendi modus cum tempore uaria-
tur. [4]Otfridus mihi testis est ludouici tempore pii in albiburgio helueciano
uiuens in humanis, quam sit interea temporis lingua uariata interrumpentibus
nouis sola, ut dicamus theotonica, ut nemo sit hodie, qui prisci teneat sermonis
auiti periciam. [5]Mare fluit et refluit, homines autem decidentes in terram non   10
amplius reuertentur. [6]Omnium est enim necessaria uicissitudo rerum, que et
linguas alterat hominum et motus uariat animorum. [7]Nec est diffusum multipliciter euo reducere ad unitatem. [8]»Transeunt« quodam testante propheta
»tempora plura, et multiplex erit sciencia«. [9]Quod igitur prioribus polygraphie libris duobus ad latine racionem lingue confinximus, iter cupientibus   15
per totum mundum latissimum parat in infinitum, quo noctem die commu-
tare tutissime ualeant mundum uniuersum per omnia clymata sine periculo
transeuntes. [10]Quoniam quidem barbaris risum consueuit mouere latinitas,
cedamus, ut imagine similitudinis proprii sermonis illis complaceat plerumque satis admirari; tenebras nocti suas in hoc tercio polygraphie nostro libro   20
uolumus commendare. [11]Vna mens omnium, corporum diuersa species duntaxat apparebit et forma. [12]Illic dies noctem sua claritate obnubilat, isthic uero
nox noctem conseruat. [13]Huius denique peregrinacionis tutissimum iter per
omnia clymata mundi a nostra peapoli usque ad finem orbis extenditur, sub
cuius periodo uniuersa mundana continentur. [14]Vnde precepta ad mentem,   25
que prioribus dedimus, in hoc uolumine lectori ad memoriam reuocamus.
[15]Paucis uiam ostendimus ad multa, et finitis iter pandimus ad infinita. [16]Ex
datis et acceptis facile maiora parantur amicis. [17]Memento lector intelligens
amice, quod in circulo punctus ubique et periodus semper ad unum, quousque
noctis itinerisque omnes consumentur gradus. [18]Anno christianorum **M. D.** viii   30
scripsi prima die marcii.

Polygraphie liber tercius Ioannis tritemii abbatis sancti iacobi peapolitani in
nomine domini incipit.

---

1 tercium polygraphie] polygraphie tercium *C.*   7 ludouici] ludowici *C, Wo.*   9 theotonica]
teuthonica *C,* theutonica *Wo.*   10–11 non amplius] amplius non *Wo.*   21 diuersa] diuersas *Wo.*
21–22 duntaxat] dumtaxat *C.*   22 isthic] istic *C, Wo.*   30 itinerisque] itineris *Wo.* ‖ gradus]
nicht in Wo.   31 scripsi] *nicht in Wo.*

POLYGRAPHIA IOANNIS TRITEMII

	1		2		3		4	
a	Abra	a	mada	a	badar	a	cadalan	1
b	Abre	b	made	b	bader	b	cadelen	2
c	Abri	c	madi	c	badir	c	cadilin	3
d	Abro	d	mado	d	bador	d	cadolon	4
e	Abru	e	madu	e	badur	e	cadulun	5
f	Abras	f	madas	f	badan	f	cadalas	6
g	Abres	g	mades	g	baden	g	cadeles	7
h	Abris	h	madis	h	badin	h	cadilis	8
i	Abros	i	mados	i	badon	i	cadolos	9
k	Abrus	k	madus	k	badun	k	cadulus	10
l	Abran	l	madan	l	badas	l	cadalap	11
m	Abren	m	maden	m	bades	m	cadelep	12
n	Abrin	n	madin	n	badis	n	cadilip	13
o	Abron	o	madon	o	bados	o	cadolop	14
p	Abrun	p	madun	p	badus	p	cadulup	15
q	Abral	q	madal	q	badal	q	cadalar	16
r	Abrel	r	madel	r	badel	r	cadeler	17
s	Abril	s	madil	s	badil	s	cadilir	18
t	Abrol	t	madol	t	badol	t	cadolor	19
v	Abrul	v	madul	v	badul	v	cadulur	20
x	Abrax	x	madax	x	badax	x	cadalax	21
y	Abrex	y	madex	y	badex	y	cadelex	22
z	Abrix	z	madix	z	badix	z	cadilix	23
w	Abrox	w	madox	w	badox	w	cadolox	24

---

4   14   cadolop] cadolip *Wo*
    15   cadulup] cadulip *Wo*.

LIBER TERCIVS

	1		2		3		4	
a	pasa	a	adam	a	lora	a	masara	25
b	pase	b	adem	b	lore	b	masare	26
c	pasi	c	adim	c	lori	c	masari	27
d	paso	d	adom	d	loro	d	masaro	28
e	pasu	e	adum	e	loru	e	masaru	29
f	pasan	f	adas	f	loraff	f	masarat	30
g	pasen	g	ades	g	loreff	g	masaret	31
h	pasin	h	adis	h	loriff	h	masarit	32
i	pason	i	ados	i	loroff	i	masarot	33
k	pasun	k	adus	k	loruff	k	masarut	34
l	pasas	l	adan	l	loras	l	masaran	35
m	pases	m	aden	m	lores	m	masaren	36
n	pasis	n	adin	n	loris	n	masarin	37
o	pasos	o	adon	o	loros	o	masaron	38
p	pasus	p	adun	p	lorus	p	masarun	39
q	pasal	q	adar	q	loran	q	masaras	40
r	pasel	r	ader	r	lore	r	masares	41
s	pasil	s	adir	s	lorin	s	masaris	42
t	pasol	t	ador	t	loron	t	masaros	43
v	pasul	v	adur	v	lorun	v	masarus	44
x	pasar	x	adal	x	lorat	x	masaral	45
y	paser	y	adel	y	loret	y	masarel	46
z	pasir	z	adil	z	lorit	z	masaril	47
w	pasor	w	adol	w	lorot	w	masarol	48

---

4   25   masara] mesara *Wo*
     26   mesare] mesare *Wo*.

398 POLYGRAPHIA IOANNIS TRITEMII

	1		2		3		4	
a	dama	a	boda	a	oma	a	droma	49
b	dame	b	bode	b	ome	b	drome	50
c	dami	c	bodi	c	omi	c	dromi	51
d	damo	d	bodo	d	omo	d	dromo	52
e	damu	e	bodu	e	omu	e	dromu	53
f	damal	f	bodal	f	omas	f	dromas	54
g	damel	g	bodel	g	omes	g	dromes	55
h	damil	h	bodil	h	omis	h	dromis	56
i	damol	i	bodol	i	omos	i	dromos	57
k	damul	k	bodul	k	omus	k	dromus	58
l	daman	l	bodar	l	oman	l	droman	59
m	damen	m	boder	m	omen	m	dromen	60
n	damin	n	bodir	n	omin	n	dromin	61
o	damon	o	bodor	o	omon	o	dromon	62
p	damun	p	bodur	p	omun	p	dromun	63
q	damas	q	bodan	q	omar	q	dromat	64
r	dames	r	boden	r	omer	r	dromet	65
s	damis	s	bodin	s	omir	s	dromit	66
t	damos	t	bodon	t	omor	t	dromot	67
v	damus	v	bodun	v	omur	v	dromut	68
x	damar	x	bodas	x	omal	x	dromal	69
y	damer	y	bodes	y	omel	y	dromel	70
z	damir	z	bodis	z	omil	z	dromil	71
w	damor	w	bodos	w	omol	w	dromol	72

LIBER TERCIVS

	1		2		3		4	
a	dra	a	vara	a	mastra	a	pha	73
b	dre	b	vare	b	mastre	b	phe	74
c	dri	c	vari	c	mastri	c	phi	75
d	dro	d	varo	d	mastro	d	pho	76
e	dru	e	varu	e	mastru	e	phu	77
f	dran	f	varan	f	mastran	f	phan	78
g	dren	g	varen	g	mastren	g	phen	79
h	drin	h	varin	h	mastrin	h	phin	80
i	dron	i	varon	i	mastron	i	phon	81
k	drun	k	varun	k	mastrun	k	phun	82
l	dral	l	varal	l	mastral	l	phal	83
m	drel	m	varel	m	mastrel	m	phel	84
n	dril	n	varil	n	mastril	n	phil	85
o	drol	o	varol	o	mastrol	o	phol	86
p	drul	p	varul	p	mastrul	p	phul	87
q	dras	q	varas	q	mastras	q	phas	88
r	dres	r	vares	r	mastres	r	phes	89
s	dris	s	varis	s	mastris	s	phis	90
t	dros	t	varos	t	mastros	t	phos	91
v	drus	v	varus	v	mastrus	v	phus	92
x	drat	x	varax	x	mastraf	x	phar	93
y	dret	y	varex	y	mastref	y	pher	94
z	drit	z	varix	z	mastrif	z	phir	95
w	drot	w	varox	w	mastrof	w	phor	96

---

3   93–96   mastraf, mastref, mastrif, mastrof] *Abweichende Endung auf ff*: mastraff *Wo, b,*
-eff, -iff, -off *Wo.*

4   73   pha] pba *b.*

     74   phe] pba *b.*

     82   phun] pbun *b.*

	1		2		3		4	
a	lara	a	meda	a	rassa	a	madeba	97
b	lare	b	mede	b	rasse	b	madebe	98
c	lari	c	medi	c	rassi	c	madebi	99
d	laro	d	medo	d	rasso	d	madebo	100
e	laru	e	medu	e	rassu	e	madebu	101
f	laran	f	medar	f	rassan	f	madebar	102
g	laren	g	meder	g	rassen	g	madeber	103
h	larin	h	medir	h	rassin	h	madebir	104
i	laron	i	medor	i	rasson	i	madebor	105
k	larun	k	medur	k	rassun	k	madebur	106
l	laras	l	medan	l	rassal	l	madebal	107
m	lares	m	meden	m	rassel	m	madebel	108
n	laris	n	medin	n	rassil	n	madebil	109
o	laros	o	medon	o	rassol	o	madebol	110
p	larus	p	medun	p	rassul	p	madebul	111
q	larat	q	medas	q	rassat	q	madebas	112
r	laret	r	medes	r	rasset	r	madebes	113
s	larit	s	medis	s	rassit	s	madebis	114
t	larot	t	medos	t	rassot	t	madebos	115
v	larut	v	medus	v	rassut	v	madebus	116
x	laral	x	medal	x	rassar	x	madeban	117
y	larel	y	medel	y	rasser	y	madeben	118
z	laril	z	medil	z	rassir	z	madebin	119
w	larol	w	medol	w	rassor	w	madebon	120

LIBER TERCIVS

	1		2		3		4	
a	thara	a	mesa	a	baia	a	phosa	121
b	thare	b	mese	b	baie	b	phose	122
c	thari	c	mesi	c	baii	c	phosi	123
d	tharo	d	meso	d	baio	d	phoso	124
e	tharu	e	mesu	e	baiu	e	phosu	125
f	tharal	f	mesal	f	baias	f	phosan	126
g	tharel	g	mesel	g	baies	g	phosen	127
h	tharil	h	mesil	h	baiis	h	phosin	128
i	tharol	i	mesol	i	baios	i	phoson	129
k	tharul	k	mesul	k	baius	k	phosun	130
l	tharan	l	mesar	l	baial	l	phosar	131
m	tharen	m	meser	m	baiel	m	phoser	132
n	tharin	n	mesir	n	baiil	n	phosir	133
o	tharon	o	mesor	o	baiol	o	phosor	134
p	tharun	p	mesur	p	baiul	p	phosur	135
q	tharas	q	mesan	q	baian	q	phosal	136
r	thares	r	mesen	r	baien	r	phosel	137
s	tharis	s	mesin	s	baiin	s	phosil	138
t	tharos	t	meson	t	baion	t	phosol	139
v	tharus	v	mesun	v	baiun	v	phosul	140
x	tharat	x	mesas	x	baiat	x	phosat	141
y	tharet	y	meses	y	baiet	y	phoset	142
z	tharit	z	mesis	z	baiit	z	phosit	143
w	tharot	w	mesos	w	baiot	w	phosot	144

---

3 141–144 baiat, baiet, baiit, baiot] *Abweichende Endung auf d in Wo*: baiad, -ed, -id, -ot.

4 131–135 phosar, phoser, phosir, phosor, phosur] *Abweichende Endung auf l in Wo*: phosal, -el, -il, -ol, -ul.

136–140 phosal, phosel, phosil, phosol, phosul] *Abweichende Endung auf r in Wo*: -ar, -er, -ir, -or, -ur.

POLYGRAPHIA IOANNIS TRITEMII

	1		2		3		4	
a	gala	a	prosa	a	fana	a	lemora	145
b	gale	b	prose	b	fane	b	lemore	146
c	gali	c	prosi	c	fani	c	lemori	147
d	galo	d	proso	d	fano	d	lemoro	148
e	galu	e	prosu	e	fanu	e	lemoru	149
f	galan	f	prosal	f	fanat	f	lemoras	150
g	galen	g	prosel	g	fanet	g	lemores	151
h	galin	h	prosil	h	fanit	h	lemoris	152
i	galon	i	prosol	i	fanot	i	lemoros	153
k	galun	k	prosul	k	fanut	k	lemorus	154
l	galar	l	prosan	l	fanas	l	lemorax	155
m	galer	m	prosen	m	fanes	m	lemorex	156
n	galir	n	prosin	n	fanis	n	lemorix	157
o	galor	o	proson	o	fanos	o	lemorox	158
p	galur	p	prosun	p	fanus	p	lemorux	159
q	galas	q	prosar	q	fanar	q	lemoran	160
r	gales	r	proser	r	faner	r	lemoren	161
s	galis	s	prosir	s	fanir	s	lemorin	162
t	galos	t	prosor	t	fanor	t	lemoron	163
v	galus	v	prosur	v	fanur	v	lemorun	164
x	galax	x	prosat	x	fanax	x	lemorat	165
y	galex	y	proset	y	fanex	y	lemoret	166
z	galix	z	prosit	z	fanix	z	lemorit	167
w	galox	w	prosot	w	fanox	w	lemorot	168

LIBER TERCIVS

403

	1		2		3		4	
a	aras	a	cabar	a	nesa	a	hama	169
b	ares	b	caber	b	nese	b	hame	170
c	aris	c	cabir	c	nesi	c	hami	171
d	aros	d	cabor	d	neso	d	hamo	172
e	arus	e	cabur	e	nesu	e	hamu	173
f	arosa	f	cabad	f	nesar	f	hamal	174
g	arose	g	cabed	g	neser	g	hamel	175
h	arosi	h	cabid	h	nesir	h	hamil	176
i	aroso	i	cabod	i	nesor	i	hamol	177
k	arosu	k	cabud	k	nesur	k	hamul	178
l	arosal	l	cabal	l	nesal	l	hamas	179
m	arosel	m	cabel	m	nesel	m	hames	180
n	arosil	n	cabil	n	nesil	n	hamis	181
o	arosol	o	cabol	o	nesol	o	hamos	182
p	arosul	p	cabul	p	nesul	p	hamus	183
q	arosar	q	cabas	q	nesan	q	hamar	184
r	aroser	r	cabes	r	nesen	r	hamer	185
s	arosir	s	cabis	s	nesin	s	hamir	186
t	arosor	t	cabos	t	neson	t	hamor	187
v	arosur	v	cabus	v	nesun	v	hamur	188
x	arosat	x	caba	x	nesay	x	hamat	189
y	aroset	y	cabe	y	nesey	y	hamet	190
z	arosit	z	cabi	z	nesoy	z	hamit	191
w	arosot	w	cabo	w	nesuy	w	hamot	192

POLYGRAPHIA IOANNIS TRITEMII

	1		2		3		4	
a	helia	a	rhama	a	fesia	a	dora	193
b	helie	b	rhame	b	fesie	b	dore	194
c	helii	c	rhami	c	fesii	c	dori	195
d	helio	d	rhamo	d	fesio	d	doro	196
e	heliu	e	rhamu	e	fesiu	e	doru	197
f	heliat	f	rhaman	f	fesial	f	doral	198
g	heliet	g	rhamen	g	fesiel	g	dorel	199
h	heliit	h	rhamin	h	fesiil	h	doril	200
i	heliot	i	rhamon	i	fesiol	i	dorol	201
k	heliut	k	rhamun	k	fesiul	k	dorul	202
l	helias	l	rhamal	l	fesian	l	doras	203
m	helies	m	rhamel	m	fesien	m	dores	204
n	heliis	n	rhamil	n	fesiin	n	doris	205
o	helios	o	rhamol	o	fesion	o	doros	206
p	helius	p	rhamul	p	fesiun	p	dorus	207
q	helial	q	rhamas	q	fesiar	q	doran	208
r	heliel	r	rhames	r	fesier	r	doren	209
s	heliil	s	rhamis	s	fesiir	s	dorin	210
t	heliol	t	rhamos	t	fesior	t	doron	211
v	heliul	v	rhamus	v	fesiur	v	dorun	212
x	helian	x	rhamat	x	fesias	x	dorax	213
y	helien	y	rhamet	y	fesies	y	dorex	214
z	heliin	z	rhamit	z	fesiis	z	dorix	215
w	helion	w	rhamot	w	fesios	w	dorox	216

LIBER TERCIVS

	1		2		3		4	
a	huba	a	rodan	a	medra	a	ophiran	217
b	hube	b	roden	b	medre	b	ophiren	218
c	hubi	c	rodin	c	medri	c	ophirin	219
d	hubo	d	rodon	d	medro	d	ophiron	220
e	hubu	e	rodun	e	medru	e	ophirun	221
f	hubal	f	roda	f	medrax	f	ophira	222
g	hubel	g	rode	g	medrex	g	ophire	223
h	hubil	h	rodi	h	medrix	h	ophiri	224
i	hubol	i	rodo	i	medrox	i	ophiro	225
k	hubul	k	rodu	k	medrux	k	ophiru	226
l	hubas	l	rodas	l	medral	l	ophiras	227
m	hubes	m	rodes	m	medrel	m	ophires	228
n	hubis	n	rodis	n	medril	n	ophiris	229
o	hubos	o	rodos	o	medrol	o	ophiros	230
p	hubus	p	rodus	p	medrul	p	ophirus	231
q	hubar	q	rodax	q	medras	q	ophiral	232
r	huber	r	rodex	r	medres	r	ophirel	233
s	hubir	s	rodix	s	medris	s	ophiril	234
t	hubor	t	rodox	t	medros	t	ophirol	235
v	hubur	v	rodux	v	medrus	v	ophirul	236
x	huban	x	rodal	x	medran	x	ophirax	237
y	huben	y	rodel	y	medren	y	ophirex	238
z	hubin	z	rodil	z	medrin	z	ophirix	239
w	hubon	w	rodol	w	medron	w	ophirox	240

---

2   217–221   rodan, roden, rodin, rodon, rodun] *Abweichender Vokal a im Wortstamm in Wo*: radan, -en, -in, -on, -un.

4   218   ophiren] ophireu *b*.

POLYGRAPHIA IOANNIS TRITEMII

	1		2		3		4	
a	darach	a	vana	a	comar	a	hasacha	241
b	darech	b	vane	b	comer	b	hasache	242
c	darich	c	vani	c	comir	c	hasachi	243
d	daroch	d	vano	d	comor	d	hasacho	244
e	daruch	e	vanu	e	comur	e	hasachu	245
f	derach	f	vanal	f	coman	f	hasachar	246
g	derech	g	vanel	g	comen	g	hasacher	247
h	derich	h	vanil	h	comin	h	hasachir	248
i	deroch	i	vanol	i	comon	i	hasachor	249
k	deruch	k	vanul	k	comun	k	hasachur	250
l	dirach	l	vanay	l	comal	l	hasachal	251
m	direch	m	vaney	m	comel	m	hasachel	252
n	dirich	n	vaniy	n	comil	n	hasachil	253
o	diroch	o	vanoy	o	comol	o	hasachol	254
p	diruch	p	vanuy	p	comul	p	hasachul	255
q	dorach	q	vanar	q	comas	q	hasachan	256
r	dorech	r	vaner	r	comes	r	hasachen	257
s	dorich	s	vanir	s	comis	s	hasachin	258
t	doroch	t	vanor	t	comos	t	hasachon	259
v	doruch	v	vanur	v	comus	v	hasachun	260
x	durach	x	vanas	x	comax	x	hasachay	261
y	durech	y	vanes	y	comex	y	hasachey	262
z	durich	z	vanis	z	comix	z	hasachoy	263
w	duroch	w	vanos	w	comox	w	hasachuy	264

---

1   245   daruch] daroch *b*.

LIBER TERCIVS

	1		2		3		4	
a	allac	a	pana	a	meda	a	iobas	265
b	allec	b	pane	b	mede	b	iobes	266
c	allic	c	pani	c	medi	c	iobis	267
d	alloc	d	pano	d	medo	d	iobos	268
e	alluc	e	panu	e	medu	e	iobus	269
f	allat	f	panas	f	medar	f	ioba	270
g	allet	g	panes	g	meder	g	iobe	271
h	allit	h	panis	h	medir	h	iobi	272
i	allot	i	panos	i	medor	i	iobo	273
k	allut	k	panus	k	medur	k	iobu	274
l	alla	l	panar	l	medas	l	iobar	275
m	alle	m	paner	m	medes	m	iober	276
n	alli	n	panir	n	medis	n	iobir	277
o	allo	o	panor	o	medos	o	iobor	278
p	allu	p	panur	p	medus	p	iobur	279
q	allax	q	panax	q	medal	q	ioban	280
r	allex	r	panex	r	medel	r	ioben	281
s	allix	s	panix	s	medil	s	iobin	282
t	allox	t	panox	t	medol	t	iobon	283
v	allux	v	panux	v	medul	v	iobun	284
x	allan	x	panal	x	medan	x	iobat	285
y	allen	y	panel	y	meden	y	iobet	286
z	allin	z	panil	z	medin	z	iobit	287
w	allon	w	panol	w	medon	w	iobot	288

	1		2		3		4	
a	rama	a	pada	a	gera	a	moda	289
b	rame	b	pade	b	gere	b	mode	290
c	rami	c	padi	c	geri	c	modi	291
d	ramo	d	pado	d	gero	d	modo	292
e	ramu	e	padu	e	geru	e	modu	293
f	ramal	f	padal	f	geral	f	modal	294
g	ramel	g	padel	g	gerel	g	model	295
h	ramil	h	padil	h	geril	h	modil	296
i	ramol	i	padol	i	gerol	i	modol	297
k	ramul	k	padul	k	gerul	k	modul	298
l	ramas	l	padas	l	geras	l	modas	299
m	rames	m	pades	m	geres	m	modes	300
n	ramis	n	padis	n	geris	n	modis	301
o	ramos	o	pados	o	geros	o	modos	302
p	ramus	p	padus	p	gerus	p	modus	303
q	ramax	q	padan	q	gerar	q	modan	304
r	ramex	r	paden	r	gerer	r	moden	305
s	ramix	s	padin	s	gerir	s	modin	306
t	ramox	t	padon	t	geror	t	modon	307
v	ramux	v	padun	v	gerur	v	modun	308
x	ramay	x	padar	x	geray	x	modax	309
y	ramey	y	pader	y	gerey	y	modex	310
z	ramoy	z	padir	z	geroy	z	modix	311
w	ramuy	w	pador	w	geruy	w	modox	312

---

1   309–312   ramay, ramey, ramoy, ramuy] *Abweichende Endung auf i in b*: ramai, -ei, -ii, -oi.

3   309–312   geray, gerey, geroy, geruy] *Abweichende Endung auf i in b*: gerai, -ei, -ii, -oi.

LIBER TERCIVS

409

	1		2		3		4	
a	ascha	a	vasma	a	dolan	a	merapa	313
b	asche	b	vasme	b	dolen	b	merape	314
c	aschi	c	vasmi	c	dolin	c	merapi	315
d	ascho	d	vasmo	d	dolon	d	merapo	316
e	aschu	e	vasmu	e	dolun	e	merapu	317
f	aschar	f	vasmay	f	dolar	f	merapan	318
g	ascher	g	vasmey	g	doler	g	merapen	319
h	aschir	h	vasmiy	h	dolir	h	merapin	320
i	aschor	i	vasmoy	i	dolor	i	merapon	321
k	aschur	k	vasmuy	k	dolur	k	merapun	322
l	aschal	l	vasmar	l	dolat	l	merapas	323
m	aschel	m	vasmer	m	dolet	m	merapes	324
n	aschil	n	vasmir	n	dolit	n	merapis	325
o	aschol	o	vasmor	o	dolot	o	merapos	326
p	aschul	p	vasmur	p	dolut	p	merapus	327
q	aschra	q	vasmal	q	dolax	q	merapat	328
r	aschre	r	vasmel	r	dolex	r	merapet	329
s	aschri	s	vasmil	s	dolix	s	merapit	330
t	aschro	t	vasmol	t	dolox	t	merapot	331
v	aschru	v	vasmul	v	dolux	v	meraput	332
x	aschran	x	vasman	x	dolaf	x	merapar	333
y	aschren	y	vasmen	y	dolef	y	meraper	334
z	aschrin	z	vasmin	z	dolif	z	merapir	335
w	aschron	w	vasmon	w	dolof	w	merapor	336

---

2   318–322   vasmay, vasamey, vasmaiy, vasamoy, vasamuy] *Abweichende Endung auf i in b*: vasmai, -ei, -ii, -oi, -ui.

3   333–336   dolaf, dolef, dolif, dolof] *Abweichende Endung auf ff in Wo*: doloff, -eff, -iff, -off.

POLYGRAPHIA IOANNIS TRITEMII

	1		2		3		4	
a	fanera	a	adra	a	pesa	a	mezana	337
b	fanere	b	adre	b	pese	b	mezane	338
c	faneri	c	adri	c	pesi	c	mezani	339
d	fanero	d	adro	d	peso	d	mezano	340
e	faneru	e	adru	e	pesu	e	mezanu	341
f	faneral	f	adral	f	pesan	f	mezanas	342
g	fanerel	g	adrel	g	pesen	g	mezanes	343
h	faneril	h	adril	h	pesin	h	mezanis	344
i	fanerol	i	adrol	i	peson	i	mezanos	345
k	fanerul	k	adrul	k	pesun	k	mezanus	346
l	faneras	l	adran	l	pesal	l	mezanat	347
m	faneres	m	adren	m	pesel	m	mezanet	348
n	faneris	n	adrin	n	pesil	n	mezanit	349
o	faneros	o	adron	o	pesol	o	mezanot	350
p	fanerus	p	adrun	p	pesul	p	mezanut	351
q	faneran	q	adras	q	pesar	q	mezanan	352
r	faneren	r	adres	r	peser	r	mezanen	353
s	fanerin	s	adris	s	pesir	s	mezanin	354
t	faneron	t	adros	t	pesor	t	mezanon	355
v	fanerun	v	adrus	v	pesur	v	mezanun	356
x	fanerat	x	adrax	x	pesas	x	mezanar	357
y	faneret	y	adrex	y	peses	y	mezaner	358
z	fanerit	z	adrix	z	pesis	z	mezanir	359
w	fanerot	w	adrox	w	pesos	w	mezanor	360

LIBER TERCIVS

	1		2		3		4	
a	gomar	a	tharsa	a	fodral	a	meroham	361
b	gomer	b	tharse	b	fodrel	b	merohem	362
c	gomir	c	tharsi	c	fodril	c	merohim	363
d	gomor	d	tharso	d	fodrol	d	merohom	364
e	gomur	e	tharsu	e	fodrul	e	merohum	365
f	goman	f	tharsal	f	fodra	f	meroha	366
g	gomen	g	tharsel	g	fodre	g	merohe	367
h	gomin	h	tharsil	h	fodri	h	merohi	368
i	gomon	i	tharsol	i	fodro	i	meroho	369
k	gomun	k	tharsul	k	fodru	k	merohu	370
l	gomal	l	tharsat	l	fodras	l	merohal	371
m	gomel	m	tharset	m	fodres	m	merohel	372
n	gomil	n	tharsit	n	fodris	n	merohil	373
o	gomol	o	tharsot	o	fodros	o	merohol	374
p	gomul	p	tharsut	p	fodrus	p	merohul	375
q	gomas	q	tharsan	q	fodran	q	merohas	376
r	gomes	r	tharsen	r	fodren	r	merohes	377
s	gomis	s	tharsin	s	fodrin	s	merohis	378
t	gomos	t	tharson	t	fodron	t	merohos	379
v	gomus	v	tharsun	v	fodrun	v	merohus	380
x	gomay	x	tharsay	x	fodray	x	merohat	381
y	gomey	y	tharsey	y	fodrey	y	merohet	382
z	gomoy	z	tharsoy	z	fodroy	z	merohit	383
w	gomuy	w	tharsuy	w	fodruy	w	merohot	384

POLYGRAPHIA IOANNIS TRITEMII

	1		2		3		4	
a	cama	a	sebara	a	phal	a	nomysa	385
b	came	b	sebare	b	phel	b	nomyse	386
c	cami	c	sebari	c	phil	c	nomysi	387
d	camo	d	sebaro	d	phol	d	nomyso	388
e	camu	e	sebaru	e	phul	e	nomysu	389
f	camal	f	sebaras	f	phat	f	nomysar	390
g	camel	g	sebares	g	phet	g	nomyser	391
h	camil	h	sebaris	h	phit	h	nomysir	392
i	camol	i	sebaros	i	phot	i	nomysor	393
k	camul	k	sebarus	k	phut	k	nomysur	394
l	camas	l	sebaran	l	phas	l	nomysal	395
m	cames	m	sebaren	m	phes	m	nomysel	396
n	camis	n	sebarin	n	phis	n	nomysil	397
o	camos	o	sebaron	o	phos	o	nomysol	398
p	camus	p	sebarun	p	phus	p	nomysul	399
q	camar	q	sebaral	q	phar	q	nomysas	400
r	camer	r	sebarel	r	pher	r	nomyses	401
s	camir	s	sebaril	s	phir	s	nomysis	402
t	camor	t	sebarol	t	phor	t	nomysos	403
v	camur	v	sebarul	v	phur	v	nomysus	404
x	caman	x	sebarat	x	phay	x	nomysan	405
y	camen	y	sebaret	y	phey	y	nomysen	406
z	camin	z	sebarit	z	phoy	z	nomysin	407
w	camon	w	sebarot	w	phuy	w	nomyson	408

---

4   385–408   nomysa ... nomyson] *Abweichend i anstelle von y im Wortstamm in Wo*: nomisa ... nomison.

LIBER TERCIVS

	1		2		3		4	
a	zabar	a	nemas	a	hosan	a	flagara	409
b	zaber	b	nemes	b	hosen	b	flagare	410
c	zabir	c	nemis	c	hosin	c	flagari	411
d	zabor	d	nemos	d	hoson	d	flagaro	412
e	zabur	e	nemus	e	hosun	e	flagaru	413
f	zabal	f	nemat	f	hosar	f	flagaran	414
g	zabel	g	nemet	g	hoser	g	flagaren	415
h	zabil	h	nemit	h	hosir	h	flagarin	416
i	zabol	i	nemot	i	hosor	i	flagaron	417
k	zabul	k	nemut	k	hosur	k	flagarun	418
l	zabas	l	nemal	l	hosal	l	flagaras	419
m	zabes	m	nemel	m	hosel	m	flagares	420
n	zabis	n	nemil	n	hosil	n	flagaris	421
o	zabos	o	nemol	o	hosol	o	flagaros	422
p	zabus	p	nemul	p	hosul	p	flagarus	423
q	zaban	q	nemar	q	hosay	q	flagaral	424
r	zaben	r	nemer	r	hosey	r	flagarel	425
s	zabin	s	nemir	s	hosiy	s	flagaril	426
t	zabon	t	nemor	t	hosoy	t	flagarol	427
v	zabun	v	nemur	v	hosuy	v	flagarul	428
x	zabat	x	nema	x	hosas	x	flagarat	429
y	zabet	y	neme	y	hoses	y	flagaret	430
z	zabit	z	nemi	z	hosis	z	flagarit	431
w	zabot	w	nemo	w	hosos	w	flagarot	432

414 POLYGRAPHIA IOANNIS TRITEMII

	1		2		3		4	
a	bedar	a	nysan	a	ramas	a	astrofal	433
b	beder	b	nysen	b	rames	b	astrofel	434
c	bedir	c	nysin	c	ramis	c	astrofil	435
d	bedor	d	nyson	d	ramos	d	astrofol	436
e	bedur	e	nysun	e	ramus	e	astroful	437
f	bedan	f	nysar	f	ramal	f	astrofan	438
g	beden	g	nyser	g	ramel	g	astrofen	439
h	bedin	h	nysir	h	ramil	h	astrofin	440
i	bedon	i	nysor	i	ramol	i	astrofon	441
k	bedun	k	nysur	k	ramul	k	astrofun	442
l	bedal	l	nysas	l	raman	l	astrofas	443
m	bedel	m	nyses	m	ramen	m	astrofes	444
n	bedil	n	nysis	n	ramin	n	astrofis	445
o	bedol	o	nysos	o	ramon	o	astrofos	446
p	bedul	p	nysus	p	ramun	p	astrofus	447
q	bedas	q	nysal	q	ramat	q	astrofax	448
r	bedes	r	nysel	r	ramet	r	astrofex	449
s	bedis	s	nysil	s	ramit	s	astrofix	450
t	bedos	t	nysol	t	ramot	t	astrofox	451
v	bedus	v	nysul	v	ramut	v	astrofux	452
x	bedaf	x	nysat	x	ramay	x	astrofar	453
y	bedef	y	nyset	y	ramey	y	astrofer	454
z	bedif	z	nysit	z	ramoy	z	astrofir	455
w	bedof	w	nysot	w	ramuy	w	astrofor	456

---

1   453–456 bedaf, bedef, bedif, bedof] *Abweichende Endung auf ff in Wo*: bedaff, -eff, -iff, -off.

LIBER TERCIVS

	1		2		3		4	
a	guara	a	lodan	a	hamar	a	charsal	457
b	guare	b	loden	b	hamer	b	charsel	458
c	guari	c	lodin	c	hamir	c	charsil	459
d	guaro	d	lodon	d	hamor	d	charsol	460
e	guaru	e	lodun	e	hamur	e	charsul	461
f	guaras	f	lodana	f	hamal	f	charsa	462
g	guares	g	lodane	g	hamel	g	charse	463
h	guaris	h	lodani	h	hamil	h	charsi	464
i	guaros	i	lodano	i	hamol	i	charso	465
k	guarus	k	lodanu	k	hamul	k	charsu	466
l	guaral	l	lodar	l	haman	l	charsan	467
m	guarel	m	loder	m	hamen	m	charsen	468
n	guaril	n	lodir	n	hamin	n	charsin	469
o	guarol	o	lodor	o	hamon	o	charson	470
p	guarul	p	lodur	p	hamun	p	charsun	471
q	guaran	q	lodas	q	hamas	q	charsat	472
r	guaren	r	lodes	r	hames	r	charset	473
s	guarin	s	lodis	s	hamis	s	charsit	474
t	guaron	t	lodos	t	hamos	t	charsot	475
v	guarun	v	lodus	v	hamus	v	charsut	476
x	guarat	x	lodax	x	hamay	x	charsay	477
y	guaret	y	lodex	y	hamey	y	charsey	478
z	guarit	z	lodix	z	hamoy	z	charsoy	479
w	guarot	w	lodox	w	hamoy	w	charsuy	480

POLYGRAPHIA IOANNIS TRITEMII

	1		2		3		4	
a	planas	a	merafa	a	harmal	a	pharam	481
b	planes	b	merefe	b	harmel	b	pharem	482
c	planis	c	merifi	c	harmil	c	pharim	483
d	planos	d	merofo	d	harmol	d	pharom	484
e	planus	e	merufu	e	harmul	e	pharum	485
f	planat	f	merafas	f	harman	f	pharal	486
g	planet	g	merafes	g	harmen	g	pharel	487
h	planit	h	merafis	h	harmin	h	pharil	488
i	planot	i	merafos	i	harmon	i	pharol	489
k	planut	k	merafus	k	harmun	k	pharul	490
l	planar	l	merafal	l	harmat	l	pharas	491
m	planer	m	merafel	m	harmet	m	phares	492
n	planir	n	merafil	n	harmit	n	pharis	493
o	planor	o	merafol	o	harmot	o	pharos	494
p	planur	p	meraful	p	harmut	p	pharus	495
q	planan	q	merafat	q	harmas	q	pharax	496
r	planen	r	merafet	r	harmes	r	pharex	497
s	planin	s	merafit	s	harmis	s	pharix	498
t	planon	t	merafot	t	harmos	t	pharox	499
v	planun	v	merafut	v	harmus	v	pharux	500
x	planay	x	merafar	x	harmay	x	pharar	501
y	planey	y	merafer	y	harmey	y	pharer	502
z	planoy	z	merafir	z	harmoy	z	pharir	503
w	planuy	w	merafor	w	harmuy	w	pharor	504

LIBER TERCIVS

417

	1		2		3		4	
a	merapas	a	holam	a	derman	a	solama	505
b	merapes	b	holem	b	dermen	b	solame	506
c	merapis	c	holim	c	dermin	c	solami	507
d	merapos	d	holom	d	dermon	d	solamo	508
e	merapus	e	holum	e	dermun	e	solamu	509
f	merapan	f	holas	f	dermas	f	solamar	510
g	merapen	g	holes	g	dermes	g	solamer	511
h	merapin	h	holis	h	dermis	h	solamir	512
i	merapon	i	holos	i	dermos	i	solamor	513
k	merapun	k	holus	k	dermus	k	solamur	514
l	merapat	l	hola	l	dermal	l	solamas	515
m	merapet	m	hole	m	dermel	m	solames	516
n	merapit	n	holi	n	dermil	n	solamis	517
o	merapot	o	holo	o	dermol	o	solamos	518
p	meraput	p	holu	p	dermul	p	solamus	519
q	merapal	q	holat	q	derma	q	solaman	520
r	merapel	r	holet	r	derme	r	solamen	521
s	merapil	s	holit	s	dermi	s	solamin	522
t	merapol	t	holot	t	dermo	t	solamon	523
v	merapul	v	holut	v	dermu	v	solamun	524
x	merapay	x	holay	x	dermat	x	solamat	525
y	merapey	y	holey	y	dermet	y	solamet	526
z	merapoy	z	holoy	z	dermit	z	solamit	527
w	merapuy	w	holuy	w	dermot	w	solamot	528

---

1 525–528 merapay, merapey, merapoy, merapuy] *Abweichende Endung auf x in b*: merapax,
-ex, -ix, -ux.

3 507 dermin] dermyn *W*
512 solamir] solamyr *W*.

	1		2		3		4	
a	afar	a	mesan	a	onema	a	perodas	529
b	afer	b	mesen	b	oneme	b	perodes	530
c	afir	c	mesin	c	onemi	c	perodis	531
d	afor	d	meson	d	onemo	d	perodos	532
e	afur	e	mesun	e	onemu	e	perodu	533
f	afara	f	mesal	f	omenas	f	peroda	534
g	afare	g	mesel	g	omenes	g	perode	535
h	afari	h	mesil	h	omenis	h	perodi	536
i	afaro	i	mesol	i	omenos	i	perodo	537
k	afaru	k	mesul	k	omenus	k	perodu	538
l	afaral	l	mesar	l	omenar	l	perodan	539
m	afarel	m	meser	m	omener	m	peroden	540
n	afaril	n	mesir	n	omenir	n	perodin	541
o	afarol	o	mesor	o	omenor	o	perodon	542
p	afarul	p	mesur	p	omenur	p	perodun	543
q	afaras	q	mesas	q	omenat	q	perodal	544
r	afares	r	meses	r	omenet	r	perodel	545
s	afaris	s	mesis	s	omenit	s	perodil	546
t	afaros	t	mesos	t	omenot	t	perodol	547
v	afarus	v	mesus	v	omenut	v	perodul	548
x	afarat	x	mesay	x	omenal	x	perodax	549
y	afaret	y	mesey	y	omenel	y	perodex	550
z	afarit	z	mesoy	z	omenil	z	perodix	551
w	afarot	w	mesuy	w	omenol	w	perodox	552

---

1   529–552   afar ... afarot] *Abweichend ff im Wortstamm in Wo*: affar ... affarot.

3   529–533   onema, oneme, onemi, onemo, onemu] *Abweichend m anstelle von n im Wortstamm in Wo, b*: omena, -e, -i, -o, -u.

LIBER TERCIVS

	1		2		3		4	
a	baran	a	charas	a	mosal	a	nedria	553
b	baren	b	chares	b	mosel	b	nedrie	554
c	barin	c	charis	c	mosil	c	nedrii	555
d	baron	d	charos	d	mosol	d	nedrio	556
e	barun	e	charus	e	mosul	e	nedriu	557
f	baras	f	charal	f	mosa	f	nedrias	558
g	bares	g	charel	g	mose	g	nedries	559
h	baris	h	charil	h	mosi	h	nedriis	560
i	baros	i	charol	i	moso	i	nedrios	561
k	barus	k	charul	k	mosu	k	nedrius	562
l	baral	l	charat	l	mosar	l	nedrian	563
m	barel	m	charet	m	moser	m	nedrien	564
n	baril	n	charit	n	mosir	n	nedriin	565
o	barol	o	charot	o	mosor	o	nedrion	566
p	barul	p	charut	p	mosur	p	nedriun	567
q	bara	q	chara	q	mosan	q	nedrial	568
r	bare	r	chare	r	mosen	r	nedriel	569
s	bari	s	chari	s	mosin	s	nedriil	570
t	baro	t	charo	t	moson	t	nedrio	571
v	baru	v	charu	v	mosun	v	nedriul	572
x	barax	x	charan	x	mosas	x	nedrax	573
y	barex	y	charen	y	moses	y	nedrex	574
z	barix	z	charin	z	mosis	z	nedrix	575
w	barox	w	charon	w	mosos	w	nedrox	576

	1		2		3		4	
a	meda	a	cadas	a	lorasan	a	halmoda	577
b	mede	b	cades	b	lorasen	b	halmode	578
c	medi	c	cadis	c	lorasin	c	halmodi	579
d	medo	d	cados	d	lorason	d	halmodo	580
e	medu	e	cadus	e	lorasun	e	halmodu	581
f	medas	f	cada	f	lorasas	f	halmodal	582
g	medes	g	cade	g	lorases	g	halmodel	583
h	medis	h	cadi	h	lorasis	h	halmodil	584
i	medos	i	cado	i	lorasos	i	halmodol	585
k	medus	k	cadu	k	lorasus	k	halmodul	586
l	medar	l	cadan	l	lorasat	l	halmodan	587
m	meder	m	caden	m	loraset	m	halmoden	588
n	medir	n	cadin	n	lorasit	n	halmodin	589
o	medor	o	cadon	o	lorasot	o	halmodon	590
p	medur	p	cadun	p	lorasut	p	halmodun	591
q	medal	q	cadar	q	lorasa	q	halmodar	592
r	medel	r	cader	r	lorase	r	halmoder	593
s	medil	s	cadir	s	lorasi	s	halmodir	594
t	medol	t	cador	t	loraso	t	halmodor	595
v	medun	v	cadur	v	lorasu	v	halmodur	596
x	medan	x	cadal	x	lorasal	x	halmodas	597
y	meden	y	cadel	y	lorasel	y	halmodes	598
z	medin	z	cadil	z	lorasil	z	halmodis	599
w	medon	w	cadol	w	lorasol	w	halmodos	600

LIBER TERCIVS
421

	1		2		3		4	
a	elamas	a	dra	a	cabala	a	poderas	601
b	elames	b	dre	b	cabale	b	poderes	602
c	elamis	c	dri	c	cabali	c	poderis	603
d	elamos	d	dro	d	cabalo	d	poderos	604
e	elamus	e	dru	e	cabalu	e	poderus	605
f	elama	f	dran	f	cabalas	f	podera	606
g	elame	g	dren	g	cabales	g	podere	607
h	elami	h	drin	h	cabalis	h	poderi	608
i	elamo	i	dron	i	cabalos	i	podero	609
k	elamu	k	drun	k	cabalus	k	poderu	610
l	elamar	l	dras	l	cabalan	l	poderal	611
m	elamer	m	dres	m	cabalen	m	poderel	612
n	elamir	n	dris	n	cabalin	n	poderil	613
o	elamor	o	dros	o	cabalon	o	poderol	614
p	elamur	p	drus	p	cabalun	p	poderul	615
q	elamat	q	dray	q	cabalar	q	poderan	616
r	elamet	r	drey	r	cabaler	r	poderen	617
s	elamit	s	driy	s	cabalir	s	poderin	618
t	elamot	t	droy	t	cabalor	t	poderon	619
v	elamut	v	druy	v	cabalur	v	poderun	620
x	elaman	x	drat	x	cabalay	x	poderat	621
y	elamen	y	dret	y	cabaley	y	poderet	622
z	elamin	z	drit	z	cabaloy	z	poderit	623
w	elamon	w	drot	w	cabaluy	w	poderot	624

---

3   621–624   cabalay, cabaley, cabaloy, cabaluy] *Abweichende Endung auf i in b*: cabalai, -ei, -ii, -oi, -ui.

4   621–624   poderat, poderet, poderit, poderot] *Abweichend n im Wortstamm in W*: ponderat, -et, -it, ot.

POLYGRAPHIA IOANNIS TRITEMII

	1		2		3		4	
a	husal	a	mera	a	doras	a	adrama	625
b	husel	b	mere	b	dores	b	adrame	626
c	husil	c	meri	c	doris	c	adrami	627
d	husol	d	mero	d	doros	d	adramo	628
e	husul	e	meru	e	dorus	e	adramu	629
f	husan	f	meras	f	dora	f	adramas	630
g	husen	g	meres	g	dore	g	adrames	631
h	husin	h	meris	h	dori	h	adramis	632
i	huson	i	meros	i	doro	i	adramos	633
k	husun	k	merus	k	doru	k	adramus	634
l	husa	l	meral	l	doran	l	adramal	635
m	huse	m	merel	m	doren	m	adramel	636
n	husi	n	meril	n	dorin	n	adramil	637
o	huso	o	merol	o	doron	o	adramol	638
p	husu	p	merul	p	dorun	p	adramul	639
q	husar	q	meran	q	dural	q	adraman	640
r	huser	r	meren	r	durel	r	adramen	641
s	husir	s	merin	s	duril	s	adramin	642
t	husor	t	meron	t	durol	t	adramon	643
v	husur	v	merun	v	durul	v	adramun	644
x	husay	x	merax	x	durax	x	adramat	645
y	husey	y	merex	y	durex	y	adramet	646
z	husoy	z	merix	z	durix	z	adramit	647
w	husuy	w	merox	w	durox	w	adramot	648

---

1   645–648   husay, husey, husoy, husuy] *Abweichende Endung auf i in b*: husai, -ei, -oi, -ui.
3   639   doran] durun *W.*
      640–648   dural ... durox] *Abweichender Vokal (o) im Wortstamm in Wo, b*: doral ... dorox.

LIBER TERCIVS

423

	1		2		3		4	
a	dobar	a	eloham	a	holam	a	atropas	649
b	dober	b	elohem	b	holem	b	atropes	650
c	dobir	c	elohim	c	holim	c	atropis	651
d	dobor	d	elohom	d	holom	d	atropos	652
e	dobur	e	elohum	e	holum	e	atropus	653
f	dobal	f	elohas	f	hola	f	atropa	654
g	dobel	g	elohes	g	hole	g	atrope	655
h	dobil	h	elohis	h	holi	h	atropi	656
i	dobol	i	elohos	i	holo	i	atropo	657
k	dobul	k	elohus	k	holu	k	atropu	658
l	dobaram	l	elohat	l	holas	l	atropay	659
m	dobarem	m	elohet	m	holes	m	atropey	660
n	dobarim	n	elohit	n	holis	n	atropiy	661
o	dobarom	o	elohot	o	holos	o	atropoy	662
p	dobarum	p	elohut	p	holus	p	atropuy	663
q	dobelra	q	elohar	q	holan	q	atropan	664
r	dobelre	r	eloher	r	holen	r	atropen	665
s	dobelri	s	elohir	s	holin	s	atropin	666
t	dobelro	t	elohor	t	holon	t	atropon	667
v	dobelru	v	elohur	v	holun	v	atropun	668
x	dobelras	x	elohaff	x	holay	x	atropax	669
y	dobelres	y	eloheff	y	holey	y	atropex	670
z	dobelris	z	elohiff	z	holoy	z	atropix	671
w	dobelros	w	elohoff	w	holuy	w	atropox	672

---

1   659–663   dobaram, dobarem, dobarim, dobarom, dobarum] *Abweichende Endung ohne Füllsilbe ar in Wo, b*: dobam, -em, -im, om, -um *Wo*, doban, -en, -in, -on, -un *b*.

       664–668   dobelra, dobelre, dobelri, dobelro, dobelru] *Abweichende Endung ohne Füllsilbe elr in Wo, b*: doba, -e, -i, -o, -u *Wo*, dobas, -es, -is, -os, -us *b*.

       669–672   dobelras, dobelres, dobelris, dobelros, dobelros] *Abweichende Endung ohne Füllsilbe elr in Wo, b*: dobas, -es, -is, -os, *Wo, dobelai, -elei, -elii, -eloi b*.

                dobelros] dobelrus *W*.

2   669–672   elohaff, eloheff, elohiff, elohoff] *Abweichende Endung auf f in b*: elohaf, -ef, -if, -of.

3   669–672   holay, holey, holoy, holuy] *Abweichende Endung auf i in b*: holay, -ei, -ii, -oi.

4   659–663   atropay, atropey, atropiy, atropoy, atropuy] *Abweichende Endung auf i in b*: atropai, -ei, -ii, -oi, -ui.

POLYGRAPHIA IOANNIS TRITEMII

	1		2		3		4	
a	megala	a	lusanas	a	helmat	a	thosara	673
b	megale	b	lusanes	b	helmet	b	thosare	674
c	megali	c	lusanis	c	helmit	c	thosari	675
d	megalo	d	lusanos	d	helmot	d	thosaro	676
e	megalu	e	lusanus	e	helmut	e	thosaru	677
f	megalas	f	lusana	f	helman	f	thosaras	678
g	megales	g	lusane	g	helmen	g	thosares	679
h	megalis	h	lusani	h	helmin	h	thosaris	680
i	megalos	i	lusano	i	helmon	i	thosaros	681
k	megalus	k	lusanu	k	helmun	k	thosarus	682
l	megalan	l	lusanar	l	helmas	l	thosaran	683
m	megalen	m	lusaner	m	helmes	m	thosaren	684
n	megalin	n	lusanir	n	helmis	n	thosarin	685
o	megalon	o	lusanor	o	helmos	o	thosaron	686
p	megalun	p	lusanur	p	helmus	p	thosarun	687
q	megalat	q	lusanal	q	helmar	q	thosarat	688
r	megalet	r	lusanel	r	helmer	r	thosaret	689
s	megalit	s	lusanil	s	helmir	s	thosarit	690
t	megalot	t	lusanol	t	helmor	t	thosarot	691
v	megalut	v	lusanul	v	helmur	v	thosarut	692
x	megalar	x	lusanat	x	helmax	x	thosaral	693
y	megaler	y	lusanet	y	helmex	y	thosarel	694
z	megalir	z	lusanit	z	helmix	z	thosaril	695
w	megalor	w	lusanot	w	helmox	w	thosarol	696

---

1 673–696 megala ... megalor] *Abweichende Endung auf t in Wo*: megata ... megator.
   673–682 megala ... megalu, megalas ... megalus] *Die Abfolge der Endungen in b ist gedreht*: megalas ... megalus, megala ... megalu.

LIBER TERCIVS

	1		2		3		4	
a	bemas	a	dromat	a	horam	a	alapas	697
b	bemes	b	dromet	b	horem	b	alapes	698
c	bemis	c	dromit	c	horim	c	alapis	699
d	bemos	d	dromot	d	horom	d	alapos	700
e	bemus	e	dromut	e	horum	e	alapus	701
f	bema	f	dromas	f	horas	f	alapat	702
g	beme	g	dromes	g	hores	g	alapet	703
h	bemi	h	dromis	h	horis	h	alapit	704
i	bemo	i	dromos	i	horos	i	alapot	705
k	bemu	k	dromus	k	horus	k	alaput	706
l	bemal	l	droman	l	horal	l	alapan	707
m	bemel	m	dromen	m	horel	m	alapen	708
n	bemil	n	dromin	n	horil	n	alapin	709
o	bemol	o	dromon	o	horol	o	alapon	710
p	bemul	p	dromun	p	horul	p	alapun	711
q	bemat	q	dromal	q	horar	q	alapay	712
r	bemet	r	dromel	r	horer	r	alapey	713
s	bemit	s	dromil	s	horir	s	alapiy	714
t	bemot	t	dromol	t	horor	t	alapoy	715
v	bemut	v	dromul	v	horur	v	alapuy	716
x	bemar	x	dromay	x	horat	x	alapar	717
y	bemer	y	dromey	y	horet	y	alaper	718
z	bemir	z	dromoy	z	horit	z	alapir	719
w	bemor	w	dromuy	w	horot	w	alapor	720

POLYGRAPHIA IOANNIS TRITEMII

	1		2		3		4	
a	damas	a	genedal	a	amena	a	haschay	721
b	dames	b	genedel	b	amene	b	haschey	722
c	damis	c	genedil	c	ameni	c	haschiy	723
d	damos	d	genedol	d	ameno	d	haschoy	724
e	damus	e	genedul	e	amenu	e	haschuy	725
f	damar	f	geneda	f	amenas	f	haschar	726
g	damer	g	genede	g	amenes	g	hascher	727
h	damir	h	genedi	h	amenis	h	haschir	728
i	damor	i	genedo	i	amenos	i	haschor	729
k	damur	k	genedu	k	amenus	k	haschur	730
l	damal	l	genedar	l	amenal	l	haschal	731
m	damel	m	geneder	m	amenel	m	haschel	732
n	damil	n	genedir	n	amenil	n	haschil	733
o	damol	o	genedor	o	amenol	o	haschol	734
p	damul	p	genedur	p	amenul	p	haschul	735
q	daman	q	genedas	q	amenar	q	haschata	736
r	damen	r	genedes	r	amener	r	haschate	737
s	damin	s	genedis	s	amenir	s	haschati	738
t	damon	t	genedos	t	amenor	t	haschato	739
v	damun	v	genedus	v	amenur	v	haschatu	740
x	damax	x	genedat	x	amenay	x	haschas	741
y	damex	y	genedet	y	ameney	y	hasches	742
z	damix	z	genedit	z	amenoy	z	haschis	743
w	damox	w	genedot	w	amenuy	w	haschos	744

---

2 721–744 genedal ... genedot] *Abweichender Wortstamm mit r in Wo*: general ... generot.
4 721–744 haschay ... haschos] *Abweichender Wortstamm mit b in Wo, b*: baschay ... baschos.

LIBER TERCIVS

427

	1		2		3		4	
a	nas	a	caman	a	maracha	a	dobaras	745
b	nes	b	camen	b	marache	b	dobares	746
c	nys	c	camin	c	marachi	c	dobaris	747
d	nos	d	camon	d	maracho	d	dobaros	748
e	nus	e	camun	e	marachu	e	dobarus	749
f	nax	f	camas	f	marachat	f	dobaran	750
g	nex	g	cames	g	marachet	g	dobaren	751
h	nix	h	camis	h	marachit	h	dobarin	752
i	nox	i	camos	i	marachot	i	dobaron	753
k	nux	k	camus	k	marachut	k	dobarun	754
l	nal	l	camal	l	marachal	l	dobaral	755
m	nel	m	camel	m	marachel	m	dobarel	756
n	nil	n	camil	n	marachil	n	dobaril	757
o	nol	o	camol	o	marachol	o	dobarol	758
p	nul	p	camul	p	marachul	p	dobarul	759
q	nan	q	camar	q	marachas	q	dobaray	760
r	nen	r	camer	r	maraches	r	dobarey	761
s	nin	s	camir	s	marachis	s	dobariy	762
t	non	t	camor	t	marachos	t	dobaroy	763
v	nun	v	camur	v	marachus	v	dobaruy	764
x	nay	x	camat	x	marachay	x	dobarax	765
y	ney	y	camet	y	marachey	y	dobarex	766
z	noy	z	camit	z	marachoy	z	dobarix	767
w	nuy	w	camot	w	marachuy	w	dobarox	768

---

3 765–768 marachay, marachey, marachoy, marachuy] *Abweichende Endung auf i in b*: mara-
chai, -ei, -ii, -oi.

4 745–768 dobaras ... dobarox] *Abweichender Wortstamm mit c in b*: cobar ... coboi.
Abweichende Endungen in b: 745–749 cobar, -er, -ir, -or, -ur, 760–764 cobas, -es, -is,
-os, -us, 765–768 cobai, ei, -ii, -oi.
Auf diese Spalte folgend in b vier weitere f. k$_4$^{v}, k$_5$^{r}: 3,1009–1032 fasan, ..., fasal, ...,
fasar, ..., fasat, ..., fasai, ..., 1,1033–1056 pasa, ..., pasan, ..., pasal, ..., pasar, ..., pasai,
..., 2,1033–1056 gomar, ..., gomasa, ..., gomal, ..., gomat, ..., gomai, 3,1033–1056
vadan, ..., vadar, ..., vadas, ..., vadai, ..., vadal.

428 POLYGRAPHIA IOANNIS TRITEMII

[1]QVod in principio tercii polygraphie nostre biblio promisimus, ad lingue racionem incognite quatuor et sexaginta gradibus breuiter ostendimus factum ad iter tutum sermonis per omnes nocturnas necessitates incognitasque regiones. [2]Loca uerum habencia gradum tria sunt milia octoginta sub gradibus memo-
5 ratis atque distinctis, quibus natura principes prouidit ordine inequali orbem communiter gubernantes ad lune racionem decem et nouem, per quorum latissima imperia, si noticiam notarum habueris perfectam, iter tibi et negociacio patebunt omni quoque tempore et manifestissima prorsus et tuta. [3]Circulum ex puncto linealiter productum quociens occubuerit sol, si multum ad huc
10 restat itineris, ad suum principium remittimus, si uero parum ad ducem uiciniori deputatum loco nobis precipue conuenientem nuncium dirigimus. [4]Loca quidem orbis habitabilis particularia sunt multa, non negamus, ad quorum cognicionem generalibus utimur, donec usu tandem communium ad singularia instruamur. [5]Verumtamen, si quem uel desiderium impellit uel necessitas
15 progrediendi ad remotiora quelibet orbis habitabilis regna, consilium dabimus, quo et lingua sermonem habeat patrie necessarium – et iter gradiens pro uoluntate securum. [6]Remoueantur uel commutentur decem et nouem principes sexaginta quatuor graduum, qui ducatum gubernant linguarum, et consurgent centum uiginti octo. [7]Qui et ipsi tandem amoti per ordinem facient cclvi;
20 rursusque commutati ad instar priorum gradus efficient quingentos duodecim. [8]Qui, si non sufficient ambulanti, per opaca tenebrarum tociens alterentur principes, quousque desiderio satisfiat ambulantis. [9]Quamuis magno non sit opus labore progrediendi extra orbem nostrum ad aliena, cum circulus in se partes contineat sufficientes. [10]Hic ergo finem tercio polygraphie nostre libro
25 in eius sacro nomine imponimus, qui solus omnia creauit. [11]Finis libri tercii polygraphie ioannis tritemii abbatis diui iacobi in suburbio peapolitano francorum. Vii die **Mensis Marcii Anno** christianorum **M.D.viii.**
[12]Ἰωάννης ὁ τριτήμιος γέγραφα – 1508

In quartum polygraphie librum ioannis tritemii abbatis sancti iacobi peapoli-
30 tani prefacio in christi nomine sequitur.

---

1 tercii] *nicht in Wo.*   6 lune] lunem *Wo.*   7 negociacio] negociatori *Wo.*   8 prorsus] *nicht in Wo.* ‖ tuta] tutum *Wo.*   9 occubuerit] ocubuerit *Wo.*   10–11 uiciniori] uiciniorem *C, Wo.*
13 usu] usus *Wo.*   14 Verumtamen] Verumptamen *C.*   16 lingua] lingwa *C.*   18 linguarum] lingwarum *C.*   21 opaca] occupata *Wo.*   22 satisfiat] satisfiet *C.*   23 in se] ipse *C.*   24 nostre] nostro *C.*   26 in suburbio] *nicht in Wo.*   27 die Mensis Marcii Anno christianorum. M.D.viii.] *nicht in C.*   28 Ἰωάννης ὁ τριτήμιος γέγραφα] *nur W.*   30 in christi nomine] *nicht in Wo.*

PREFACIO IN LIBRVM QVARTVM

[1]ORdo expostulat racionis quartum polygraphie nostre librum a prioribus qualitate inuencionis discrepare, ut – iuxta rethorum preceptiones oracione a minore crescente ad maius – modus prebeatur orbis cognoscibilis manifestior. [2]Extendimus arcum omnia mundi clymata penetrantem, cuius uirtus in nocte fortissima citoque penetrabilis fortitudo, cuius diameter uniuersum circumagit orbem, cuius motus et efficax et uelocissimus est. [3]Opus est sole uiam monstrante nescienti, quo feratur cognicio ad scopon itineris destinatum, sed oculis usu more aquile ad solem assuetis maior euadet magistro discipulus. [4]Inter primum et secundum relatiui sunt gradus, interest autem, quod primus quousque debilis incedit, lumine solis indiget, donec tandem conualescat. [5]Secundus autem non sic, qui eciam cecus in sole, nullam patitur in tenebris cecitatem. [6]Media enim nocte uidebit perspicacius quam optime oculatus in meridie. [7]Quoniam quidem paradigma inter lunam et solem resoluitur. [8]Est enim sine lumine proprio luna speculum rotundum, quod secundum accessum et recessum ab illuminante luminis fit particeps. [9]Veruntamen cernimus interposicione plerumque opaci defectionem pati utrumque. [10]Ne igitur sub tenebris in regione qualibet ambulantibus ignota contingat eclypsis ducum itineris, requirantur ministri, qui motus ad punctum nouerunt astrorum. [11]Hore sunt diei ac noctis quatuor et uiginti, in qualibet autem hora partibus conceditur locus et tempus. [12]Prima horoscopi particula tenebras inutilis continet speculacionis, et ob id penitus contemnenda est. [13]Secunda principibus eligibilis est atque ministris, quoniam certam demonstrat nescientibus ad incognita uiam. [14]Quod, si uel in mari uel in terra metuenda fuerit suborta tempestas – aut si per hostes siue latrones necessario transeundum, ducem ex barbaris, qui semper in aere uersantur circa itinerantes, singulum singulis comitibus preficimus ordinatis, quorum societate omne tam rerum quam corporum euitamus periculum. [15]Cauendum uero, ne cacodemonem pro duce iungamus, ne quoque uultu et corpore tortuosum atque deformiter apparentem, sed lenem mansuetum prioribusque corpore et uestitu consimilem. [16]Prudencia et animi constancia in arduis itineribus opus est, sine quibus nusquam tuta salus. [17]Scripsi nona die marcii Anno M. D. viii.

Polygraphie liber quartus ioannis tritemii abbatis sancti iacobi peapolitani: in nomine iesu christi incipit.

---

4 nocte] nate *Wo.*   6 sole] solum *Wo.*   7 monstrante] monstracione *Wo.*   20 locus] *nicht in C, Wo.* ‖ horoscopi] oroscopi *Wo.*   24 siue] siue per *C.*   25–26 ordinatis] ordinatis (*folgt Kürzung* hte (habet exemplar?)) *Wo.*   28–29 prioribusque] prioribus *Wo.*   30 itineribus] itine *gefolgt von Leerstelle Wo.*   30–31 Scripsi nona die marcii Anno] *nicht in C,* Scripsi ... Anno domini *Wo.*   32 sancti] diui *Wo.*   33 iesu] ihesu *C, Wo.* ‖ christi] *nicht in Wo.*

POLYGRAPHIA IOANNIS TRITEMII

	1		2		3		4
a	Baldach	a	hanasar	a	cathay	a	manas
b	Abrach	b	ebanesar	b	abray	b	abdelas
c	Ecorach	c	acamar	c	ochay	c	ocadas
d	Adonech	d	odamar	d	edamy	d	adalas
e	Merach	e	mesar	e	lemoy	e	semalas
f	Ofelach	f	efasar	f	afray	f	ofelias
g	Agelach	g	agasar	g	eglay	g	agaras
h	Charach	h	thomar	h	chrosay	h	choras
i	Misach	i	nibasar	i	disary	i	rimasas
k	Akarach	k	okasar	k	ekamy	k	akarias
l	Olemach	l	alesar	l	elamy	l	cleopas
m	Amolach	m	omasar	m	emay	m	amasias
n	Onisach	n	anefar	n	gnosay	n	anobias
o	Morach	o	bonefar	o	comaty	o	sodias
p	Eparach	p	apenar	p	spanay	p	epynosas
q	Aqualach	q	equasar	q	aquay	q	aquisas
r	Tromach	r	armafar	r	cranoty	r	arabias
s	Asarach	s	isachar	s	astrofy	s	asyphas
t	Oterach	t	athamar	t	stabay	t	atharas
v	Cusach	v	busar	v	dulay	v	quolas
x	Axilach	x	oxifar	x	axiosy	x	aximas
y	Lynach	y	mydar	y	pymaly	y	syrihas
z	Azarach	z	ozaar	z	azamy	z	azarias
w	Ewalach	w	swodar	w	oway	w	tuuylas

---

3   *Auf Spalte 3 folgend drei neue in b, f. l₁r, danach wie hier bei 4.*

LIBER QVARTVS

5

a baron
b abaron
c ocaron
d adelon
e meron
f ofilon
g agion
h chorion
i libion
k akyon
l elyhon
m amaron
n enorion
o morison
p aporion
q aquilon
r armaon
s osarion
t atharon
v cuburon
x axion
y tymeon
z azaron
w puualon

6

a sadiel
b abdiel
c scoriel
d adriel
e sebiel
f ofiel
g agiel
h thoniel
i misiel
k akriel
l almiel
m amiel
n oniel
o sosiel
p apiel
q aquiel
r ariel
s osiel
t othiel
v suriel
x axiel
y aymiel
z azariel
w ewariel

7

a nasor
b abnasor
c acanasor
d adamor
e pesanor
f afasor
g agenor
h chabor
i sichor
k ekamor
l almasor
m amasor
n anephor
o nohabor
p apalifor
q aquafor
r oraphor
s asanaor
t ethymor
v pusanor
x axiphor
y nycanor
z izachior
w duuesor

8

a paranas
b abranatas
c schabaras
d adramas
e demonas
f ofilamas
g agilimas
h thomhas
i lidonias
k akrofilas
l pliadas
m amadias
n antipas
o ponadas
p spartanhas
q aquilas
r triphas
s asanapas
t athanas
v busaphas
x aximaas
y tymolas
z azarias
w iuuaras

POLYGRAPHIA IOANNIS TRITEMII

	9		10		11		12
a	nabat	a	iaymalo	a	cadon	a	samelech
b	abarat	b	abraylo	b	ibathon	b	ebramelech
c	scarafat	c	ochafilo	c	ecathon	c	achalech
d	adrapat	d	adymalo	d	adelon	d	adelmech
e	nesarat	e	vemalo	e	merison	e	nemelech
f	afilat	f	afemalo	f	ifrason	f	afemelech
g	ogesarat	g	agemalo	g	agedion	g	ageselech
h	charisat	h	chrysalo	h	christion	h	thomelech
i	libafat	i	vimalo	i	siradon	i	diralech
k	okobisat	k	okraso	k	ekaton	k	akafelech
l	almonat	l	alefalo	l	pladion	l	alanech
m	imefat	m	amefalo	m	amedon	m	amalech
n	anorat	n	anybalo	n	anydion	n	onamech
o	donesat	o	poymalo	o	coridon	o	somelech
p	apraxat	p	spinasalo	p	epadion	p	apomelech
q	equarat	q	aqualo	q	aquilon	q	equifalech
r	bronisat	r	dramalo	r	tropon	r	tramelech
s	asarat	s	asymalo	s	asydion	s	asomelech
t	etomat	t	atymalo	t	ethion	t	stomelech
v	busarat	v	cusymalo	v	durion	v	tumelech
x	axofilat	x	axyphalo	x	axion	x	axomelech
y	tyrazat	y	pyriphalo	y	tymon	y	pymelech
z	azifarat	z	ozycalo	z	ozamion	z	ozyfelech
w	iuuebrat	w	ruuelo	w	buuelon	w	iuuemelech

LIBER QVARTVS

	13		14		15		16
a	hasar	a	mathan	a	saday	a	malochym
b	abhasar	b	abedan	b	abray	b	abelochym
c	achasar	c	acharan	c	achay	c	scomachym
d	adomar	d	adoran	d	adonay	d	adonachym
e	behasar	e	medoran	e	penay	e	melochym
f	ofehasar	f	afiosan	f	effray	f	effrahym
g	agamar	g	agian	g	aglay	g	agelochym
h	thomasar	h	choran	h	chrisay	h	thomachym
i	dipasar	i	pidaran	i	filosay	i	milochym
k	okriasar	k	akastan	k	akoy	k	okriachym
l	eleasar	l	alman	l	almay	l	alexochym
m	amasar	m	amoran	m	omelay	m	amelochym
n	anthosar	n	gnotian	n	antifoy	n	enochym
o	comasar	o	comesan	o	dolay	o	molochym
p	spanosar	p	spanhan	p	apenoy	p	spanachym
q	aquosar	q	equilan	q	aquoy	q	equilachym
r	arnosar	r	arosan	r	droy	r	dromechym
s	asamar	s	osaran	s	asamay	s	osiachym
t	athabar	t	stayran	t	athenoy	t	stolachym
v	luphasar	v	musan	v	cusay	v	cusachym
x	axiomar	x	exusian	x	axosay	x	exolachym
y	tymasar	y	synaran	y	symay	y	syrachym
z	azomar	z	ozialan	z	ozimay	z	azachym
w	huuosar	w	buuelan	w	duuelay	w	ewalachym

434 POLYGRAPHIA IOANNIS TRITEMII

	17		18		19		20
a	basan	a	hamal	a	dabri	a	camelon
b	abasan	b	abamal	b	abori	b	abelion
c	acosan	c	achitofal	c	achori	c	acryphon
d	adosan	d	adramal	d	odari	d	adylon
e	mesan	e	penephal	e	medri	e	merapon
f	ofaran	f	afaral	f	afri	f	ofilason
g	aglan	g	agymal	g	agri	g	agelon
h	chosan	h	thorasal	h	chori	h	churion
i	piran	i	siraphal	i	piri	i	pimelon
k	akran	k	okramal	k	akri	k	okalon
l	elisan	l	alaphal	l	elori	l	alophion
m	aman	m	amosal	m	ambri	m	emadion
n	anan	n	enophal	n	anatri	n	anabion
o	posan	o	mosal	o	moari	o	nobilon
p	opian	p	epaphal	p	apenori	p	aporion
q	aquian	q	aquial	q	aquari	q	aqualon
r	orian	r	bronesal	r	trosari	r	triphilon
s	osian	s	asaphal	s	aschari	s	asephilon
t	athian	t	etiphal	t	athari	t	atrison
v	cusan	v	busiphal	v	subari	v	cubion
x	axian	x	aximal	x	oxirii	x	axion
y	lysian	y	gyrophal	y	nysari	y	tyrion
z	ozian	z	azahal	z	azari	z	azyrion
w	iuuasan	w	buuasal	w	duuori	w	buuelion

LIBER QVARTVS

21		22		23		24	
a	vamear	a	damas	a	harabot	a	camaran
b	abamear	b	abaras	b	abarot	b	abadian
c	acamear	c	scheras	c	achiot	c	scholian
d	adamar	d	adamas	d	adamot	d	odissean
e	lehamar	e	beormas	e	lefarot	e	merisan
f	ofamear	f	afimas	f	afanot	f	aforisan
g	agemar	g	egeas	g	agihot	g	agesan
h	chomar	h	thomas	h	chabot	h	choresan
i	pisamar	i	lisiamas	i	mirabot	i	pinosan
k	okamar	k	akamas	k	akarot	k	okaran
l	alamar	l	plausias	l	elymot	l	alioran
m	omahar	m	amasias	m	amalot	m	omeran
n	anemar	n	onysas	n	anatot	n	anasan
o	posamar	o	mohabas	o	morot	o	ioran
p	aporesar	p	spanias	p	oparsot	p	spinsan
q	aquabar	q	aquinas	q	aquirot	q	aquiran
r	oremar	r	artabas	r	aramot	r	arosafan
s	asamar	s	asamas	s	osyarot	s	asiaran
t	ithamar	t	athalas	t	athamot	t	otherian
v	bumasar	v	rupalas	v	cusabot	v	dubaran
x	axiomar	x	aximas	x	exilarot	x	oxirian
y	synamar	y	tyronas	y	hyracot	y	pysoran
z	azamar	z	azarias	z	azarot	z	azarian
w	buuesar	w	tuuelas	w	luuarot	w	huuorian

	25		26		27		28
a	nasalo	a	madas	a	cabor	a	saregon
b	abalo	b	abadas	b	abanor	b	abaregon
c	achalo	c	ocadas	c	achabor	c	schoragon
d	odalo	d	adonidas	d	odabor	d	oderafan
e	pesalo	e	melodas	e	mesanor	e	lemarson
f	afialo	f	ofanas	f	ofamor	f	afaregon
g	agelo	g	agedas	g	agenor	g	agiargon
h	charelo	h	choridas	h	chabor	h	charegon
i	sigalo	i	misanas	i	sicanor	i	misargon
k	akastulo	k	akriphas	k	ekastor	k	akyarson
l	aluerno	l	almodas	l	alamor	l	elaregon
m	amelio	m	amalas	m	omanor	m	amelagon
n	anatalo	n	anabilas	n	anator	n	anergon
o	cornelo	o	norophas	o	ponyor	o	comoron
p	spareolo	p	spanolas	p	epanor	p	aparchon
q	aquilo	q	equalias	q	equador	q	aquilon
r	armalo	r	arnobias	r	tronabor	r	trosechon
s	aseualo	s	asonydas	s	astropor	s	esaregon
t	statulo	t	atriphas	t	stanesor	t	atagion
v	cusaleo	v	curidas	v	musifor	v	curegion
x	axiolo	x	axyanas	x	axiphor	x	axymachon
y	tymolo	y	syradas	y	pysanor	y	synarchon
z	azulo	z	azaridas	z	oziamor	z	azanofon
w	cuualio	w	cuuelas	w	cuualor	w	iuuarchon

LIBER QVARTVS

29		30		31		32	
a	panadox	a	hasolam	a	mathras	a	halmutes
b	abarax	b	abalam	b	ebraphas	b	obethsames
c	scanadox	c	schoram	c	achamas	c	schorades
d	adrimax	d	adulam	d	adamas	d	adonydes
e	venelox	e	heralam	e	merapas	e	lemures
f	affrodix	f	afodilam	f	africhas	f	asronides
g	agiolox	g	agesilam	g	agenoras	g	agathes
h	thorax	h	chroalam	h	thornas	h	chareses
i	pimanax	i	hisolam	i	siculas	i	liburtes
k	akarex	k	akolam	k	okapulas	k	akonites
l	alanax	l	olaham	l	almodas	l	aleothes
m	amelox	m	omylam	m	amulas	m	amenides
n	antrax	n	analam	n	entolas	n	enomades
o	coparax	o	conesam	o	sorulas	o	ioannes
p	apanadox	p	aporisam	p	sparolas	p	spanodes
q	aquilax	q	equilam	q	aquolas	q	equinodes
r	tranpax	r	fradolam	r	dromalas	r	drapetes
s	asanex	s	osauiam	s	asandras	s	osiagetes
t	othifax	t	stirulam	t	otymulas	t	athenopes
v	cumerax	v	hiubalam	v	sufulas	v	cucuphates
x	axiomax	x	axifulam	x	exupias	x	aximades
y	vymax	y	fyculam	y	syrudas	y	dymonipes
z	azarax	z	azulam	z	azipulas	z	azofanes
w	ruuax	w	auulam	w	buuelas	w	iuuenides

POLYGRAPHIA IOANNIS TRITEMII

	33		34		35		36
a	calon	a	manas	a	padony	a	rachiel
b	abdon	b	abracias	b	abdony	b	abrial
c	acaron	c	scatanas	c	schany	c	scorial
d	adomon	d	adonias	d	adony	d	adoniel
e	pelion	e	helianas	e	melony	e	sebaniel
f	ofarion	f	afranas	f	afanay	f	ofymiel
g	agelon	g	agonas	g	egelnoty	g	agiriel
h	chorion	h	thorcas	h	chalmy	h	thomiel
i	siphilon	i	pisanas	i	dilonoy	i	michael
k	akaton	k	akaras	k	akony	k	akastiel
l	elyon	l	alnotas	l	alcinoy	l	alexiel
m	amelon	m	omelias	m	amoly	m	ambiel
n	enopion	n	antras	n	annay	n	anadiel
o	colafon	o	ionas	o	comaty	o	inosiel
p	epimelon	p	aponas	p	apenoy	p	aprutiel
q	aquilon	q	aquinas	q	aquay	q	aquiel
r	trasilon	r	tranapas	r	cratay	r	uriel
s	asebon	s	asaphas	s	asony	s	asifiel
t	athenon	t	storapas	t	atenoy	t	athoniel
v	museon	v	cucufas	v	cudenoy	v	curiel
x	axion	x	axiopas	x	exubii	x	axiel
y	symeon	y	tymonas	y	rypany	y	mysiel
z	azaron	z	azarias	z	azapy	z	azahel
w	suuelon	w	puuelas	w	cuualy	w	iuuiel

LIBER QVARTVS

37

a	pasan
b	abasan
c	ocasan
d	adosan
e	mesan
f	afusan
g	agusan
h	chorsan
i	dilusan
k	ykosan
l	alusan
m	amasan
n	anosan
o	bomesan
p	spanesan
q	aquusan
r	archisan
s	asasan
t	stenosan
v	auesan
x	axiosan
y	cyrusan
z	azusan
w	tuuesan

38

a	marat
b	eborat
c	scorat
d	adolat
e	serafat
f	aforat
g	agorat
h	thorat
i	micorat
k	akorat
l	clapat
m	emasat
n	ancorat
o	iosaphat
p	aporisat
q	equipat
r	dromat
s	osaphat
t	stanerat
v	cumat
x	exaphat
y	tymat
z	azarat
w	cuuarat

39

a	cafusa
b	abafusa
c	ocafusa
d	adonisa
e	pefusa
f	afenusa
g	agonusa
h	chorusa
i	liparusa
k	akanusa
l	alanesa
m	amasa
n	anorsa
o	ioanna
p	spanusa
q	aquola
r	dropisa
s	osiara
t	italusa
v	auensa
x	axisusa
y	tymasa
z	azasa
w	iuuesa

40

a	malochym
b	abrachym
c	scalachym
d	adoniachym
e	lemarchym
f	effrahym
g	agiarchym
h	cherubym
i	pinarchym
k	akalochym
l	elachym
m	amolchym
n	anarchym
o	comarchym
p	aparchym
q	aquarchym
r	armachym
s	asarechym
t	stanarchym
v	dulachym
x	exarchym
y	synarchym
z	aziarchym
w	ewarchym

POLYGRAPHIA IOANNIS TRITEMII

	41		42		43		44
a	naason	a	mathan	a	ramatha	a	hamaym
b	abedon	b	abaran	b	abratha	b	abrohym
c	ocason	c	acoran	c	scarapa	c	schamoym
d	adisaon	d	odoran	d	adropa	d	adonaym
e	nebrion	e	meran	e	meratha	e	merohym
f	afalon	f	aferan	f	afrona	f	aforachym
g	agrion	g	agian	g	agiopa	g	agiarchym
h	chorion	h	thoran	h	thara	h	choraym
i	pisaron	i	hiran	i	siprana	i	pinarchym
k	akalon	k	akrian	k	akropa	k	akiarchym
l	olarion	l	elalisan	l	alania	l	elohym
m	ameon	m	omilan	m	amana	m	amalchym
n	antron	n	anoten	n	anna	n	anarsym
o	ponon	o	soran	o	somata	o	molachym
p	eparon	p	spiran	p	spania	p	sponaym
q	aquilon	q	aquoran	q	aquina	q	aquaym
r	orphion	r	araban	r	armea	r	armachym
s	osyrion	s	ostisan	s	astrapa	s	osiachym
t	athenon	t	atalan	t	stanopa	t	atrohym
v	busidion	v	europan	v	cumana	v	burachym
x	axylon	x	exasan	x	axioma	x	axiachym
y	tymaron	y	nysan	y	rymata	y	symaym
z	azurion	z	azaran	z	azamata	z	ozyarym
w	buualon	w	iuualan	w	cuualta	w	huuarchym

LIBER QVARTVS   441

	45		46		47		48
a	caras	a	hamosin	a	nabal	a	panargos
b	abras	b	abasin	b	abral	b	abargos
c	acaras	c	acarin	c	scoribal	c	scapargos
d	adamas	d	adorin	d	adromal	d	adlargos
e	merapas	e	melosin	e	penadal	e	gemargos
f	efymeras	f	afrasin	f	aforal	f	afemeros
g	agenoras	g	agusin	g	agifal	g	agyrios
h	tholas	h	tholin	h	thoral	h	choridos
i	pisaras	i	dirosin	i	rifial	i	dionios
k	okonias	k	akusin	k	akural	k	akuatos
l	alophas	l	elapin	l	elaphal	l	alpharos
m	amalas	m	ematin	m	amaral	m	emathos
n	annas	n	anasin	n	anatal	n	anarchos
o	ioannas	o	comin	o	coriphal	o	monados
p	epaphras	p	spalin	p	spondal	p	eparos
q	aquilas	q	aquin	q	aquial	q	aquilos
r	trophilas	r	arabin	r	trasapal	r	arnoplos
s	osannas	s	psallin	s	asephal	s	asianos
t	atenoras	t	atolin	t	stanisal	t	steganos
v	musas	v	hurin	v	curapal	v	pularas
x	aximas	x	axosin	x	aximal	x	exaplos
y	symonas	y	tymin	y	syriphal	y	myriados
z	azarias	z	ozerin	z	azadal	z	azulos
w	buuaras	w	duuerin	w	iuuaral	w	iuueralos

POLYGRAPHIA IOANNIS TRITEMII

	49		50		51		52
a	barafan	a	matos	a	cabarym	a	hamalach
b	abaran	b	abatos	b	abarym	b	abranach
c	scaran	c	scoyros	c	scaraym	c	scolanach
d	odrafan	d	adrios	d	odarym	d	adonifach
e	merisan	e	semiros	e	mesarym	e	mesalach
f	aforisan	f	aforos	f	effraym	f	afferolach
g	agenesan	g	agaros	g	agorym	g	ageldemach
h	chorisan	h	thoros	h	chatym	h	choralach
i	mirosan	i	pisaros	i	siphaym	i	misarach
k	akorisan	k	ikalos	k	akorym	k	ekarach
l	alorisan	l	elisos	l	alexym	l	almanach
m	omaran	m	amalos	m	amaraym	m	omerach
n	antisan	n	anatolos	n	entolym	n	antrapach
o	porasan	o	comaros	o	soraym	o	mosach
p	aporisan	p	epauros	p	spiritym	p	apanorach
q	aquasan	q	equados	q	aquolym	q	equilach
r	artosan	r	tritemios	r	armoliym	r	tranarach
s	osaran	s	aspidos	s	asarym	s	astronach
t	stefasan	t	athomos	t	athesym	t	stauronach
v	euorsan	v	busyros	v	cubalym	v	rupalach
x	exarosan	x	axifaros	x	axarym	x	examerach
y	tyrosan	y	synaxeos	y	syntasym	y	tyrenach
z	azarian	z	azaros	z	oziarym	z	azach
w	iuuarian	w	duuaros	w	cuuelym	w	ruuelach

LIBER QVARTVS

	53		54		55		56
a	nadas	a	basaran	a	hamar	a	paradiel
b	abnodas	b	abaresan	b	abamar	b	abraniel
c	ochosias	c	echarsan	c	acamar	c	achariel
d	adonias	d	odonisan	d	odamar	d	adoniel
e	bedanas	e	nemasan	e	nemar	e	beseliel
f	afranas	f	afrosan	f	efamar	f	afrosiel
g	agonias	g	egedian	g	agiofar	g	agediel
h	thobias	h	chorasan	h	chrosar	h	choriel
i	micheas	i	sirasan	i	hisaphar	i	gimariel
k	akanas	k	ekastan	k	okanasar	k	okariel
l	alethias	l	olaran	l	almodar	l	almiel
m	amaltas	m	emoran	m	amasar	m	emanuel
n	andras	n	anaban	n	anofar	n	andriel
o	poneras	o	comeran	o	bonephar	o	mosiel
p	spauilas	p	epafilan	p	aponasar	p	spiriel
q	aquidas	q	aquisan	q	aquosar	q	aquiel
r	tracas	r	arbasan	r	arnofar	r	ariel
s	asiaticas	s	assyrian	s	asiamar	s	osiel
t	stonapas	t	stanisan	t	ithamar	t	steniel
v	budoras	v	musan	v	cubasar	v	cusiel
x	axifaras	x	axioran	x	examar	x	axiel
y	hymaras	y	pysaran	y	synomar	y	aymiel
z	aziopas	z	azaphan	z	ozamar	z	azariel
w	duuelas	w	buuelan	w	huuasar	w	suueniel

POLYGRAPHIA IOANNIS TRITEMII

	57		58		59		60
a	masan	a	fanero	a	nader	a	faresam
b	abaran	b	abano	b	abner	b	abram
c	acoran	c	acario	c	ocaber	c	acharam
d	adosan	d	adanio	d	odacer	d	odaram
e	mesan	e	neparo	e	meser	e	perasam
f	aforan	f	efamero	f	affer	f	ofiaram
g	agian	g	agatho	g	ageor	g	agaram
h	cholan	h	chorylo	h	thoner	h	thoram
i	misan	i	hipaso	i	pisaner	i	sisaram
k	ekosan	k	akralo	k	okaser	k	akarisam
l	alafan	l	elameo	l	alaber	l	alphoram
m	oman	m	ameleo	m	omaser	m	omeriam
n	ansaran	n	pnefilo	n	onyder	n	antram
o	romasan	o	moraso	o	somater	o	comesam
p	sparan	p	apenalo	p	epinaser	p	spanam
q	squilan	q	aquilo	q	equifer	q	aquilam
r	arcosan	r	dromalo	r	trapeser	r	armedam
s	asaran	s	esapiro	s	asamer	s	asaram
t	athran	t	athelo	t	stonaser	t	athiram
v	cusan	v	hufaro	v	musaner	v	pusaram
x	axian	x	aximaco	x	exader	x	exarasam
y	rypan	y	tymalo	y	vymaser	y	tymparam
z	azirian	z	azubalo	z	azaber	z	azariam
w	huuelan	w	ruualo	w	puueder	w	duueram

LIBER QVARTVS

61

a	fabion
b	abion
c	achion
d	adion
e	febion
f	afion
g	agion
h	chrion
i	fision
k	akrion
l	oleon
m	amon
n	onason
o	boron
p	spirion
q	squilion
r	craneon
s	osion
t	athenon
v	rusion
x	axion
y	tymon
z	azion
w	iuuelion

62

a	sara
b	abra
c	scoyra
d	edera
e	nesara
f	afara
g	agara
h	chora
i	hisara
k	akoyra
l	elora
m	amyna
n	ancyra
o	cosera
p	apena
q	aquira
r	trasera
s	asifera
t	stapra
v	cusara
x	axora
y	symera
z	azara
w	tuuera

63

a	nasan
b	abnasan
c	ochasan
d	idrosan
e	penosan
f	afiosan
g	agiosan
h	charisan
i	ripasan
k	akusan
l	olusan
m	amasan
n	enosan
o	nosan
p	spirosan
q	equosan
r	arnosan
s	osiasan
t	athasan
v	musan
x	axiosan
y	rymasan
z	azarisan
w	auulsan

64

a	hamalym
b	abolym
c	scarolym
d	adoalym
e	hemalym
f	afialym
g	agiolym
h	thorym
i	mirsalym
k	akoalym
l	eleosym
m	amalym
n	anasym
o	somalym
p	eparolym
q	aquasym
r	archadym
s	ispalym
t	stanosym
v	rumalym
x	axiorym
y	pymalym
z	azarym
w	ruuarym

65

a	marbas
b	abaras
c	scaras
d	adamas
e	demas
f	afimas
g	agemas
h	choras
i	pirasas
k	akras
l	plutas
m	amesas
n	anaras
o	cosmas
p	aponas
q	squillas
r	droypas
s	astrolas
t	statulas
v	rupas
x	exusias
y	hyrmas
z	azamas
w	iuuerulas

66

a	parason
b	abaron
c	achion
d	adonion
e	penason
f	efameron
g	agirion
h	thobion
i	biradion
k	akrion
l	olarion
m	emason
n	antyrion
o	dorion
p	spodion
q	squilion
r	triphon
s	osiason
t	atheron
v	nusaon
x	axion
y	symalon
z	azarion
w	cuualion

67

a	camer
b	abner
c	achior
d	adoner
e	meser
f	offiaser
g	egymer
h	chomer
i	viraser
k	okamer
l	elamer
m	amaber
n	anoser
o	comer
p	spinser
q	squiser
r	araser
s	osthamer
t	sturmer
v	busafer
x	examer
y	tytifer
z	azamer
w	duuaser

68

a	halmodi
b	abrami
c	scalmodi
d	adelmi
e	helmuri
f	affemari
g	ageladi
h	choladi
i	hilmesi
k	akriali
l	alphay
m	amadi
n	onemadi
o	comari
p	apenati
q	aquiroti
r	armeni
s	astrophili
t	stanopoli
v	cumadi
x	axiomi
y	symachi
z	oziafali
w	huueni

LIBER QVARTVS

	69		70		71		72
a	passan	a	vamelo	a	cadas	a	darosyn
b	abassan	b	abymalo	b	abadas	b	abrosyn
c	achasan	c	scamelo	c	ochas	c	echosyn
d	edosan	d	adonylo	d	adrias	d	edosin
e	mesan	e	persalo	e	medas	e	perasyn
f	efaresan	f	ofimalo	f	afiras	f	afesyn
g	agersan	g	agimelo	g	agias	g	agesyn
h	chorisan	h	chorelo	h	thorcas	h	chrasyn
i	ripasan	i	vibulo	i	hironas	i	nicasyn
k	ekasan	k	ikastulo	k	okaphas	k	akasyn
l	elysan	l	almelo	l	alenas	l	clarosyn
m	omesan	m	omalo	m	emodas	m	emolsyn
n	enosan	n	enmelo	n	antras	n	eneasyn
o	corsan	o	romulo	o	colonas	o	colasyn
p	spirosan	p	epanilo	p	spiridas	p	aparsyn
q	squisan	q	squatilo	q	squurcas	q	aquolyn
r	cranesan	r	tramelo	r	troadas	r	druysyn
s	osturan	s	esatulo	s	esonidas	s	asothyn
t	atrasan	t	athalo	t	atridas	t	athalyn
v	cursan	v	burello	v	busulas	v	guresyn
x	axiosan	x	exialo	x	axiodas	x	exusyn
y	myrsan	y	tymelo	y	pyrolas	y	rynesyn
z	azarsan	z	eziualo	z	azimas	z	azaryn
w	huuolan	w	cuuesulo	w	duuelas	w	buualyn

	73		74		75		76
a	hamar	a	parulen	a	samas	a	cabalan
b	abamar	b	abrulen	b	abaras	b	abalan
c	scomar	c	schalen	c	achias	c	scalan
d	adamar	d	adurem	d	adamas	d	adulan
e	lemar	e	pesilen	e	hermas	e	herman
f	efamar	f	afesen	f	ofirmas	f	ofilan
g	agamar	g	agusen	g	agamas	g	aglan
h	thamar	h	chalen	h	thymas	h	chrosian
i	pisamar	i	hilen	i	hilmas	i	hifalan
k	akomar	k	akulen	k	ikomas	k	okalan
l	alemar	l	almen	l	elomas	l	plorisan
m	amphar	m	omylen	m	amelas	m	omesan
n	anafar	n	enafilen	n	antras	n	annan
o	comar	o	hosalen	o	somas	o	ioannan
p	epamar	p	spirasen	p	epatras	p	eparan
q	squafar	q	equalen	q	squillas	q	aquilan
r	tramar	r	droylen	r	dromas	r	proylan
s	asamar	s	asuben	s	asomas	s	esalan
t	ithama	t	sturasen	t	stormas	t	athoran
v	husamar	v	cusalen	v	hurgas	v	hulman
x	axymar	x	examen	x	axymas	x	exusian
y	sysamar	y	pyramen	y	hyrpas	y	tyresan
z	azachar	z	ezalen	z	azaras	z	azarian
w	huuasar	w	cuualen	w	puualas	w	cuuelman

LIBER QVARTVS

77

a	haroem
b	abroem
c	scaroem
d	adroem
e	meroem
f	effroem
g	agroem
h	throem
i	siroem
k	akroem
l	alroem
m	amram
n	antroem
o	coroem
p	spiroem
q	squiroem
r	troem
s	aschroem
t	sturoem
v	suroem
x	extroem
y	myroem
z	azaroem
w	cuualroem

78

a	maraber
b	abaner
c	achaber
d	edoacer
e	geseber
f	affaner
g	eganer
h	chaber
i	sicher
k	akaber
l	cleser
m	omaer
n	anaber
o	dosaber
p	spinter
q	squaler
r	arbaser
s	psaller
t	athner
v	hubaser
x	axamer
y	tymaser
z	azuber
w	huueser

79

a	panas
b	aberas
c	icomas
d	adrias
e	selenas
f	afrodias
g	egeas
h	thoras
i	hiras
k	okadas
l	alphas
m	omeras
n	entolas
o	corydas
p	spurnas
q	aquinas
r	orcadas
s	asonias
t	stoicas
v	musas
x	exubias
y	lybidas
z	azaras
w	puuenas

80

a	labana
b	abana
c	schiona
d	adonia
e	melona
f	afronia
g	agonia
h	thorna
i	liburna
k	akrania
l	alphona
m	amphena
n	ancona
o	posena
p	aprona
q	squilina
r	troiana
s	asonia
t	athonia
v	cusana
x	axula
y	mytela
z	ezanula
w	iuuenula

81

a	rabinu
b	abinu
c	achiu
d	odanu
e	sebau
f	offenu
g	agelau
h	choleu
i	cisleu
k	akolu
l	olenu
m	amalu
n	aneu
o	rosalu
p	aponu
q	squileu
r	aradu
s	asebyu
t	stratiu
v	burelu
x	axialu
y	ryfilu
z	azariu
w	cuualu

82

a	cadies
b	ebales
c	ichanes
d	odipes
e	nefeles
f	afanes
g	agires
h	chares
i	pisares
k	akales
l	alores
m	amoles
n	andres
o	dorpes
p	spintres
q	aquiles
r	orcades
s	esrades
t	atriles
v	curades
x	exarpes
y	myriades
z	aziphanes
w	ruuares

83

a	madan
b	abadan
c	scholan
d	adilan
e	mesan
f	efilan
g	aglan
h	choran
i	sisaran
k	akaran
l	eluran
m	omylan
n	onysan
o	horizan
p	apasan
q	squillan
r	arnan
s	asaran
t	stenosan
v	europan
x	exusian
y	hyaran
z	azarian
w	huuelan

84

a	samaym
b	abarym
c	scaorym
d	adoraym
e	mezraym
f	afroym
g	agorym
h	chorasym
i	riphaym
k	okarym
l	aluarym
m	amorym
n	anarsym
o	romulym
p	spirasym
q	aquolym
r	ararym
s	osirym
t	stasyrym
v	curasym
x	axarym
y	tynarym
z	azarym
w	buualym

LIBER QVARTVS

	85		**86**		**87**		**88**
a	hasor	a	masael	a	nason	a	salaam
b	abenor	b	abadiel	b	abnason	b	abraham
c	achior	c	sconiel	c	achyon	c	schroam
d	adasor	d	adoniel	d	adrion	d	odaram
e	mesior	e	mersiel	e	penason	e	henoram
f	affasor	f	afrael	f	ofirion	f	afimeram
g	egenor	g	agiel	g	agedon	g	agorisam
h	chrysor	h	chosiel	h	thobion	h	charesam
i	pinasor	i	michael	i	pigion	i	hidaram
k	akusor	k	okariel	k	akaron	k	akonesam
l	alaphor	l	almiel	l	almon	l	almoram
m	amador	m	amesiel	m	emason	m	amasam
n	anthenor	n	anael	n	anason	n	andrasan
o	gomor	o	poniel	o	coroson	o	corasam
p	epinasor	p	spudiel	p	spirason	p	spartiam
q	equador	q	squariel	q	aquilon	q	aquitiam
r	orsamor	r	archael	r	arphon	r	archasam
s	asiphor	s	israel	s	astron	s	asiphoram
t	stephasor	t	statuel	t	athion	t	athenosam
v	hupator	v	euseuiel	v	musaron	v	curanam
x	exanor	x	axiel	x	axaron	x	axiolam
y	symetor	y	aymiel	y	symen	y	vymosam
z	azagor	z	azael	z	azabon	z	azarem
w	cuualor	w	iuuiel	w	huuelon	w	ruueram

POLYGRAPHIA IOANNIS TRITEMII

	89		90		91		92
a	batros	a	halen	a	fanasar	a	manera
b	abaros	b	abauen	b	abasar	b	abomera
c	acharos	c	acharen	c	schobar	c	schoyra
d	adamos	d	adalen	d	odamar	d	ademera
e	seluros	e	hearen	e	penasar	e	hemara
f	afiaros	f	afrasen	f	afiamar	f	afymera
g	agiaros	g	egusen	g	agathar	g	agymera
h	thabros	h	chelen	h	chroasar	h	chymera
i	himaros	i	ripen	i	hiamar	i	cipasara
k	akaros	k	ikosen	k	akatar	k	akeomera
l	eluros	l	pleren	l	alsamar	l	clusara
m	amelos	m	aman	m	amasar	m	omefara
n	antyros	n	anoben	n	enodar	n	anafora
o	cotyros	o	nosiren	o	cosamar	o	domara
p	apocapos	p	spalen	p	apoysar	p	spanyra
q	aquyros	q	squysen	q	squosar	q	aquyra
r	orcados	r	archen	r	arasar	r	treuira
s	assyrios	s	esamen	s	astrofar	s	asubera
t	styrios	t	aterosen	t	ithamar	t	stiburna
v	tuberos	v	buralen	v	bunasar	v	budora
x	exameros	x	examen	x	axamar	x	axifera
y	symeros	y	tymen	y	rymasar	y	pynofara
z	azaros	z	oziaren	z	azamar	z	azeofera
w	cuuaros	w	huualen	w	huuasar	w	tuuesara

92　*In Wo mit 93 vertauscht.*

LIBER QVARTVS

453

	93		94		95		96
a	calam	a	marpas	a	dabrai	a	nameso
b	abalam	b	abranas	b	abrai	b	abraneso
c	acham	c	achaias	c	schorai	c	achimeo
d	adam	d	adonias	d	adrai	d	odaneso
e	gelam	e	nebrias	e	seraphi	e	menaso
f	effram	f	afroas	f	afray	f	afamero
g	agoram	g	agaras	g	aglai	g	aganeso
h	thoram	h	thornas	h	cholai	h	chorulo
i	fibulam	i	hiberas	i	dilay	i	pilarso
k	okasam	k	akronas	k	akri	k	okaro
l	alpam	l	alopas	l	alcinoi	l	elmaro
m	amesam	m	omylas	m	amrai	m	amefalo
n	anasam	n	andras	n	anai	n	anthropo
o	ponesam	o	corbas	o	morfai	o	bonalo
p	aporam	p	spatos	p	apotoy	p	spiraso
q	squillam	q	aquilos	q	squyli	q	aquilo
r	arosam	r	archeos	r	tranay	r	archado
s	asaram	s	aseros	s	asiani	s	asamelo
t	sturisam	t	athenos	t	strorapi	t	stamelo
v	curisam	v	auatos	v	culsani	v	dusaralo
x	axiosam	x	exameros	x	axioli	x	exaphilo
y	tyrosam	y	symeros	y	rymasi	y	tyrialo
z	azaram	z	azurios	z	azuli	z	azuphilo
w	huualram	w	cuuaros	w	cuuali	w	ruuero

---

93 *In Wo mit 92 vertauscht.*

POLYGRAPHIA IOANNIS TRITEMII

	97		98		99		100
a	baron	a	madel	a	nafasor	a	parasan
b	abaron	b	abanel	b	abrasor	b	abrasan
c	achron	c	achael	c	achior	c	schoyran
d	adon	d	adriel	d	adomor	d	adrian
e	meron	e	meroel	e	penasor	e	perosan
f	afron	f	afriel	f	afrisor	f	aforisan
g	agion	g	agiel	g	agenor	g	agiosan
h	choron	h	choriel	h	chamor	h	thomasan
i	sifaron	i	riffiel	i	piramor	i	nisan
k	akaron	k	akyel	k	akior	k	akusan
l	elyon	l	alaliel	l	alephior	l	aleman
m	amon	m	amyel	m	amasor	m	omasan
n	enason	n	andriel	n	anydor	n	anathan
o	dorion	o	mosiel	o	monor	o	poneran
p	apason	p	spaniel	p	apenor	p	spirisan
q	equilon	q	aquiel	q	squifor	q	squilisan
r	archadon	r	oriffiel	r	aramor	r	orphiran
s	asebon	s	osiriel	s	osanesor	s	aserasan
t	atheneon	t	athesiel	t	stonasor	t	sturistan
v	musaron	v	cumael	v	budaor	v	husalan
x	exameron	x	axifiel	x	axiosor	x	exusian
y	tymon	y	aymiel	y	synasor	y	hymoran
z	azaron	z	azael	z	azamor	z	azariam
w	buueson	w	cuuesiel	w	tuuesor	w	luuonisam

LIBER QVARTVS

101

a ramelech
b abralech
c achiolech
d odifelech
e merech
f afalech
g ageselech
h choserech
i primelech
k akarech
l aldonech
m amalech
n andrech
o somalech
p epimolech
q aqualech
r armalech
s osiphalech
t stamelech
v sumarech
x examelech
y myfalech
z azamelech
w cuuelech

102

a cadon
b abadon
c icaron
d adelon
e peron
f ofarion
g agoron
h thosiron
i mirason
k akolon
l oleron
m ameron
n andron
o homeron
p spodion
q aquilon
r cromason
s astrofilon
t stameon
v purason
x axilon
y tyrolon
z azarion
w tuuelon

103

a vamelo
b abramelo
c schomalo
d adremalo
e vemalo
f afrodilo
g agymelo
h chareso
i misalo
k akifalo
l alpharo
m omerilo
n enopio
o romeso
p spanolo
q equisaro
r orchalo
s asymero
t athelo
v cusario
x examero
y pynalo
z azuro
w huualo

104

a maserat
b abronisat
c scharesat
d adromat
e mesauerat
f eforbisat
g agemerat
h chorasat
i pidonesat
k okamerat
l clonephat
m amaresat
n androsat
o comerat
p aporisat
q squisarat
r aranesat
s astronesat
t stromesat
v hubamat
x axiophat
y symorat
z azahelat
w iuuarat

POLYGRAPHIA IOANNIS TRITEMII

	105		106		107		108
a	naser	a	madian	a	saday	a	malachym
b	abner	b	abrasan	b	abray	b	abelohyem
c	achior	c	achasan	c	scotay	c	ocreachym
d	adamer	d	adonian	d	adonay	d	adrohym
e	nemeser	e	melchan	e	semey	e	melochym
f	afiaser	f	ofasan	f	afrodey	f	effraym
g	ogieser	g	agathan	g	agareny	g	agiachym
h	thomer	h	christan	h	chosay	h	cherubym
i	dinamer	i	milian	i	risany	i	hiarchym
k	ikuser	k	akosan	k	akolay	k	akulym
l	eleeser	l	plerisan	l	alphoy	l	elemoym
m	amaser	m	omeran	m	amary	m	ameloym
n	anther	n	anasan	n	andrasi	n	antiachym
o	moser	o	mosan	o	dobry	o	comarchym
p	spatiser	p	spanian	p	sparalti	p	aparchym
q	aquosar	q	aquilan	q	squinoti	q	squilaym
r	armaser	r	trapesan	r	archasi	r	arachym
s	ostiafer	s	asiphan	s	aschry	s	osiarchym
t	stenaser	t	athenan	t	stomay	t	stuparchym
v	cusamer	v	subulan	v	husany	v	cusarym
x	exuser	x	axulan	x	axiosi	x	axiarym
y	rynose	y	cytharan	y	cyprasi	y	synarchym
z	azame	z	ozian	z	azanay	z	azariachym
w	suualer	w	ruueran	w	iuualy	w	guuesym

LIBER QVARTVS

	109		110		111		112
a	harman	a	sarabar	a	mason	a	hamaym
b	ebaran	b	abasar	b	abrason	b	abroym
c	acharan	c	achar	c	icharon	c	achiorym
d	oderan	d	adabar	d	adelon	d	adoraym
e	herman	e	helmar	e	meson	e	heroym
f	afalian	f	afamar	f	afirion	f	afiarym
g	aglasan	g	agiadar	g	agiron	g	aglaym
h	thoran	h	chomar	h	charon	h	chyroym
i	hileman	i	pisamar	i	pirason	i	fibarym
k	okopan	k	akamar	k	okaron	k	akarym
l	pliasan	l	eleasar	l	alueon	l	almachym
m	ameran	m	amosar	m	ameron	m	emarchym
n	andran	n	anadar	n	onalon	n	enarchym
o	poneran	o	mosar	o	cormon	o	comarchym
p	aporian	p	spodar	p	spayron	p	aponarym
q	squillan	q	aquinar	q	aquilon	q	aqualym
r	tranesan	r	croasar	r	prosopon	r	tritaym
s	asaphan	s	asamaer	s	psalmon	s	osiachym
t	atenosan	t	ithamar	t	athenon	t	stenorym
v	huran	v	auenosar	v	curaton	v	cumachym
x	axoran	x	examar	x	examon	x	axiolym
y	tyaran	y	hyamar	y	tyrison	y	synaxym
z	azaran	z	azamar	z	exafilon	z	azarym
w	huualan	w	suuelar	w	duuelon	w	cuuerulym

---

112 *Folgend drei zusätzliche Spalten in b f. n₇ᵛ.*

458 POLYGRAPHIA IOANNIS TRITEMII

[1]DEmonstracione quam breui satis possibilitatem intencionis nostre ostendimus – iter uolentibus progredi usque ad finem orbis centum et duodecim gradibus per ordinem constituentes. [2]Neque tamen opus est in prefacione memorata finetenus replicare, cum auditor industrius iam suo nobis queat preualere
5 ingenio. [3]At uero, qui stratam ambulare cupit sub nocte pulchrius ornatam, exemplar inspiciat nostrum, mentemque apponat industriam, et ministerio ducum principalium uiam inueniet procul dubio latiorem. [4]Nulla enim festinantis nimium uiatoris profectio itineris faciem considerat impolitam. [5]Vnum lectorem te admonuisse uolumus, quatenus racionem circuli numquam ducas
10 in obliuionem, quoniam in ipso perfecta sunt omnia, et extra illum nulla est inuencionis nostre perfecta consumacio. [6]Quociens ergo, cunque nox diem quantitate et numero in proposita demonstracione composicionis in una hora uel pluribus excesserit, ad principium orbis uiator sagax necessario recurrit, pergitque constanter cepto itinere, donec nox perfecte consumatur a die.
15 [7]Quod, si diem nox minus quam in hora forsitan una exuperat, palum equatoris, in quo uoluerit loco, iterum infigat, ita uidelicet, quod lineam equinoctialem punctus in fine racionabiliter ex more contingat, ne triplici labore sit opus, quando breuiori omnia compendio poterunt consummari. [8]Quod, si noctem habueris in aurora suspectam, securiorem te faciemus, si cum duos nocti
20 gradus dederis inutiles, tercium diei demum assignes lucis claritate fulgentem. [9]Verum, ut minus timeas, si uelis, post gradus tenebrarum ternos quartum rite pones ex ordine fortunatum. [10]A ternis denique gradibus ex nocte ac die permixtis maior itineris fortuna elicitur, et sepe in ultima domo pro itinere secundum, quod requirunt negocia uel cause itinerancium, collocatur. [11]Horum dare
25 omnium exempla, et si potuissemus recusauimus tamen, propterea quod scientibus posita non sit difficile capescere ponenda. [12]Qui supra, quam dedimus, non intelligit, maiora internarum conceptionum accipere munera idoneus non fuit. [13]Finem igitur hic quarto poligraphie libro imponimus, cui quintum sociamus.
30 [14]Finis libri quarti polygraphie ioannis tritemii abbatis diui iacobi peapolitani francorum xiii die mensis Marcii Anno christianorum **M.D.viii.**

In quintum polygraphie librum ioannis tritemii abbatis diui iacobi herbipolensis prefacio sequitur.

---

5 At] Ad *C.* 8 nimium] nimio *Wo.* 9 lectorem te] te lectorem *Wo.* 9–10 ducas in obliuionem] in obliuionem ducas *C.* 9 ducas] ducat *Wo.* 10 perfecta sunt omnia] omnia perfecta sunt *Wo.* 12 et] *nicht in Wo.* ‖ in proposita] interposita *C.* 14 pergitque] pergit *Wo.* ‖ consumatur] consumetur *Wo.* 15 palum] paulum *Wo.* 15–16 equatoris] equacioris *Wo.* 18 poterunt] poterint *Wo.* ‖ si] *über der Zeile nachgetragen W.* 19 habueris] *nicht in Wo.* ‖ te] et *Wo.* 20 fulgentem] fulgenten *W.* 21 rite] *am Rand ergänzt C.* 22 gradibus] *nicht in C.* 25 recusauimus] recusamus *Wo.*

PREFACIO IN LIBRVM QVINVTM   459

[1] EA, que largiente omnium creatore ad barbaras naciones peragrandas in duobus ultimis libris precedentibus digessimus, racionabiliter a nobis uidentur exigere, ut in quinto polygraphie nostre libro modum in obscuro tenebrarum ambulare uolentibus aliquem tradamus, quo sibi mutuo scribant amici literis, quidem notis, quicquid occurrerit necessarium, quod tamen apud nescientes industriam semper maneat ocultum. [2] Dabimus itaque modum breuiter metatheseos literarum sub certis et quidem necessariis regulis distinctum, quo reges olim et principes usos in archanis plerumque inuenimus. [3] Sunt uero huius adinuencionis modi prorsus innumerabiles et penitus infinite digressiones, e quibus nos isagogico more pauculos lectori architypos presignauimus, quibus cognitis sine magna difficultate ulterius progressum inueniet ad maiora. [4] In primis ergo tabulam ponemus translacionis ton grammaton canonicam posicionis directam, postea uero alteram auersam, in quibus fundamentum tocius libri continetur. [5] Cognitis enim duabus his tabulis ac rite intellectis nulla poterit latere transposicio operantem. [6] Deinde quatuor et uiginti ex uno compegimus alphabeta tali uidelicet disposicione, ut et quolibet uti singulariter et omnibus generaliter possimus. [7] Aut, si maluerit, quis singula poterit inter amicos et ministeriales suos distribuere, ita ut singula singuli alphabeta retineant, nec eorum quisquam plusquam unum intelligat, dominus autem, qui dedit, solus omnia comprehendat. [8] Primo assignetur primum, secundo uero secundum, et sic deinceps usque ad ultimum. [9] Possumus eciam per uarias transponendi intercapedines diuersificare modos – taliter ordinem inuertentes consuetum, ut ›b‹ sit ›a‹, ›f‹ sit ›b‹, ›l‹ sit ›c‹, ›p‹ sit ›d‹, ›t‹ sit ›e‹, ›z‹ sit ›f‹, ›c‹ sit ›g‹, ›m‹ sit ›h‹, et ita consequenter, ut inter quamlibet literam assumptam tres interiaceant transposite, postea quatuor, deinceps quinque, et ita cum ceteris. [10] Fabula iudeorum est deum ante nostrum mundos creauisse decem et octo milia iterumque destruxisse. [11] Si essent totidem mundi et in quolibet homines tot uiuerent quot sunt in isto, nihilominus quilibet proprium ex uno habere posset alphabetum, quippe quod huius literarum transposicionis modi sint penitus infiniti.

Polygraphie liber quintus Ioannis tritemii abbatis sancti iacobi herbipolensis in christi nomine incipit.

---

2 racionabiliter] racionaliter *Wo.*   3 nostre] nostro *C.*   5 quicquid] quidquid *C.* ‖ quod tamen]
über der Zeile nachgetragen C.   6 ocultum] occultum *Wo.* ‖ itaque] igitur *Wo.*   6–7 metatheseos] methateseos *Wo.*   7 et quidem] equidem *C.*   9 digressiones] digressionis *C, Wo.*
10 isagogico] isagoico *Wo.*   11 ulterius] *folgend oben offenes g ohne erkennbaren Bezug C.* ‖ inueniet] inuenient *Wo.*   12 ton grammaton] *von anderer Hand über der Zeile* id est literarum
Wo.   14 ac] *über der Zeile nachgetragen C.*   16 alphabeta] alphabeto *Wo.*   18 ministeriales]
ministrales *Wo.* ‖ singula singuli] singuli singula *C, Wo.*   20 Primo] Primum *C.* ‖ uero] *nicht
in Wo.*   22–23 inuertentes] inuertantes *Wo.*   25 quinque] *nicht in Wo.*   26 creauisse] creasse
C.   27 iterumque] iterum *Wo.*   29 posset] posse *Wo.*   32 christi] cristo *Wo.*

Recta

a	b	c	d	e	f	g	h	i	k	l	m	n	o	p	q	r	s	t	v	x	y	z	w
b	c	d	e	f	g	h	i	k	l	m	n	o	p	q	r	s	t	v	x	y	z	w	a
c	d	e	f	g	h	i	k	l	m	n	o	p	q	r	s	t	v	x	y	z	w	a	b
d	e	f	g	h	i	k	l	m	n	o	p	q	r	s	t	v	x	y	z	w	a	b	c
e	f	g	h	i	k	l	m	n	o	p	q	r	s	t	v	x	y	z	w	a	b	c	d
f	g	h	i	k	l	m	n	o	p	q	r	s	t	v	x	y	z	w	a	b	c	d	e
g	h	i	k	l	m	n	o	p	q	r	s	t	v	x	y	z	w	a	b	c	d	e	f
h	i	k	l	m	n	o	p	q	r	s	t	v	x	y	z	w	a	b	c	d	e	f	g
i	k	l	m	n	o	p	q	r	s	t	v	x	y	z	w	a	b	c	d	e	f	g	h
k	l	m	n	o	p	q	r	s	t	v	x	y	z	w	a	b	c	d	e	f	g	h	i
l	m	n	o	p	q	r	s	t	v	x	y	z	w	a	b	c	d	e	f	g	h	i	k
m	n	o	p	q	r	s	t	v	x	y	z	w	a	b	c	d	e	f	g	h	i	k	l
n	o	p	q	r	s	t	v	x	y	z	w	a	b	c	d	e	f	g	h	i	k	l	m
o	p	q	r	s	t	v	x	y	z	w	a	b	c	d	e	f	g	h	i	k	l	m	n
p	q	r	s	t	v	x	y	z	w	a	b	c	d	e	f	g	h	i	k	l	m	n	o
q	r	s	t	v	x	y	z	w	a	b	c	d	e	f	g	h	i	k	l	m	n	o	p
r	s	t	v	x	y	z	w	a	b	c	d	e	f	g	h	i	k	l	m	n	o	p	q
s	t	v	x	y	z	w	a	b	c	d	e	f	g	h	i	k	l	m	n	o	p	q	r
t	v	x	y	z	w	a	b	c	d	e	f	g	h	i	k	l	m	n	o	p	q	r	s
v	x	y	z	w	a	b	c	d	e	f	g	h	i	k	l	m	n	o	p	q	r	s	t
x	y	z	w	a	b	c	d	e	f	g	h	i	k	l	m	n	o	p	q	r	s	t	v
y	z	w	a	b	c	d	e	f	g	h	i	k	l	m	n	o	p	q	r	s	t	v	x
z	w	a	b	c	d	e	f	g	h	i	k	l	m	n	o	p	q	r	s	t	v	x	y
w	a	b	c	d	e	f	g	h	i	k	l	m	n	o	p	q	r	s	t	v	x	y	z

Auersa

```
w z y x v t s r q p o n m l k i h g f e d c b a
z y x v t s r q p o n m l k i h g f e d c b a w
y x v t s r q p o n m l k i h g f e d c b a w z
x v t s r q p o n m l k i h g f e d c b a w z y
v t s r q p o n m l k i h g f e d c b a w z y x
t s r q p o n m l k i h g f e d c b a w z y x u
s r q p o n m l k i h g f e d c b a w z y x v t
r q p o n m l k i h g f e d c b a w z y x v t s
q p o n m l k i h g f e d c b a w z y x v t s r
p o n m l k i h g f e d c b a w z y x v t s r q
o n m l k i h g f e d c b a w z y x v t s r q p
n m l k i h g f e d c b a w z y x v t s r q p n
m l k i h g f e d c b a w z y x v t s r q p n m
l k i h g f e d c b a w z y x v t s r q p n m l
k i h g f e d c b a w z y x v t s r q p n m l k
i h g f e d c b a w z y x v t s r q p n m l k i
h g f e d c b a w z y x v t s r q p o n m l k i
g f e d c b a w z y x v t s r q p o n m l k i h
f e d c b a w z y x v t s r q p o n m l k i h g
e d c b a w z y x v t s r q p o n m l k i h g f
d c b a w z y x v t s r q p o n m l k i h g f e
c b a w z y x v t s r q p o n m l k i h g f e d
b a w z y x v t s r q p o n m l k i h g f e d c
a w z y x v t s r q p o n m l k i h g f e d c b
```

Expansa tabula prima

a	a	a	b	a	c	a	d	a	e
b	b	b	c	b	d	b	e	b	f
c	c	c	d	c	e	c	f	c	g
d	d	d	e	d	f	d	g	d	h
e	e	e	f	e	g	e	h	e	i
f	f	f	g	f	h	f	i	f	k
g	g	g	h	g	i	g	k	g	l
h	h	h	i	h	k	h	l	h	m
i	i	i	k	i	l	i	m	i	n
k	k	k	l	k	m	k	n	k	o
l	l	l	m	l	n	l	o	l	p
m	m	m	n	m	o	m	p	m	q
n	n	n	o	n	p	n	q	n	r
o	o	o	p	o	q	o	r	o	s
p	p	p	q	p	r	p	s	p	t
q	q	q	r	q	s	q	t	q	v
r	r	r	s	r	t	r	v	r	x
s	s	s	t	s	v	s	x	s	y
t	t	t	v	t	x	t	y	t	z
v	v	v	x	v	y	v	z	v	w
x	x	x	y	x	z	x	w	x	a
y	y	y	z	y	w	y	a	y	b
z	z	z	w	z	a	z	b	z	c
w	w	w	a	w	b	w	c	w	d

LIBER QVINTVS

Expansa tabula prima

a	f	a	g	a	h	a	i	a	k
b	g	b	h	b	i	b	k	b	l
c	h	c	i	c	k	c	l	c	m
d	i	d	k	d	l	d	m	d	n
e	k	e	l	e	m	e	n	e	o
f	l	f	m	f	n	f	o	f	p
g	m	g	n	g	o	g	p	g	q
h	n	h	o	h	p	h	q	h	r
i	o	i	p	i	q	i	r	i	s
k	p	k	q	k	r	k	s	k	t
l	q	l	r	l	s	l	t	l	v
m	r	m	s	m	t	m	v	m	x
n	s	n	t	n	v	n	x	n	y
o	t	o	v	o	x	o	y	o	z
p	v	p	x	p	y	p	z	p	w
q	x	q	y	q	z	q	w	q	a
r	y	r	z	r	w	r	a	r	b
s	z	s	w	s	a	s	b	s	c
t	w	t	a	t	b	t	c	t	d
v	a	v	b	v	c	v	d	v	e
x	b	x	c	x	d	x	e	x	f
y	c	y	d	y	e	y	f	y	g
z	d	z	e	z	f	z	g	z	h
w	e	w	f	w	g	w	h	w	i

---

prima] i *W.*

Expansa tabula prima

a	l	a	m	a	n	a	o	a	p
b	m	b	n	b	o	b	p	b	q
c	n	c	o	c	p	c	q	c	r
d	o	d	p	d	q	d	r	d	s
e	p	e	q	e	r	e	s	e	t
f	q	f	r	f	s	f	t	f	v
g	r	g	s	g	t	g	v	g	x
h	s	h	t	h	v	h	x	h	y
i	t	i	v	i	x	i	y	i	z
k	v	k	x	k	y	k	z	k	w
l	x	l	y	l	z	l	w	l	a
m	y	m	z	m	w	m	a	m	b
n	z	n	w	n	a	n	b	n	c
o	w	o	a	o	b	o	c	o	d
p	a	p	b	p	c	p	d	p	e
q	b	q	c	q	d	q	e	q	f
r	c	r	d	r	e	r	f	r	g
s	d	s	e	s	f	s	g	s	h
t	e	t	f	t	g	t	h	t	i
v	f	v	g	v	h	v	i	v	k
x	g	x	h	x	i	x	k	x	l
y	h	y	i	y	k	y	l	y	m
z	i	z	k	z	l	z	m	z	n
w	k	w	l	w	m	w	n	w	o

Expansa tabula prima] Tabula expansa prima *C*.

LIBER QVINTVS

Expansa tabula prima

a	q	a	r	a	s	a	t	a	v
b	r	b	s	b	t	b	v	b	x
c	s	c	t	c	v	c	x	c	y
d	t	d	v	d	x	d	y	d	z
e	v	e	x	e	y	e	z	e	w
f	x	f	y	f	z	f	w	f	a
g	y	g	z	g	w	g	a	g	b
h	z	h	w	h	a	h	b	h	c
i	w	i	a	i	b	i	c	i	d
k	a	k	b	k	c	k	d	k	e
l	b	l	c	l	d	l	e	l	f
m	c	m	d	m	e	m	f	m	g
n	d	n	e	n	f	n	g	n	h
o	e	o	f	o	g	o	h	o	i
p	f	p	g	p	h	p	i	p	k
q	g	q	h	q	i	q	k	q	l
r	h	r	i	r	k	r	l	r	m
s	i	s	k	s	l	s	m	s	n
t	k	t	l	t	m	t	n	t	o
v	l	v	m	v	n	v	o	v	p
x	m	x	n	x	o	x	p	x	q
y	n	y	o	y	p	y	q	y	r
z	o	z	p	z	q	z	r	z	s
w	p	w	q	w	r	w	s	w	t

Expansa tabula prima

i
alpha
z

a	x		a	y		a	z		a	w		a	a
b	y		b	z		b	w		b	a		b	b
c	z		c	w		c	a		c	b		c	c
d	w		d	a		d	b		d	c		d	d
e	a		e	b		e	c		e	d		e	e
f	b		f	c		f	d		f	e		f	f
g	c		g	d		g	e		g	f		g	g
h	d		h	e		h	f		h	g		h	h
i	e		i	f		i	g		i	h		i	i
k	f		k	g		k	h		k	i		k	k
l	g		l	h		l	i		l	k		l	l
m	h		m	i		m	k		m	l		m	m
n	i		n	k		n	l		n	m		n	n
o	k		o	l		o	m		o	n		o	o
p	l		p	m		p	n		p	o		p	p
q	m		q	n		q	o		q	p		q	q
r	n		r	o		r	p		r	q		r	r
s	o		s	p		s	q		s	r		s	s
t	p		t	q		t	r		t	s		t	t
v	q		v	r		v	s		v	t		v	v
x	r		x	s		x	t		x	v		x	x
y	s		y	t		y	v		y	x		y	y
z	t		z	v		z	x		z	y		z	z
w	v		w	x		w	y		w	z		w	w

---

i alpha z] *ohne den umgebenden Kreis in C, Wo enthält diese Figur nicht.*

Secunda expanditur auersa

a	w	a	z	a	y	a	x	a	v
b	z	b	y	b	x	b	v	b	t
c	y	c	x	c	v	c	t	c	s
d	x	d	v	d	t	d	s	d	r
e	v	e	t	e	s	e	r	e	q
f	t	f	s	f	r	f	q	f	p
g	s	g	r	g	q	g	p	g	o
h	r	h	q	h	p	h	o	h	n
i	q	i	p	i	o	i	n	i	m
k	p	k	o	k	n	k	m	k	l
l	o	l	n	l	m	l	l	l	k
m	n	m	m	m	l	m	k	m	i
n	m	n	l	n	k	n	i	n	h
o	l	o	k	o	i	o	h	o	g
p	k	p	i	p	h	p	g	p	f
q	i	q	h	q	g	q	f	q	e
r	h	r	g	r	f	r	e	r	d
s	g	s	f	s	e	s	d	s	c
t	f	t	e	t	d	t	c	t	b
v	e	v	d	v	c	v	b	v	a
x	d	x	c	x	b	x	a	x	w
y	c	y	b	y	a	y	w	y	z
z	b	z	a	z	w	z	z	z	y
w	a	w	w	w	z	w	y	w	x

Auerse expansio tabule

a	t	a	s	a	r	a	q	a	p
b	s	b	r	b	q	b	p	b	o
c	r	c	q	c	p	c	o	c	n
d	q	d	p	d	o	d	n	d	m
e	p	e	o	e	n	e	m	e	l
f	o	f	n	f	m	f	l	f	k
g	n	g	m	g	l	g	k	g	i
h	m	h	l	h	k	h	i	h	h
i	l	i	k	i	i	i	h	i	g
k	k	k	i	k	h	k	g	k	f
l	i	l	h	l	g	l	f	l	e
m	h	m	g	m	f	m	e	m	d
n	g	n	f	n	e	n	d	n	c
o	f	o	e	o	d	o	c	o	b
p	e	p	d	p	c	p	b	p	a
q	d	q	c	q	b	q	a	q	w
r	c	r	b	r	a	r	w	r	z
s	b	s	a	s	w	s	z	s	y
t	a	t	w	t	z	t	y	t	x
v	w	v	z	v	y	v	x	v	v
x	z	x	y	x	x	x	v	x	t
y	y	y	x	y	v	y	t	y	s
z	x	z	v	z	t	z	s	z	r
w	v	w	t	w	s	w	r	w	q

LIBER QVINTVS

Tabule auerse expansio

a	o	a	n	a	m	a	l	a	k
b	n	b	m	b	l	b	k	b	i
c	m	c	l	c	k	c	i	c	h
d	l	d	k	d	i	d	h	d	g
e	k	e	i	e	h	e	g	e	f
f	i	f	h	f	g	f	f	f	e
g	h	g	g	g	f	g	e	g	d
h	g	h	f	h	e	h	d	h	c
i	f	i	e	i	d	i	c	i	b
k	e	k	d	k	c	k	b	k	a
l	d	l	c	l	b	l	a	l	w
m	c	m	b	m	a	m	w	m	z
n	b	n	a	n	w	n	z	n	y
o	a	o	w	o	z	o	y	o	x
p	w	p	z	p	y	p	x	p	v
q	z	q	y	q	x	q	v	q	t
r	y	r	x	r	v	r	t	r	s
s	x	s	v	s	t	s	s	s	r
t	v	t	t	t	s	t	r	t	q
v	t	v	s	v	r	v	q	v	p
x	s	x	r	x	q	x	p	x	o
y	r	y	q	y	p	y	o	y	n
z	q	z	p	z	o	z	n	z	m
w	p	w	o	w	n	w	m	w	l

Tabule auerse expansio

a	i	a	h	a	g	a	f	a	e
b	h	b	g	b	f	b	e	b	d
c	g	c	f	c	e	c	d	c	c
d	f	d	e	d	d	d	c	d	b
e	e	e	d	e	c	e	b	e	a
f	d	f	c	f	b	f	a	f	w
g	c	g	b	g	a	g	w	g	z
h	b	h	a	h	w	h	z	h	y
i	a	i	w	i	z	i	y	i	x
k	w	k	z	k	y	k	x	k	v
l	z	l	y	l	x	l	v	l	t
m	y	m	x	m	v	m	t	m	s
n	x	n	v	n	t	n	s	n	r
o	v	o	t	o	s	o	r	o	q
p	t	p	s	p	r	p	q	p	p
q	s	q	r	q	q	q	p	q	o
r	r	r	q	r	p	r	o	r	n
s	q	s	p	s	o	s	n	s	m
t	p	t	o	t	n	t	m	t	l
v	o	v	n	v	m	v	l	v	k
x	n	x	m	x	l	x	k	x	i
y	m	y	l	y	k	y	i	y	h
z	l	z	k	z	i	z	h	z	g
w	k	w	i	w	h	w	g	w	f

LIBER QVINTVS

Tabule auerse expansio

a	d	a	c	a	b	a	a
b	c	b	b	b	a	b	w
c	b	c	a	c	w	c	z
d	a	d	w	d	z	d	y
e	w	e	z	e	y	e	x
f	z	f	y	f	x	f	v
g	y	g	x	g	v	g	t
h	x	h	v	h	t	h	s
i	v	i	t	i	s	i	r
k	t	k	s	k	r	k	q
l	s	l	r	l	q	l	p
m	r	m	q	m	p	m	o
n	q	n	p	n	o	n	n
o	p	o	o	o	n	o	m
p	o	p	n	p	m	p	l
q	n	q	m	q	l	q	k
r	m	r	l	r	k	r	i
s	l	s	k	s	i	s	h
t	k	t	i	t	h	t	g
v	i	v	h	v	g	v	f
x	h	x	g	x	f	x	e
y	g	y	f	y	e	y	d
z	f	z	e	z	d	z	c
w	e	w	d	w	c	w	b

[1]Reuolucio fiat quociens, fuerit ad principium racione archani cuiuscumque necessarium. [2]Nobis ad euidenciam promissorum, que dedimus, uidentur omnino sufficere. [3]Continuetur per singula modus alphabeta, et mirabiliorem semper reddet semetipsum sibi. [4]Aliam nunc metathesin dabimus securissimam, in qua semper unius fit grammatis transilicio per alphabeta xxiiii, ut cernitur hic.

---

1 Tabule auerse expansio] *nicht in W.*   2 quociens] quociens opus *Wo.*   4 cuiuscumque] cuiusque *Wo.* ‖ necessarium] necessarii *Wo.*   9 reddet] *nicht in C.*   10 metathesin] methatesim *Wo.*   14 hic] *nicht in C, Wo.*

Orchematis expansio

a	a	a	b	a	c	a	d	a	e
b	c	b	d	b	e	b	f	b	g
c	e	c	f	c	g	c	h	c	i
d	g	d	h	d	i	d	k	d	l
e	i	e	k	e	l	e	m	e	n
f	l	f	m	f	n	f	o	f	p
g	n	g	o	g	p	g	q	g	r
h	p	h	q	h	r	h	s	h	t
i	r	i	s	i	t	i	v	i	x
k	t	k	v	k	x	k	y	k	z
l	x	l	y	l	z	l	w	l	a
m	z	m	w	m	a	m	b	m	c
n	b	n	c	n	d	n	e	n	f
o	d	o	e	o	f	o	g	o	h
p	f	p	g	p	h	p	i	p	k
q	h	q	i	q	k	q	l	q	m
r	k	r	l	r	m	r	n	r	o
s	m	s	n	s	o	s	p	s	q
t	o	t	p	t	q	t	r	t	s
v	q	v	r	v	s	v	t	v	v
x	s	x	t	x	v	x	x	x	y
y	v	y	x	y	y	y	z	y	w
z	y	z	z	z	w	z	a	z	b
w	w	w	a	w	b	w	c	w	d

LIBER QVINTVS

Orchematis expansio

a	f	a	g	a	h	a	i	a	k
b	h	b	i	b	k	b	l	b	m
c	k	c	l	c	m	c	n	c	o
d	m	d	n	d	o	d	p	d	q
e	o	e	p	e	q	e	r	e	s
f	q	f	r	f	s	f	t	f	v
g	s	g	t	g	v	g	x	g	y
h	v	h	x	h	y	h	z	h	w
i	y	i	z	i	w	i	a	i	b
k	w	k	a	k	b	k	c	k	d
l	b	l	c	l	d	l	e	l	f
m	d	m	e	m	f	m	g	m	h
n	g	n	h	n	i	n	k	n	l
o	i	o	k	o	l	o	m	o	n
p	l	p	m	p	n	p	o	p	p
q	n	q	o	q	p	q	q	q	r
r	p	r	q	r	r	r	s	r	t
s	r	s	s	s	t	s	v	s	x
t	t	t	v	t	x	t	y	t	z
v	x	v	y	v	z	v	w	v	a
x	z	x	w	x	a	x	b	x	c
y	a	y	b	y	c	y	d	y	e
z	c	z	d	z	e	z	f	z	g
w	e	w	f	w	g	w	h	w	i

Orchematis expansio

a	l	a	m	a	n	a	o	a	p
b	n	b	o	b	p	b	q	b	r
c	p	c	q	c	r	c	s	c	t
d	r	d	s	d	t	d	v	d	x
e	t	e	v	e	x	e	y	e	z
f	x	f	y	f	z	f	w	f	a
g	z	g	w	g	a	g	b	g	c
h	a	h	b	h	c	h	d	h	e
i	c	i	d	i	e	i	f	i	g
k	e	k	f	k	g	k	h	k	i
l	g	l	h	l	i	l	k	l	l
m	i	m	k	m	l	m	m	m	n
n	m	n	n	n	o	n	p	n	q
o	o	o	p	o	q	o	r	o	s
p	q	p	r	p	s	p	t	p	v
q	s	q	t	q	v	q	x	q	y
r	v	r	x	r	y	r	z	r	w
s	y	s	z	s	w	s	a	s	b
t	w	t	a	t	b	t	c	t	d
v	b	v	c	v	d	v	e	v	f
x	d	x	e	x	f	x	g	x	h
y	f	y	g	y	h	y	i	y	k
z	h	z	i	z	k	z	l	z	m
w	k	w	l	w	m	w	n	w	o

Orchematis expansio

a	q	a	r	a	s	a	t	a	v
b	s	b	t	b	v	b	x	b	y
c	v	c	x	c	y	c	z	c	w
d	y	d	z	d	w	d	a	d	b
e	w	e	a	e	b	e	c	e	d
f	b	f	c	f	d	f	e	f	f
g	d	g	e	g	f	g	g	g	h
h	f	h	g	h	h	h	i	h	k
i	h	i	i	i	k	i	l	i	m
k	k	k	l	k	m	k	n	k	o
l	m	l	n	l	o	l	p	l	q
m	o	m	p	m	q	m	r	m	s
n	r	n	s	n	t	n	v	n	x
o	t	o	v	o	x	o	y	o	z
p	x	p	y	p	z	p	w	p	a
q	z	q	w	q	a	q	b	q	c
r	a	r	b	r	c	r	d	r	e
s	c	s	d	s	e	s	f	s	g
t	e	t	f	t	g	t	h	t	i
v	g	v	h	v	i	v	k	v	l
x	i	x	k	x	l	x	m	x	n
y	l	y	m	y	n	y	o	y	p
z	n	z	o	z	p	z	q	z	r
w	p	w	q	w	r	w	s	w	t

Orchematis expansio

a x	a y	a z	a w
b z	b w	b a	b b
c a	c b	c c	c d
d c	d d	d e	d f
e e	e f	e g	e h
f g	f h	f i	f k
g i	g k	g l	g m
h l	h m	h n	h o
i n	i o	i p	i q
k p	k q	k r	k s
l r	l s	l t	l v
m t	m v	m x	m y
n y	n z	n w	n a
o w	o a	o b	o c
p b	p c	p d	p e
q d	q e	q f	q g
r f	r g	r h	r i
s h	s i	s k	s l
t k	t l	t m	t n
v m	v n	v o	v p
x o	x p	x q	x r
y q	y r	y s	y t
z s	z t	z v	z x
w v	w x	w y	w z

[5] Cum sit non solum nunc multiplex sed infinite quoque speculacionis, ut cernis, ton grammaton metathesis, mare magnum metiri non cogitamus. [6] Ex his enim, que dedimus, qui maiora cupit, inueniet. [7] Namque ex unitate numerus consurgens ad infinitum sese conatur extendere. [8] Orchema, quod sequitur in tabula, ut cernis, precedenter expandimus, formam tibi, si cupias, demonstrantes, qui saltus literarum, quotquot uolueris, conficies.

---

3 infinite] infiniti *Wo.*   4 cernis] ternis *Wo.*   5 metathesis] mathesis *über der Zeile korrigiert* methathesis *C*, methatesis *Wo.*   6 his] hiis *Wo.*

Orchema

a	a	b	c	d	e	f	g	h	i	k	l	m	n	o	p	q	r	s	t	v	x	y	z	w
b	c	d	e	f	g	h	i	k	l	m	n	o	p	q	r	s	t	v	x	y	z	w	a	b
c	d	e	f	g	h	i	k	l	m	n	o	p	q	r	s	t	v	x	y	z	w	a	b	c
d	e	f	g	h	i	k	l	m	n	o	p	q	r	s	t	v	x	y	z	w	a	b	c	d
e	f	g	h	i	k	l	m	n	o	p	q	r	s	t	v	x	y	z	w	a	b	c	d	e
f	g	h	i	k	l	m	n	o	p	q	r	s	t	v	x	y	z	w	a	b	c	d	e	f
g	h	i	k	l	m	n	o	p	q	r	s	t	v	x	y	z	w	a	b	c	d	e	f	g
h	i	k	l	m	n	o	p	q	r	s	t	v	x	y	z	w	a	b	c	d	e	f	g	h
i	k	l	m	n	o	p	q	r	s	t	v	x	y	z	w	a	b	c	d	e	f	g	h	i
k	l	m	n	o	p	q	r	s	t	v	x	y	z	w	a	b	c	d	e	f	g	h	i	k
l	m	n	o	p	q	r	s	t	v	x	y	z	w	a	b	c	d	e	f	g	h	i	k	l
m	n	o	p	q	r	s	t	v	x	y	z	w	a	b	c	d	e	f	g	h	i	k	l	m
n	o	p	q	r	s	t	v	x	y	z	w	a	b	c	d	e	f	g	h	i	k	l	m	n
o	p	q	r	s	t	v	x	y	z	w	a	b	c	d	e	f	g	h	i	k	l	m	n	o
p	q	r	s	t	v	x	y	z	w	a	b	c	d	e	f	g	h	i	k	l	m	n	o	p
q	r	s	t	v	x	y	z	w	a	b	c	d	e	f	g	h	i	k	l	m	n	o	p	q
r	s	t	v	x	y	z	w	a	b	c	d	e	f	g	h	i	k	l	m	n	o	p	q	r
s	t	v	x	y	z	w	a	b	c	d	e	f	g	h	i	k	l	m	n	o	p	q	r	s
t	v	x	y	z	w	a	b	c	d	e	f	g	h	i	k	l	m	n	o	p	q	r	s	t
v	x	y	z	w	a	b	c	d	e	f	g	h	i	k	l	m	n	o	p	q	r	s	t	v
x	y	z	w	a	b	c	d	e	f	g	h	i	k	l	m	n	o	p	q	r	s	t	v	x
y	z	w	a	b	c	d	e	f	g	h	i	k	l	m	n	o	p	q	r	s	t	v	x	y
z	w	a	b	c	d	e	f	g	h	i	k	l	m	n	o	p	q	r	s	t	v	x	y	z
w	a	b	c	d	e	f	g	h	i	k	l	m	n	o	p	q	r	s	t	v	x	y	z	w

478 POLYGRAPHIA IOANNIS TRITEMII

[9] QVoniam, sicuti diximus, metathesis literarum modos excogitabiles habet infinitos, ad quos se quilibet potest exercere studiosus – ex omnibusque unum sibi arte et usu facere pro arbitrio familiarem, quo in archanis suis et mysticis consignandis tute ac securissime utatur. [10] Nam et cesarem augustum transposicione literarum in arduis rebus usum fuisse legimus, quod et ante et post illum fecisse complures alios et reges et principes minime dubitamus. [11] Et quamuis modos transponendi literas euertendique infinitos excogitari posse non ignoremus, quosdam tamen ex omnibus dare uoluimus, in quibus et possibilitatem ostendimus, et maiora, que ad steganographie racionem pertinent, suo loco reseruamus. [12] Quisquis autem per metathesin literas tutissime scribere uoluerit, in primis sibi ordinet quatuor et uiginti alphabeta eo modo uidelicet, quo tabulas dedimus et normam, ut significacio litere assumpte in quolibet gradu uno retrocedat, ita quod in primo alphabeto pro litera ›a‹ ponatur ›b‹, in secundo ›c‹, in tercio ›d‹, in quarto ›e‹, in quinto ›f‹, et sic usque ad ultimam alphabeti literam ›w‹, quam nos propter lingue theutonice usum, cum sit necessaria, premissis apposuimus, et quo parem literarum numerum haberemus. [13] Ordinatis uero xxiiii alphabetis eo modo, quo dictum est, cum quippiam fuerit occulte scribendum, incipiens a primo alphabeto, in quo ›b‹ ponitur pro ›a‹, de quolibet recipiat unam literam duntaxat sic usque ad finem alphabetorum continuando, tociensque regrediatur ad primum, donec seriem intencionis occulte compleuerit, aut, si maluerit, more scribat ueterum, quo terra uomere consueuit arari. [14] Exemplum damus primi ut ›dczi nbul‹, id est ›caue hunc‹. [15] Secundi autem a fine tabula ex auersa sic ›bzra coft‹, id est ›caue hunc‹ modo auerso uel retrogrado. [16] Continuacio et usus facilitatem prestabunt operandi. [17] Alius uero modus est generalis, quo inter literas significatiuas, que racione sumuntur archani, aliquando intermittitur una, aliquando due, aliquando tres, aliquando quatuor, aliquando quinque, et sic deinceps. [18] Interiacentes quoque aliquando transgrediuntur pares aliquando uero impares. [19] Inter omnes uero modos facilior ad scribendum et tutus ad occultandum satis est, quem in tabula metatheseos recta tradidimus, si consuetudine fuerit usitatus. [20] Sed iam finis est huius uoluminis quinti.

---

1 metathesis] methathesis *C*, methatesis *von anderer Hand über der Zeile* id est transpositio literarum *Wo.*   4–5 transposicione] transposicionem *Wo.*   10 metathesin] metathesim *C, Wo.*   13 retrocedat] recedet *Wo.*   14 secundo] secunda *C.*   15 lingue theutonice usum] theutonice usum lingue *Wo.* ‖ lingue] lingwe *C.*   16 parem] parum *C, Wo.*   17 est] *nicht in Wo.* ‖ cum] *nicht in C.*   22 id est] *nicht in Wo.*   26 sumuntur] consumuntur *Wo.*   28 transgrediuntur] transgrediuntes *Wo.*   30 metatheseos] methateseos *Wo.*   31 est] *nicht in Wo.*

PREFACIO IN LIBRVM SEXTVM 479

[32]Finis libri quinti polygraphie Ioannis tritemii Abbatis diui Iacobi peapolitani francorum xvi die mensis Marcii. Anno christianorum Millesimo Quingentesimo Viii.
[33]Ἰωάννης ὁ τριτήμιος γέγραφα

In sextum polygraphie librum ioannis tritemii abbatis diui iacobi herbipolensis   5
prefacio nunc sequitur.

[1]ANte omnem literarum inuencionem et usum – quando homines adhuc rudes
et agrestes sub trium communi regimine planetarum sibi per annos mille sexaginta tres mutuo succedentium in ordine post orbis inicium primo saturni,
ueneris et iouis aliquid secreti nunciare uolebant absentibus procul amicis,   10
id non characteribus uerbum aliquod insinuantibus, cum literas non habent, sed figuris quibusdam arborum, plantarum et animalium iuxta particulare cuiusque arbitrium ad rerum nunciandarum conuenientem similitudinem faciebant. [2]Deinde genere nimis crescente humano sub mercurii orbis
gubernamine primo, qui successit ioui ex ordine regiminis uniuersalis trecen-   15
tis quinquaginta quatuor annis mensibusque bis binis, industria cepit artes
uarias adinuenire humana. [3]Primus autem omnium, ut plato est testis in phedro, literas et scribendi scienciam theuth quidam nomine philosophus excogitauit; ipsamque simul et numerandi computandique racionem, arithmeticam quoque geometicam, talorum alearumque ludos thamum egypti regem   20
primus edocuit. [4]Cepit ex hinc usus literarum apud omnes gentes successu
temporum uniformium esse communis quousque tandem separacione hominum ac diuersitate animorum linguarum unitate confusa; characterum est
eciam multiplex subsecuta uarietas, usque adeo quod unaqueque ferme nacio
proprios lingue conuenientes sue characteres scribendique racionem adinue-   25
nit. [5]Introduxit namque linguis confusionem et locorum proprietas diuersa et
hominum a sese distancium innumerabilis multitudo: unitatem quoque numerus dissipauit. [6]Quo factum est, quod animorum dissimilitudo non solum gentibus singulis uerum et cuilibet ferme homini perito scribendi sciencia pro suo
licenciam arbitrio prestitit proprios sibi characteres usurpandi. [7]Quod apud   30
ueteres olim reges maxime ac principes in usu familiariter non ignoramus
extitisse. [8]Nos igitur – cupientes polygraphie nostre opus quo ad, fieri potest,
esse perfectum – in hoc sexto uolumine quosdam characteres ueterum, qui ab

---

1 polygraphie] *nicht in Wo.*   4 Ἰωάννης ὁ τριτήμιος γέγραφα] *nur W.*   6 nunc sequitur] *nicht in
Wo.*   13 nunciandarum] nunctiandarum *C.*   20 geometicam] geometriam *Wo.* ‖ ludos] ludeis
Wo.   23 linguarum] lingwarum *C.*   26 linguis] lingwis *C.* ‖ et] et a *Wo.*   32 polygraphie]
polygrahie *C.*

usu mortalium iam dudum recesserunt, ne penitus intereant, quam breuiter ad superos curauimus reuocare, quibus archanum tanto securius committitur, quanto eorum periti pauciores hoc tempore inueniuntur. [9]Literas denique latinas omnes grecorum hebreorumque more ordinauimus numerales, quarum decem recepte cum notis ad numerum modum scribendi secretissimum omni tempore prestabunt. [10]Modos eciam quosdam alios secretissime scribendi premissis adiecimus, quibus cognitis homo studiosus et amator inuencionum nostrarum facile maiora reperiet.

Polygraphie liber sextus Ioannis tritemii abbatis diui Iacobi herbipolensis in nomine christi incipit.

a	α	1
b	β	2
c	γ	3
d	δ	4
e	ε	5
f	ς	6
g	ζ	7
h	η	8
i	θ	9
k	ι	10
l	ια	11
m	ιβ	12
n	ιδ	13
o	ιγ	14
p	ιε	15
q	ις	16
r	ιζ	17
s	ιη	18
t	ιθ	19
v	κ	20
x	κα	21
y	κβ	22
z	κγ	23
w	κδ	24

[1]OMnes grecorum et palestinorum litere sunt numerales, cum latinorum, quibus et nos germani nunc utimur, septene tantum in numerum admittantur uidelicet ›c‹, ›d‹, ›i‹, ›l‹, ›m‹, ›v‹ et ›x‹. [2]Normanni autem, qui cum danis galliam quondam annis plus quadraginta peruagantes grauissime deuastarunt, sed per magnum carolum tandem deuicti ad christi fidem conuersi sedes in finibus gallorum acceperunt, quatenus mysteria inter se tuto scribentes conseruarent, talem scribendi modum, sicut beda monachus est testis, inuenerunt. [3]Grecorum numeros ad quatuor et uiginti decem literis comprehensum alphabeto latinorum adaptantes characteribus alienis nostros expresserunt – eo uidelicet modo, quo numeris utimur pro literis, dum pro ›a‹ ponimus ›1‹, pro ›b‹ ›2‹, pro ›c‹ ›3‹, et sic deinceps; cuius mirande adinuencionis ordinem istic ponendum decreuimus, ut dictorum intelligenciam preberemus. [4]Notandum uero est literas grecas ignorantibus, quod alphabetum grecorum non hic totum recipitur, sed litere duntaxat nouem et nota una numeralis uidelicet ›ς‹, que apud illos denotat ›vi‹, et in hac supputacione ›f‹ literam alphabeti latinorum sextam in ordine significat. [5]Nos eciam lingue deferentes nostre alemanice, in qua nati sumus, ›w‹ pro litera necessaria xxiii latinorum coniunximus, quam iuxta numeri ordinem greci 24, quod est ›κδ‹, ad finem collocamus. [6]Hanc autem scribendi solerciam nullus grecorum quantumlibet eruditus intelliget, nisi et latinarum literarum

---

2 curauimus] curamus *Wo.*   6 eciam] enim *Wo.*   8 facile] *nicht in* C, *Wo.*   11 numerales] numerabiles C, *Wo.*   13 admittantur] admittatur *Wo.*   16 christi] cristi *Wo.*   27 duntaxat] dumtaxat C.   30 alemanice] germanie *Wo.*   31 xxiii] uigesimo quarto *Wo.*

LIBER SEXTVS 481

fuerit peritus, et ordinem huius adinuencionis perfecte didicerit. [7]Nam et si omnes characteres greci sint, quia tamen representant latinos, neque a greco legi poterunt neque a latino, qui hanc ipsam ignorat industriam, sed confundent pocius intuentem grecum stupentemque efficient, cum et literas recognouerit esse suas et, quid significent, penitus nequiuerit apprehendere. [8]Latinum uero hominem eciam, si utriusque lingue characteres quam optime intelligat, scriptura nihilominus latebit, quamdiu artem composicionis huius ignorauerit. [9]Neminem autem presentis tradicionis uspiam adhuc inueni peritum, nec, si quispiam sit, audiuimus. [10]Post nihilominus et iste scribendi modus multipliciter uariari ad cuiuslibet arbitrium intelligentis per transposicionem literarum – eo uidelicet exemplo, quod satis abunde in precedente huius uoluminis libro demonstrauimus. [11]Scripserunt eciam quondam nonnulli grecis quidem characteribus sermone tamen patrio, quicquid secreti uoluissent, ad amicum, sed modus ille nostris temporibus neque in usu est neque securus, propterea quod plures hodie inter germanos et italos grecarum literarum scienciam assequuntur. [12]Ad cuius ferme perfectionem multum facit calcographia, quam impressoriam uulgo nuncupant artem, que nostra etate apud mogunciam inuenta libros in omni facultate multiplicauit. [13]Sed pro demonstracione prescriptorum ponamus exemplum.

[14] αχε ιβαιζθα ζιζαγθα ιειαειγα διδιβθιγκιη ιθεγκιβ βειγεδθγιθα
ιθχ θιγ ιβχιαθειζθβκιη ειθ βειγεδθγιθκιη
ςιζχγιθκιη κειγιθιζθιη ιθχθ θειηκιη γηιζθιηιθκιη.

[15]Satis autem conueniunt prescripti characteres lingue tam germanorum quam latinorum, nec laborem in scribendo exigunt magnum, si uel tenuiter deducte fuerint in usum. [16]Quociens iota per se ponitur pro litera ›k‹, tociens punctulis ad caput signetur duobus, ita ›ï‹, ut eius significacio facilius inueniatur.

---

2 characteres] characteris *W*. ‖ latinos] latinas *Wo*.   5 apprehendere] comprehendere *Wo*. 7 ignorauerit] ignorat *Wo*.   8 si] *nicht in C*.   12 quondam] quodam *Wo*.   13 quicquid] quicquic *C*.   16 facit] *nicht in C*.   23 characteres] characteris *W*. ‖ lingue] lingwe *C*.   25 k] *Zeichen wie eine arabische 4 in C*, k ut *Wo*.

20–22 αχε ... = *aue maria gracia plena dominus tecū / benedicta tu in mulieribus et bñdictus / fructus uentris tui iesus christus. C = mam!ia, Wo überschrieben in lat. Schrift*: Salutacio angelica.

De scripturis ueterum germanorum. Caput ii.

[1] GErmanos priscos literas habuisse a grecis multorum sentencia est, quos et sermone usos greco maxime in sacris auctores plerique confirmant. [2] Posicionem hanc racione astruunt non penitus inualida, quod uidelicet magna sit conueniencia inter linguam grecam et theotiscam, quamuis longa imperitorum corrupcione superueniente nemo id nisi utriusque lingue peritus hodie possit intelligere. [3] Doctissimus ille, quondam preceptor meus, ioannes camerarius dalburgius wormaciensis uenerandus antistes aliquot milia dictionum collegerat greco et alemanico sermone idem significancium. [4] Dryudas theotisconum proximos apud gallos generaliter in sacris greco sermone usos fuisse cesar magne uir auctoritatis testatur in commentariis. [5] Nobis autem persuasum confitemur fratres grecorum extitisse germanos eorumque characteribus usos a principio temporibus multis, donec postremo bellis italorum superati (qui et ipsi olim greci fuerunt) ueterem scribendi formam abiicere compulsi sunt. [6] Erat uero literarum tunc usus non uulgaris ut nunc, sed principibus duntaxat familiaris atque nobilibus. [7] Ea uero, que collegisse wangionum antistem diximus pro sentencie ueterum confirmacione, ioannes capnion reuchlin phorcensis et conradus celtis protucius francus ambo germani uiri tam grece quam latine doctissimi nobiscum una uiderunt. [8] Grecorum ergo germani dicuntur theotisci a quibus et originem susceperunt et linguam, non gallorum, quibus martem semper opposuerunt. [9] Ceperunt autem ex grecis preualere germani non longe post primum in orbe martis imperium et annis quam pluribus sub rege proprio uixerunt; proprios characteres preter eos, quos cum grecis habuere communes minime usurpantes. [10] Post multos uero annos germania in prouincias diuisa plures ab italis (priora grecorum et fratrum bella transimus) post christi saluatoris apparicionem in terris. [11] Carolus rex magnus nacione theotiscon gentis sue misertus barbariem nannone, theobaldo et berengero preceptoribus, sicuti otfridus et turpinus ferunt, cum esset uir animo celestis et literarum tam grecarum quam latinarum longe doctissimus, linguam temptauit regulare theutonicam; mensibus et uentis, que hodie apud

---

3 sacris] sacris litteris *Wo.*   6 lingue] lingwe *C.*   9 alemanico] teuthonico *Wob.* ‖ Dryudas] Druydas *Wo.*   11 cesar] cęsar *Wo.* ‖ uir auctoritatis] auctoritatis uir *Wo.*   13 italorum] francorum *Wo.*   14 abiicere] adiicere *Wo.*   16 duntaxat] dumtaxat *C.* ‖ wangionum] uangionum *Wo.*   18 phorcensis] pfortzensis *Wo.*   20 theotisci] francii *Wo.*   21 ex] et *Wo.*   26 christi saluatoris apparicionem in terris] chr. sal. in ter. ap. *C,* chr. ap. sal. in ter. *Wo.*   27 nannone] annone *W.*   30 linguam] lingwam *C.* ‖ temptauit] tentauit *Wo.* ‖ theutonicam] theuthonicam *Wo.*

LIBER SEXTVS

nos retinent, nomina dedit, et precepta grammatices lingue theotonice pulchra composuit. [12] Sed illo mortuo res imperfecta remansit usque adeo ab hominum noticia hodie iacens abscondita, ut satis admirari nequeam. [13] Nisi enim fuisset unus ille monachus wissenburgensis quondam otfridus, nulla huius facti memoria haberetur. [14] Is enim sub ludouico pio, ipsius caroli filio grammatica, que inchoauerat ille, assecutus multa scripsit in lingua theotonica nouiter in parta regulata metro heroico elegiacoque simul et prosa, tam ad ipsum ludouicum imperatorem et alios, quam ad moguntinum archiepiscopum otgarium. [15] Cuius grammatices fragmenta consecuti et nos presentes alphabeti characteres inter alia extraximus, quos carolum constat repperisse in operis sui ministerium, quod pro lingue ornatu gentilis inchoauerat, de qua prefati sumus. [16] Inflexiones uero et necessarias pro ideomatum uarietate diphtongos racione tali hoc loco pertransiuimus, quia non fuit intencionis nostre precepta dare grammatica sed ueterum renouare characteres, quibus scribentium tuto uelentur archana. [17] Huius quoque alphabeti non est difficilis formacio, quoniam literis quadratura prestat ornatum, unde, quanto magis ad rectitudinem tetragoni character formatus fuerit, tanto scriptura melior et pulchrior apparebit, quam usus facile dare potest.

---

1 lingue] lingwe C. 2 theotonice] theothonice Wo. 3 ab] *nicht in Wo.* 5 wissenburgensis] weysenburgensis Wo. ‖ quondam] *nicht in Wo.* 6 Is] His C. ‖ ludouicum] *nicht in C,* ludowico Wo. 7 assecutus] assequutus Wo. 7–8 lingua] lingwa C. 8 theotonica] theotonico C, theothonica Wo. 9 ludouicum] *nicht in C, Wo.* 11 consecuti] consequuti Wo. ‖ presentes] presentis Wo. 12 inter alia extraximus] *über der Zeile nachgetragen C.* ‖ carolum] carolus C. 12–13 repperisse] reperisse Wo. 13 ministerium] misterium Wo. ‖ pro] *nicht in C, Wo.* 19 formacio] in formacio Wo. 20 character] caracter C.

[19]Notandum uero, quod in hoc genere scribendi nullus consueuit duplicari character, sed, quociens una eademque litera geminanda est, more palestinorum punctuacione prioris notatur, ut pro duplici ›b‹ sic *FT*, pro ›l‹ *F·TT*, pro ›n‹ *P*, et ita consequenter in aliis. [20]Vnde *FF*, id est ›w‹, in presenti alphabeto non est opus, cum ita possit scribi *P*. [21]Vt uero harum literarum cupidus scriptor formacionem earum pulchriorem facilius ducat, in usum sub lineis more grecorum nouerit esse scribendum. [22]Omnes enim isti characteres preter *ß*, *d*, *ħ* et *b* a parte superiore uidentur equales et lineam non excedunt. [23]Sunt autem septene inferiorem lineam excedentes, relique tredecim omnes intra lineas remanent in tetragano constitute. [24]Pulchrius uero atque facilius scriberetur, si duas intra precise lineas characteres ipsi ponerentur, ita quod omnes preter natura excedentes inferius et superius ad lineam equaliter contingerent equalitate scripturam ornante.

Ex grammaticis otfridi aliud alphabetum. Caput iii.

[1]MEmoratus uir doctissimus otfridus in sua grammatica arte lingue nostre theotonice, quam, sicut diximus, ex caroli regis magni institucionibus collegerat, et alios characteres quosdam interseruit, quibus ipsum in archanis usum fuisse dicit, ex quibus et nos subiectum pro nobis alphabetum

---

9 quociens] *nicht in Wo.*   10 pro ›l‹ *F·TT*] pro *F·TT*›l‹ *W, C.*   14 isti] iste *Wo.*   17 tetragano] tetrageno *C.*   19 natura] naturam *Wo.*   20 scripturam] scriptura *Wo.*   21 otfridi] ottfridi *Wo.* 22 otfridus] orfridus *C*, ottfridus *Wo.*

1–7 = *salutacio angeli / aue maria gracia plena domi / nus tecum benedicta tu t!n m / ulieribus et benedictus fructus uentris tui iesus christus amen. / gaza frequens lybicos duxit ka / rthago triumphos. ioañes tritemius. C = [...] triī., Wo ohne Unterschrift, überschrieben in lat. Schrift* Salutacio angelica.

LIBER SEXTVS

assumpsimus, quo secretissime hactenus usi sumus. [2]Datum fuit hoc ipsum alphabetum hominibus illis, quos carolus in locum triginta milium ex saxonia transtulerat in galliam, postea uidelicet quam annis triginta pugnans contra saxones ipsos gladio tandem christi conuertit ad fidem. [3]Veritus enim, ne denuo recidiuarent, sicuti frequenter antea fecerant, eorum triginta milia transrenum locauit in galliam cum filiis et uxoribus, quos ferociores animis fuerat expertus; in quorum locum ex gallis triginta milia similiter in saxoniam transtulit, quos ad aliorum differenciam westgallos uulgariter autem westwalen nuncupauit, qui hodie corrupto uocabulo sed mendose westphali uocantur. [4]His quosdam preposuit duces non exercitus sed morum, quibus comisit, quatenus per totam saxoniam, que tunc erat amplissima manifeste, discurrerent et oculte, et quoscuncque repperissent contra fidem et mores enormiter deliquisse christianos mox sine iudiciorum strepitu laqueo necarent; ipsi autem ab omni hominum impeticione permanerent immunes. [5]Hos hodie scabinos uulgo feymeros, latine autem scitos appellamus, qui notis utuntur occultis, quibus se mutuo scitos intelligant; iudicium in reos, quod carolus dedit usque in hodiernum diem per successionem electionis facientes. [6]Characterum uero, sicut cernimus, institucio in gente effectum non peruenit.

[7]

---

2 ipsum alphabetum] alphabetum ipsum *Wo.*   6 frequenter] *nicht in C.*   6–7 triginta milia] 20 000 *Wo.*   7 transrenum] transrhenum *Wo.*   8 ferociores] forciores *C, Wo.*   9 saxoniam] saxonia *C.*   13 comisit] commisit *Wo.*   14 oculte] occulte *C, Wo.*   14–15 repperissent] reperissent *Wo.*

23–28 = *aue maria gracia plena domi | nus tecum benedicta tu in mu | lieribus et benedictus fructus | uentris tui iesus christus amen. | gaza frequens libycos duxit | carthago triumphos. ioan. trite. C =* [...] *triumphos ego ioanes tr / itemius abas scripsit hec omnia. Wo =* [...] *amen. fiat / ioañes tritemius abas peapolitanus / germano de ganai episcopo areliano, überschrieben in lat. Schrift* Salutacio Angelica.

[8]Quod est dictum de literis precedentibus et de his non ignoremus faciendum; ut in medio uidelicet duarum ponantur linearum, quatenus scriptura tam inferius quam superius iuxta quantitatem et ordinem characterum equali distancia coaptetur. [9]Omnes autem isti characteres facilis sunt exaracionis: in quibus quanto se quisque exercitauerit, tanto promptior ad scribendum erit. [10]De metathesi uero istorum characterum opus non est, ut dicamus, cum penitus uideantur aboliti, et in noticia sint paucorum.

Veterum aliud alphabetum sequitur. Caput iiii.

[1]ALphabetum quoque aliud, quod sequitur, ex grammaticis otfridi theotonicis memorati extraximus, per quod eque scribere ut cum reliquis tuto poterimus, eo tamen maxime considerato ne similitudo notorum secretorum ostendat mysterium. [2]Quocirca scriptor uerba inter mutuo spacium uitet notandum, in monosyllabis tamen precipue haut procul euagetur, ne coniectura hominis industriosi una litera cognita siue duabus eciam reliquas consequenter sciat. [3]

[4]Deformem tortuositatem characterum usus scribendi continuus facile quidem emendabit, quod in omnium linguarum fieri literis manifestissime

---

7 metathesi] methatesi *Wo.*   11 aliud] *nicht in C, Wo.*   12 otfridi] ottfridi *Wo.* ‖ theotonicis] theutonicis *C,* theotonici *Wo.*   16 haut] haud *Wo.*   18 reliquas] reliquos *Wo.*   26 linguarum] lingwarum *C.*

19–24 = *aue maria gracia plena do / minus tecum benedicta / tu in mulieribus et benedictus / fructus uentris tui iesus c̄r̄s. / gaza frequens libycos duxit / karthago triumphos iō trī. C = [...] ioaṅes trī, Wo nutzt hier das Alphabet von 6,4,10 = [...] iesus chris!us amen / germano de ganai pontifici aure / lianensi tritemius, überschrieben in lat. Schrift* Salutacio Angelica.

LIBER SEXTVS 487

constat. [5]Nemo enim, quantumlibet doctus uel eruditus in lingua latina seu qualibet alia, bonus eciam scriptor esse poterit – nisi quem longa consuetudo scribendi. [6]Adiiciamus premissis et hoc sequens alphabetum nouiter ad arbitrium conscitum, quo, si quis olim futurus est, harum rerum cupidus indagator uti poterit in rebus suis mysticis et archanis. [7]Potest autem unusquisque pro sua uoluntate nouos excogitare characteres et multis et uariis modis; modo id prouideat recte, quod formacionis non eueniant difficilis. [8]Oportet enim scripturarum characteres facilis formacionis esse et quibus duo tractus adminus formandis sufficiant. [9]Hec nota sunt omnibus.

---

3 scribendi] scribendi perfecit *Wo.* ‖ premissis] *nicht in C.*   4 quo] quo et *Wo.*   5 olim] *nicht in C, Wo.*   8 formacionis] formaciones *C.*   9 difficilis] difficiles *Wo.*   10 esse] *nicht in W.*

12–21 = *aue maria gracia pl | ena dominus tecum | benedicta tu in mulie | ribus et benedictus f | ructus uentris tui ies | us christu amen. iō. triñ. | gaza frequens liby | cos duxit karthago tr | iumphos – año christ | anorum millĪ. d. octuo. C* = [...] *iš cr̄s amen* [...] *triumphos | ego quidem ioanes trite | mius abas diui iacobi pe | apolitani scripsi hec | ano chr̄i milesimo d vii, Wo nutzt hier das Alphabet von 6,4,3 =* [...] *iesus christus amen | germano de ganai episcopo aure | lianensi ioanès tritemius ab̀as | peapolitanus salutem, miror bouil̄i maximam impudenciam qui et in | iuriam mihi fecit et nihilominus in sua | pertinacia persistit tum responsum operi | or ut sciam quid mihi sit faciendum quod | quantocius ad me mitas qua pos̀um instan | cia rogo | ioanès tritemius pauper ab̀as monasterĭ | diui iacobi apud herbipolim ordinis bea | ti benedicti germano de ganai episcopo | aurelianensi dignis̀imo salutem dicit, überschrieben in lat. Schrift* Alphabeti Quarti distribucio.

Sequitur alphabetum hici philosophi grecorum doctissimi.

[11] Quidam grecorum philosophus nomine hicos, uir mysteriorum naturalium studiosissimus, qui multa composuit in archanis, pro usu suo idion constituit alphabetum ex spirituum medie regionis characteribus, quod ab huius lucubracione operis non erit reiiciendum.

[12] Vltimam notam huius alphabeti, quam hicus pro ›ω‹ posuit, nos loco geminati ›v‹ necessario decreuimus accipiendam. [13] Est enim spiritus character pro necessitate tuysconis.

---

1 grecorum] nicht in Wo.   2 hicos] hicus C, Wo.   3 idion] idem C, Wo.   14 ω] Konjektur, W, C, Wo haben hier das für w gelistete Zeichen in Form eines geschlossenen ω.   15 v] w Wo. ‖ spiritus] nicht in C, Wo.   15–16 pro necessitate] p. n. W, C, Wo; Die Kürzung ist ambivalent, Auflösung entsprechend 6,1,5.

---

13 C hat hier eine zusätzliche Zeile im Aethicus Alphabet, = ioañes tritemius aḃas scirp̃. Entsprechend auch in A.

17–18 = gaza frequens libycos duxit k / karthago triumphos ioān triī. C = [...] triumphos. año dnoẓ / dusentfunfhonderdachte, Wo = aue maria gracia plena dominus tecum / benedicta tu in mulieribus et benedi / ctus fructus uentris tui iesus christus amen.

LIBER SEXTVS   489

Normannorum alphabetum sequitur antiquissimum.

[15] Normannorum gens olim crudelissima ex ultimis sarmacie finibus in maxima
multitudine cum danis, ut supra diximus, egressa galliam caroli temporibus
magni deuastauit; quorum patrium nunc sequitur alphabetum.

[17] Est aliud regis pharamundi alphabetum, quo uti in archanis consueuit, sicuti
ex monumentis ueterum repperimus germanorum, quod mihi satis pulchrum
esse uidetur, quod in subiectis exponemus uersiculis.

---

1 Normannorum] Normanorum *Wo.*   2 Normannorum] Normanorum *C, Wo.*   3 caroli] Caroli
W.   16 repperimus] reperimus *Wo.*

13–14 = *gaza frequens libycos duxit | karthago triumphos. ioaṅes. C = [...] libyco, triumphos. wer wes
wan ich gedenck, Wo = aue maria gracia plena dominus tecum | benedicta tu in mulieribus et benedi
| ctus fructus uentris tui iesus christus.*
18–19 = *gaza frequens libic?os du | xit karthago triumphos. C = [...] libycos, Wo bietet vor* [18] *einen
Schlüssel.*

De latinorum literis in numerum reducendis. Caput v.

[1]COnsuetudinem pro uiribus cupientes imitari grecorum nostras quatuor et uiginti literas omnes constituimus numerales – ›w‹, duplex, propter sermonem patrium pro litera similiter computantes. [2]Adiecimus autem necessitate compulsi his xxiiii literis et ex ipsis compositas propter defectum notulas quatuor, quo facilius numerandi hanc racionem nostrates addiscant memorieque commendent, quod et grecos ipsos, ut alphabetum redderent numerale, fecisse constat. [3]Sunt autem nostro iudicio iste litere pro notis numeralibus aptiores: ›b‹, ›h‹, ›p‹, ›q‹ sua longitudine preminentes propensiusque ordinem linearum excedentes – ob id quod notas aptissime quidem suscipiunt. [4]Nam ›b‹ cum uirgula, sic ›b‹, denotat tria, ›ħ‹ uero decem, ›p‹ nonaginta et ›q‹ ducenta. [5]His adiuncte secundum ordinem quatuor litere nostre et uiginti totam numerandi seriem rite perficiunt, et numerum crescentem in infinitum perducunt. [6]Erit autem non magni laboris negocium hunc apprehendere numerandi modum his, qui literas iam nouerunt, si uel semel ad memoriam illum collocare studuerint. [7]Quod, ut possint facilius, literas ipsas per numerorum ordinem tali serie placuit ordinare.

---

3 omnes] *nicht in Wo.*   5 ipsis] his *C, Wo.*   6 addiscant] addisscant *Wo.*   9 preminentes] preeminentes *Wo.*   10 aptissime quidem] quidem aptissime *C, Wo.*   14 apprehendere numerandi] numerandi apprehendere *C, Wo.*   15 his] iis *Wo.*

LIBER SEXTVS

a	1	id	25	s	400	qw	100000
b	2	ie	26	t	500	bqw	200000
ƀ	3	if	27	v	600	ƀqw	300000
c	4	ig	28	x	700	cqw	400000
d	5	ih	29	y	800	dqw	500000
e	6	k	30	z	900	eqw	600000
f	7	ka	31	w	1000	fqw	700000
g	8	kb	32	bw	2000	gqw	800000
h	9	kƀ	33	ƀw	3000	hqw	900000
ħ	10	kc	34	cw	4000	ħqw	1000000
ħa	11	kd	35	dw	5000	iqw	2000000
ħb	12	ke	36	ew	6000	kqw	3000000
ħƀ	13	kf	37	fw	7000	lqw	4000000
ħc	14	kg	38	gw	8000	mqw	5000000
ħd	15	kh	39	hw	9000	nqw	6000000
ħe	16	l	40	ħw	10000	oqw	7000000
ħf	17	m	50	iw	20000	pqw	8000000
ħg	18	n	60	kw	30000	p̣qw	9000000
ħh	19	o	70	lw	40000	qqw	10000000
i	20	p	80	mw	50000	bqqw	20000000
ia	21	p̣	90	nw	60000	ƀqqw	30000000
ib	22	q	100	ow	70000	cqqw	40000000
iƀ	23	q̣	200	pw	80000	dqqw	50000000
ic	24	r	300	p̣w	90000	eqqw	60000000

492 POLYGRAPHIA IOANNIS TRITEMII

[8]Vt arbitramur, satis factum est demonstracioni numerorum pro his, qui nostram supputandi racionem duxerint practicandam. [9]Perduximus enim numerandi seriem per literas, quibus utimur racione exempli, ab unitate, que denotatur per ›a‹, usque a sexcencies centum milia, que literis denotantur quatuor uidelicet ›eqqw‹. [10]Quod si alicui aduenerit causa numeri maioris consignandi, et fuerit uel modice peritus et industrius, facile sciet ex his, que dedimus, qualiter sit ulterius procedendum. [11]Notandum uero quod in numerorum denotacione aliud litera significat solitarie posita, aliudque alteri coniuncta. [12]Item alium representat numerum anteposita et alium postposita. [13]Exempli gracia ›d‹ significat quinque solitarie positum, sed cum ›i‹ coniunctum a posteriori parte, sic ›id‹, uiginti quinque significabit. [14]Si autem anteponatur sic ›di‹ tunc quinquies uiginti denotabit, et simile sencias de reliquis. [15]Item ›iw‹ facit uiginti milia, sed ›wi‹ notat mille uiginti. [16]Itemque ›qqw‹ significat cencies centum milia, sed ›wqq‹ facit millesies ducenta †, sed ›wq‹ facit mille ducenta. [17]Iterum ›tw‹ facit quinquies centum milia, sed ›wt‹ denotat solum mille quingenta. [18]In continuando autem minores numeros imperfectos ad maiores perfectos modus seruandus est algarismi communis, ut uidelicet minor sequatur maiorem a denario et deinceps usque ad millenarium. [19]Post uero millenarium idem modus in minoribus numeris imperfectis seruandus est, ut scribamus ›wa‹, ›wb‹, ›wƀ‹, ›wc‹ usque ad centenarium. [20]Sed in numeris perfectis, hoc est centenariis et millenariis, minor precedat maiorem, ut scribamus ›b⟨q⟩w‹, ›ƀ⟨q⟩w‹, ›c⟨q⟩w‹, id est ducenta milia, trecenta milia, quadringenta milia, et cetera.

Sequitur mirabilis scribendi modus per latinas literas, nouus, occultus et facilimus. Caput sextum.

[1]EA, que in primo huius libri capite de normannorum subtili adinuencione circa literas et numeros grecorum ostendimus, cum nostris quoque literis in numeros iam per nos redactis pariformiter facturi sumus, ut uidelicet notas numerorum recipiamus pro literis in ordine alphabeti sibi mutuo respondentes, quemadmodum et illi fecerunt, quatenus per numeros scribentes quelibet mysteria facile occultemus. [2]Erit autem scriptura cernentibus ualde admirabilis, et cum literas plene agnoscant esse latinas, nec tamen, quid contineant, possint intelligere, obstupescent, nullaque racione poterit in eis latens manifestari

4 denotantur] denotatur *Wo.*　6 his] iis *Wo.*　10 coniunctum] *nicht in C.*　12 denotabit] denotabis *Wo.*　14 milia] *nicht in C.*　17 algarismi] algorismi *C, Wo.*　22–23 et cetera] *nicht in Wo.*　24 Sequitur] Squitur *W.* ‖ latinas literas] litteras latinas *Wo.* ‖ nouus] nouus et *C, Wo.*　26 normannorum] normanorum *Wo.*　28 notas] notus *C.*　31 scriptura] scriptura a *C, Wo.* ‖ ualde] *nicht in C, Wo.*

LIBER SEXTVS   493

secretum. [3]Satis enim tuto scribemus, quicquid uoluerimus   a   ȧ   1
manere occultum, si hunc scribendi modum deduxerimus in   b   ḃ   2
usum. [4]Existimabit literarum sciolus inspector literas esse trans-   c   ḇ   3
positas, sed cum diligentissime rimatus singula non inuenerit   d   ċ   4
nisi literas nouem in tota serie huius conscriptionis; mirans nec   e   ḋ   5   5
intelligens, quid sit, desperatus scripturam proiiciet. [5]Notandum   f   ė   6
uero, quod pro faciliori modo legendi scripturam huius alpha-   g   ḟ   7
beti, quousque per longum usum quis bene fuerit habituatus,   h   ġ   8
non erit inutile, quod singuli characteres per se literam sine alte-   i   ḣ   9
rius apposicione significantes a superiore parte aliquo puncto   k   ħ   10   10
notentur, ita uidelicet ›ȧ‹, ›ḃ‹, ›ḇ‹, ›ċ‹, ›ḋ‹, ›ė‹, ›ḟ‹, ›ġ‹, ›ḣ‹, ›ħ‹ – ›ï‹,   l   ħa   11
autem, quod ›v‹ significat, duplici puncto notetur. [6]Coniunctas   m   ħb   12
autem non opus censemus notare, sed hoc duntaxat iudicamus   n   ħḇ   13
necessarium, quod omnium et singularum significaciones me-   o   ħc   14
morie diligencius commendentur. [7]Postea uero, quam exercita-   p   ħd   15   15
cio longa perfectum scribendi legendique contulerit usum, erit   q   ħe   16
modus iste literarum operanti familiaris ac facilis, nec punctua-   r   ħf   17
cione deinceps indigebit. [8]Neque enim magni laboris negocium   s   ħg   18
est scribendi hanc industriam comprehendere, si amorem con-   t   ħh   19
tingerit adesse.   v   ï   20   20
                                                                   x   ia   21
                                                                   y   ib   22
                                                                   z   iḇ   23
                                                                   w   ic   24

---

1 quicquid] quidquid *C*.   3 Existimabit] Existimabat *C*.   6 proiiciet] proiciet *C*.   7 faciliori]
faciliore *Wo*.   10 superiore] superiori *C*.   12 duplici] dupplici *Wo*.   13 hoc] *nicht in Wo.*   17 ac]
et *Wo*.   19 comprehendere] comprehendendere *W*.   19–20 si amorem contingerit adesse] si
adesse amorem contingeret *C*.

Ḟȧibȧ éḣfdḣeïdḣbḣg ḣaḣbḣḃḣcḣg ċïiaḣḣh ḣȧ
ḣfḣḣȧḟḣc ḣḣḣḟḣïḣbḣdġḣcḣg. ḣḣcȧḣbḣḃdḣg ḣḣḣf.
Ȧïd ḣbȧḣfḣȧ ḟḣfȧḃḣȧ ḣdḣadḣbȧ ċḣcḣbḣḣbïḣg
ḣḣdḃïḣb ḃdḣḃdċḣḃḣḣȧ ḣḣï ḣḣb ḣbïḣaḣdḣfḣbïḣg
dḣh ḃdḣḃdċḣḃḣḣïḣg éḣfïḃḣḣïḣg ïdḣbḣḣḣrḣḣg
ḣḣïḣ ḣdḣgïḣg ḃġḣrḣḣgḣḣïḣg ȧḣbdḣb éḣȧḣf icȧḣf

[10] Si quem huius scripture modus delectat, reuera satis tutus, secretus et occultus, non eum deterreat facies inconsuete apparencie tortuosa, nec ad primam scribendi paueat difficultatem, quoniam amor sciendi et exercitacio scribendi cito dabunt in estimacione eius et apparencie pulchritudinem – et manibus facilitatem. [11] Nulla enim reperitur uel sciencia uel ars, cuius principia non uideantur progressui difficiliora quam finis.

De numeris ad industriam scribendi reductis. Caput vii.

[1] VArios atque multiplices modos oculte scribendi ex notis algarissmi numeros designantibus dudum excogitauimus, quibus unusquisque mentis sue conceptum scribere tuto ac secure poterit amico industriam scienti – ita, quod eius archanum a nullo umquam poterit homine deprehendi. [2] Ponamus autem causa exempli alphabeta duodecim sub signis xii zodiaci pro celando mysterio sic ordinata.

---

7 Si] [9b] Modus iste scribendi et multipliciter potuit uariari et pro eius ornatu quo pulchrior appareat: note pro numeris assumpte planiores poterunt assumpte planiores poterunt assumi. [10] Si Wo.   9 et exercitacio scribendi] nicht in C.   14 oculte] occulte C, Wo. ‖ algarissmi] algarismi C, algorismi Wo.

1 Ḟȧibȧ ... = gaza frequens libycos duxit ka / rtago triumphos. ioannes tr. / aue maria gracia plena dominus / tecum benedicta tu in mulieri / bus et benedictus fructus uentris / tui iesus christus amen fiat war. C 1. = aue maria [...] chrs., 2. = gaza frequens [...] triumphos amē / ioannes tritemius scrip., Wo nur das aue maria ohne ›war‹.

LIBER SEXTVS

♈		♉		♊		♋		♌		♍	
a	1	a	25	a	49	a	73	a	97	a	2
b	2	b	26	b	50	b	74	b	98	b	3
c	3	c	27	c	51	c	75	c	99	c	4
d	4	d	28	d	52	d	76	d	100	d	5
e	5	e	29	e	53	e	77	e	101	e	6
f	6	f	30	f	54	f	78	f	102	f	7
g	7	g	31	g	55	g	79	g	103	g	8
h	8	h	32	h	56	h	80	h	104	h	9
i	9	i	33	i	57	i	81	i	105	i	10
k	10	k	34	k	58	k	82	k	106	k	11
l	11	l	35	l	59	l	83	l	107	l	12
m	12	m	36	m	60	m	84	m	108	m	13
n	13	n	37	n	61	n	85	n	109	n	14
o	14	o	38	o	62	o	86	o	110	o	15
p	15	p	39	p	63	p	87	p	111	p	16
q	16	q	40	q	64	q	88	q	112	q	17
r	17	r	41	r	65	r	89	r	113	r	18
s	18	s	42	s	66	s	90	s	114	s	19
t	19	t	43	t	67	t	91	t	115	t	20
v	20	v	44	v	68	v	92	v	116	v	21
x	21	x	45	x	69	x	93	x	117	x	22
y	22	y	46	y	70	y	94	y	118	y	23
z	23	z	47	z	71	z	95	z	119	z	24
w	24	w	48	w	72	w	96	w	120	w	25

	♎		♏		♐		♑		♒		♓
a	26	a	50	a	3	a	4	a	5	a	6
b	27	b	51	b	4	b	5	b	6	b	7
c	28	c	52	c	5	c	6	c	7	c	8
d	29	d	53	d	6	d	7	d	8	d	9
e	30	e	54	e	7	e	8	e	9	e	10
f	31	f	55	f	8	f	9	f	10	f	11
g	32	g	56	g	9	g	10	g	11	g	12
h	33	h	57	h	10	h	11	h	12	h	13
i	34	i	58	i	11	i	12	i	12	i	14
k	35	k	59	k	12	k	13	k	13	k	15
l	36	l	60	l	13	l	14	l	15	l	16
m	37	m	61	m	14	m	15	m	16	m	17
n	38	n	62	n	15	n	16	n	16	n	18
o	39	o	63	o	16	o	17	o	17	o	19
p	40	p	64	p	17	p	18	p	19	p	20
q	41	q	65	q	18	q	19	q	20	q	21
r	42	r	66	r	19	r	20	r	21	r	22
s	43	s	67	s	20	s	21	s	21	s	23
t	44	t	68	t	21	t	22	t	23	t	24
v	45	v	69	v	22	v	23	v	24	v	25
x	46	x	70	x	23	x	24	x	25	x	26
y	47	y	71	y	24	y	25	y	25	y	27
z	48	z	72	z	25	z	26	z	26	z	28
w	49	w	73	w	26	w	27	w	28	w	29

LIBER SEXTVS   497

³ Ex his duodecim alphabetis uti poteris unoquoque seorsum, uel, si magis pla-
cuerit, omnibus simul, ut a primo incipiens per omnia continues, iterumque
incipias a primo, quousque intencionem compleueris totam. ⁴ Exempli autem
gracia capiamus alphabetum xii piscibus assignatum, et in tabula sic scribamus.   5

♓

6	25	10	17	6	22	14	6	12	22	6	8	14	6
20	16	10	18	6	9	19	17	14	18	25	23	24	10
8	25	17	7	10	18	10	9	14	8	24	6	24	25
14	18	17	25	16	14	10	22	14	7	25	23	10	24
7	10	18	10	9	14	8	24	25	23	11	22	25	8
24	25	23	25	10	18	24	22	14	23	24	25	14	14
10	23	24	23	8	13	22	14	23	24	25	23	6	17
12	6	28	6	11	22	10	21	25	10	18	23	16	14
7	21	8	19	23	9	25	26	14	24	15	6	22	24
13	6	12	19	24	22	14	25	17	20	13	19	23	6

⁶ Quis hanc aut similem uidens tabulam non prius auisatus aliquam suspicabi-
tur inesse sentenciam? ⁷ Sed iam nunc tabulam ponamus quadratam uniuersa-
lem.

---

16 Quis] Quisquis autem C, Quisquis Wo. ‖ similem] consimilem Wo.

6–15 = *aue maria gracia | plena dominus te | cum benedicta tu | in mulieribus et | benedictus fruc
| tus uentris tui i | esus christus am. | gaza frequens li | bycos duxit kart | hago triumphos a.*

a	6	7	8	9	10	11	12	13	14	15	16	17	18	19	20	21	22	23	24	25	26	27	28	29
b	7	8	9	10	11	12	13	14	15	16	17	18	19	20	21	22	23	24	25	26	27	28	29	6
c	8	9	10	11	12	13	14	15	16	17	18	19	20	21	22	23	24	25	26	27	28	29	6	7
d	9	10	11	12	13	14	15	16	17	18	19	20	21	22	23	24	25	26	27	28	29	6	7	8
e	10	11	12	13	14	15	16	17	18	19	20	21	22	23	24	25	26	27	28	29	6	7	8	9
f	11	12	13	14	15	16	17	18	19	20	21	22	23	24	25	26	27	28	29	6	7	8	9	10
g	12	13	14	15	16	17	18	19	20	21	22	23	24	25	26	27	28	29	6	7	8	9	10	11
h	13	14	15	16	17	18	19	20	21	22	23	24	25	26	27	28	29	6	7	8	9	10	11	12
i	14	15	16	17	18	19	20	21	22	23	24	25	26	27	28	29	6	7	8	9	10	11	12	13
k	15	16	17	18	19	20	21	22	23	24	25	26	27	28	29	6	7	8	9	10	11	12	13	14
l	16	17	18	19	20	21	22	23	24	25	26	27	28	29	6	7	8	9	10	11	12	13	14	15
m	17	18	19	20	21	22	23	24	25	26	27	28	29	6	7	8	9	10	11	12	13	14	15	16
n	18	19	20	21	22	23	24	25	26	27	28	29	6	7	8	9	10	11	12	13	14	15	16	17
o	19	20	21	22	23	24	25	26	27	28	29	6	7	8	9	10	11	12	13	14	15	16	17	18
p	20	21	22	23	24	25	26	27	28	29	6	7	8	9	10	11	12	13	14	15	16	17	18	19
q	21	22	23	24	25	26	27	28	29	6	7	8	9	10	11	12	13	14	15	16	17	18	19	20
r	22	23	24	25	26	27	28	29	6	7	8	9	10	11	12	13	14	15	16	17	18	19	20	21
s	23	24	25	26	27	28	29	6	7	8	9	10	11	12	13	14	15	16	17	18	19	20	21	22
t	24	25	26	27	28	29	6	7	8	9	10	11	12	13	14	15	16	17	18	19	20	21	22	23
u	25	26	27	28	29	6	7	8	9	10	11	12	13	14	15	16	17	18	19	20	21	22	23	24
x	26	27	28	29	6	7	8	9	10	11	12	13	14	15	16	17	18	19	20	21	22	23	24	25
y	27	28	29	6	7	8	9	10	11	12	13	14	15	16	17	18	19	20	21	22	23	24	25	26
z	28	29	6	7	8	9	10	11	12	13	14	15	16	17	18	19	20	21	22	23	24	25	26	27
w	29	6	7	8	9	10	11	12	13	14	15	16	17	18	19	20	21	22	23	24	25	26	27	28

LIBER SEXTVS

[8]Continet autem premissa tabula uniuersalis ordine quidem recto quatuor et uiginti alphabeta, inuerso autem totidem, que simul efficiunt 48. [9]Deorsum quoque xxiiii et sursum totidem, ita, quod omnia numero consurgunt ex tetragono, sex et nonaginta distincta alphabeta. [10]Per metathesin uero et orchemata progressio fit in infinitum. [11]Vnitatem racione transiuimus, ut suspicionem penitus tolleremus. [12]Quolibet autem in archanis uti uolueris, ita cartham aptabis exemplo, quod in piscium alphabeto tradidimus, quatenus ignarus industrie non scripturam suspicetur, quin pocius aliquid subesse, quod ad racionem astrologie pertineat. [13]Omnia, que in quinto huius operis libro de literarum metathesi et expansione diximus, huic eciam conuenire capitulo simili racione declaramus. [14]Reliqua uero sacracioris quidem institucionis archana huius lucubracionis mysteria procul quidem excedencia non his coniungere, sed promisso uolumini steganographie inserenda placuit reseruare. [15]Anchoram igitur fatigati post longam nauigacionem in nomine christi iam figimus.

[16]Finis libri sexti polygraphie Ioannis tritemii abbatis diui Iacobi herbipolensis ordinis sancti benedicti xxi die mensis marcii. Anno christianorum 1508.

---

1 Continet] Conet *W.*   3 consurgunt] surgunt *Wo.*   4 et] *nicht in C.* ‖ metathesin] methatesim *Wo.*   5 progressio] *nicht in C, Wo.*   10 metathesi] methatesi *Wo.*

Appendix i

Reuerendissimo in christo patri et domino, domino Germano de Ganai, Aurelianensi episcopo, Ioannes Tritemius abbas monasterii sancti Iacobi apostoli maioris apud Herbipolim in francia germanie orientali ordinis diui patris benedicti, quicquid seruitutis poterit et honoris.

[1]NE uacuus ad te rediret, optime presul, Matheus iste Schlesita nuncius tuus, ceteris, que mihi occurrebant mittenda tibi, eciam hanc Polygraphiam nostram adiunxi, quam paucos ante annos Caesari Maximiliano dicaui. [2]Est enim opus mea sentencia uarium et mihi laboriosum magis quam utile, per quod multiplices dantur modi secrecius tutissimeque scribendi, quecumque archana uolueris ad amicum eiusdem libri simul et industrie peritum. [3]Verum ne quis Bouillo similis artis huius archana, que leges nature christianeque fidei normas nec excedunt nec offendunt, in aliquo non intelligens, propterea, quod enigmatibus inuoluta cernuntur, aut prauis demonum artibus aut supersticiosis ascriberet uanitatibus, enucleatorium tocius uoluminis memorati conscripsi, quod clauem polygraphie prenotaui; cuius manductione clarius lector intelliget omnis me nihil prauarum artium aut supersticiose adinuentionis in eo tradidisse. [4]Nam uti et prius aliquocies scripsi et iterum ad te scribo: manifestam mihi Bouillus iniuriam fecit, de qua, si aliter innocenciam meam defensare nequiuero, contra ipsum iniuriantem ad tribunal eterni iudicis Iesu Christi prouocabo. [5]Interea tamen cohibebo mentis conceptum, donec uideam sub termino, quem posui, quale tuum in ea causa fuerit iudicium. [6]Tibi enim saluo christiani nominis mei honore ac fame chatolici uiri et monachi, prespiteri, abbatis integritate paratus sum cedere et tuis mandatis pro uiribus; malo enim non solum Bouillum, quem neque odiui neque offendi unquam, sed omnes quoque uiros bonos et eruditos amicos habere quam hostes. [7]Nam et si conscienciam meam nullus remordet prauarum artium reatus coram deo, tamen equanimiter coram hominibus pati uel dissimulare nec possim nec debeo, ut macula supersticiose uanitatis et presertim diabolice artis nomine meo fallaci detractione quomodolibet imponatur. [8]Deus nouit innocenciam meam, quem et inuoco testem et iudicem expecto. [9]Tu ergo, sancte presul, fac iusti mediatoris agas uices, quia nihil peto abs te, nihil requiro a Bouillo, nisi quod iustum est, decens et honestum. [10]Non sum inimicus hominis neque iniurias mihi factas in eum contumeliose retorquere, ut possem, disposui, sed innocenciam meam plano atque ueraci demonstrare sermone. [11]Steganographiam uero meam, de

---

2 Ganai] *emendiert aus* Granai *Wo, a.*   16 manductione] *emendiert aus* manductionem *Wo, a.*

DIADOSES EX POLYGRAPHIA　　　　　　　　　　　　　　501

qua non recte intellecta Bouillus omnem de me male ac false suspicionis mate-
riam sumpsit, tue post hac reuerendissime dominationi cum reliquis mittam
optatis, que iam penes me duplicata non habui, nec hominem, qui cuncta tam
breui tempore rescriberet, idoneum ad manum inueni. [12]Ea uero, que misi, tam
et si tua lectione penitus habeantur indigna, eo precor suscipias animo, quo　　5
mittuntur. [13]Breui accepturus cum aliis impressum de origine et regibus Francorum primum compendii uolumen, quod scripsi post Doracum et Hunibal-
dum ab anno ante christi natiuitatem quadrigentesimo tricesimo nono, in quo
reges per ordinem succedentes cum eorum annis, quibus regnauerunt, et gestis
pauculis a Marcomiro, qui primus gentem de Scithie finibus traduxit ad ostia　10
Rheni, usque ad Pippinum exclusiue numerantur unus et sexaginta, per annos
uidelicet mille centum 39. [14]Cum Romanis et Gallis pene continuum gesserunt
bellum per annos nongentos et his plures, donec eos tandem suo regno subii-
cerunt ipsi nulli unquam populo subiecti. [15]Vale, deo dilecte pontifex, mente
et corpore sanus. [16]Ex Herbipoli 20. die mensis Iunii anno regni Francorum et　15
Germanie et Gallie milesimo nongentesimo quadragesimo octauo, dominicae
uero natiuitatis milesimo quingentesimo quinto decimo.

Appendix ii

Diadosis ex primo polygraphie libro ioannis tritemii abbatis monasterii sancti
iacobi herbipolensis.　　　　　　　　　　　　　　　　　　　　　　　　　　20

[1]DOminus maximus illustrans omnia aspiret petentibus consolacionem supercelestem: cum ⟨omnibus/uniuersis⟩ amicis suis in seculum amen. [2]Clemencia
summi dominantis a piis semper deuotissime amanda honestis hortamentis
nos instabiles operatores admonet carnalia propter consideracionem directoris futurorum contemnere: et dona euiterne felicitatis omni affectione pro　25
uiribus perquirere. [3]Penitudinem igitur o flagiciosi orthodoxi addiscite: quatenus ad sempiterna bona martyrum redemptoris terre dei possitis peruenire.
in sempiternum illustrati. [4]Cauetote igitur a mendacibus studiis huius cosmi:
cum sitis ad uoluptates benignissimi imperatoris inuisibilium lucidas finaliter intromittendi. [5]Agnoscite o uos stulti pastores. quam celeriter mutantur　30
pulchra que nunc anxie cum falsitate tenetis: uosque sicut stercus moriemini.
quando non putabitis. [6]Ideoque o commilitones discite quam sit honorificum
exultacioni famulorum principantis potentissimi sine perturbatione suauissime interesse: et aspectum ipsius clarissimi instauratoris credentium in splen-

---

3 qui] que *a.*　　6 et] *nicht in Wo, a.*　　16 milesimo] millesimo *a.*　　17 milesimo] millesimo *a.*
22 omnibus/uniuersis] *ergänzt nach 1, Sp. 8.*

502 APPENDICES AD POLYGRAPHIAM

dore partriarcharum ardenter conspicere. [7] Quiescencium namque in olympicis: ⟨omnium/cunctorum⟩ dulcis est pausacio: que numquam commutabitur: sed manet in perpetuum. [8] Aspicite nunc o pontifices amicissimi qui recognoscitis dilectorem animarum deum indulgentem: quare sitis conducti. [9] Sane ad

5 benedicendum reuerencialiter piissimum gubernatorem uestrum iesum. qui gentiles nos per compassionem reformauit ad ueritatem immarcessibilem. [10] O dulcissime rex mundi conspicas in nos fragiles cultores tuos. et miserere nobis: expurgitans omnium christianorum culpas: quia tu dulcissimus es domine iesu redemptor omnium. [11] Memoreris o mitissime iesu. quam amara in sublimi

10 christifere crucis pertuleris pro nobis impiis animalibus. [12] Proinde tu es saluator exulum optimus: preseruans cogitaciones famulorum tuorum omnium. [13] Anhelamus autem sanctificari per tuam diuinitatem altissimam: consecuturi omnium ueniam reatuum: quia tu ⟨es⟩ ueracissima uita ommium mitium qui tuam immensitatem fideliter uenerantur. [14] Idcirco nos serui tui quam-

15 uis uanissimi honorificamus eternam celsitudinem tuam: qui mundialia amas sola participacione tua: concedens nobis uoluptatem cum amicis tuis luminosam. [15] Pensitamus enim o rector christianorum sancte quoniam uanissimi sumus et stultissimi. non conseruantes iussa deitatis tue: sed in abominandis cogitatis in tuam ueritatem peccauimus. [16] Delictis etenim nostris crescen-

20 tibus. coangustauerunt nos infirmissimos orthodoxos assidue persecuciones. crudelium ethnicorum: qui nos decipiunt sine clemencia. nullo eruente. [17] Tu autem altissime nutritor omnium: tegas percupimus noxas omnium te benedicencium per incircumscriptibilem pietatem tuam. o sustentator egencium qui nos recuperasti per tuam misericordiam de superbissimi seueritate sup-

25 plantatoris. [18] Clementissime domine deus. uniuersorum rex qui eminens in superioribus fortissime sustentas omnia. tam parua quam inuisibilia: exaudi miserias seruiencium tuorum. exaltancium te deum incorruptibilem: orbem gubernantem: qui propter nos abiectissimos inopes nostramque consolacionem uoluisti incarnari. natus ex speciosissima uirgine maria. [19] Deferimus igi-

30 tur metuende paternitati tue o domine instaurator iesu christe uisibilium. mentes nostras feruenter deprecantes: quatenus per mitissimam graciam tuam emundes omnium ecclesiasticorum commissa precedentis temporis: traducens nos ad habitaciones omnium confessorum tuorum in sempiternum. [20] O perituri imperatores ex omni regno sub celo: francigene. cismosellani. daci.

35 angliani. sclauiani. stiriani. picardes. calabri. perses. auerne. bethasii. heuetici. lemonices. sibuzates. primigeni. agrippinate. ceterique omnes: animaduertite consultaciones ueras: et rectas facite per ueram castigacionem estimaciones

---

2 omnium/cunctorum] *ergänzt nach 1, Sp. 86.*   5 reuerencialiter] reuencialiter *U.*   8 omnium christianorum] *Dittographie in U.*   13 es] *ergänzt nach 1, Sp. 145.*

DIADOSES EX POLYGRAPHIA

uestras: ne damnacio uos subito interimat quando non putabitis. [21] Aspicite nunc o uos obliuiosi antistes (consulo) tandem perfidias. quas immaculata mater christianorum ecclesia accepit a crudelibus et stultissimis mahumeticis qui eam inuistissime turbant. [22] Euerterunt enim iam palestinam. dardaniam. tacharniam. tumelicam. turciam. achaiam. alasongam. cassiam. octotoraces. canduram cum aliis complurimis ⟨atque⟩ nominatis predicantium quondam regnis: uiuentibus cunctis terribiliter occisis. [23] Denique nemo est qui liberet: nemo qui intendat: omnes sua excogitant: illustratoris nostri clerum detestantes. [24] Ob quod ue uobis potentes terre: qui deliciis continue studentes. afflictorum necessitudines non defensatis: pro certo significo uobis nisi defensaueritis aliter: occupabunt successiue. pannoniam. frisiam. uasconiam. minoricam. et omnia que christianitatis sunt distrahent: torquentes nequiter omnes christicolas quoscunque inuaserint. [25] Petite nunc igitur o episcopi. magnificneciam opificis mortalium clarissimi dei. quatenus humiles ⟨suos⟩ a cunctis uexacionibus iniquorum omnium dulciter munire dignetur: nec faueat destrui dulcem animam suam: quam incarnacione iesu christi amati filii sui benignissime saluauit. [26] Accedamus igitur ad largissimum deum nostrum iesum deuote dicentes. [27] O mitissime fabricator hominum. subueni nobis caducis seruitoribus tuis. per honorandam annunciacionem tuam. et impendas nobis perpetuam dilectionem: ut tue excellentissime magnitudini deuotissime reconciliari mereamur: et pacem cum predestinatis tuis communicemus infinitam. [28] O moderator christianorum iesu christe iustissime: nos infirmi inuocatores tui. maximam misericordiam tuam deuote rogamus. ut dimittas quod contra maiestatem tuam inique perpetrauimus. [28a] ⟨Amen⟩. [29] Conditor misericors decorans angelica prestet optantibus leticiam lucidissimam cum uniuersis sanctitatis suis in celis excelsis. [30] Amen.

Diadosis ex libro polygraphie secundo sequitur.

[31] VIrtutes honestissime uirginis marie conceptricis eterni filii supercelestis dei patris. o compastores mei precharissimi feruentissime celebremus: quoniam ipsa est instauratrix omnium fidelium: per quam regressus nobis ad participacionem aperitur electorum. [32] O incontaminata et pulcherrima uirgo. saluatrix pauperum: que indignacioni nunquam subiecta. sed iustissima et confirmatissima ⟨semper⟩ mansisti ab omni labe peccatis: nos infelicissimi claustrales. clarissimi filii tui conseruatoris omnium imitatores licet inutiles: incompara-

5

10

15

20

25

30

---

6 atque] *ergänzt nach 1, Sp. 296.*   14 suos] *ergänzt nach 1, Sp. 337.*   24 Amen] *ergänzt nach 1, Sp. 384.*   26 excelsis] *wiederholt bedeutungstragend 1, Sp. 10.*   33 semper] *ergänzt nach 2, Sp. 23.*

bilem dulcedinem tuam feruentissime expostulamus. ne abieceris nos fragiles. propterea quod maculati sumus: sed reminiscaris. quia nisi aberrassent mortales: in tali tu celsitudine minime habereris. [33] Deficienciam igitur infirmantium o maria sanctissima uirgo patrona omnium mortalium. tociusque principium sanctitatis assidue respice: teque saluatricem esse. desolatorum ostende: ac pro iniusticiis orantium. benignissimis precacionibus tuis coram incommutabili creatore supernorum misericorditer intercede. [34] Excelsus namque mundanorum instaurator misericordissimus deus. te o theotócos omnium speciosissima in domicilium filii sui monogeniti. ante hominum inchoacionem prudenter recognouit. ut per te saluator nasceretur miserabilibus: ueneno malignissimi spiritus asmodei dolose interemptis. [35] Vera etenim explicante scriptura profitemur: quoniam sic dominator noster excellentissimus amat humanitatem. ut filium suum amatum ex te soma factum. mactari pro emundacione miserorum non dubitaret: [36] O femina omnium potentissima. de qua glorificacio miserandis orta est mitissima: interpella quesumus pro impuritatibus nostris ad uiuificatorem hominum potentissimum. quem tu intacta osculabaris: qui te ante principium mundi in curatricem sui dilectissimam preconizauit: atque clementer nunc super celestia locauit: ut quanto dignior es: tanto te clemenciorum nobis recogitare non recuses. [37] Euidentissime namque scimus: inuentricem te esse pacis. ideoque immensis dignam tripudiis: quoniam iustificacio per te adiicitur mitibus. quos dolositas maligni homicide nergetis inique cruciauerat. intrusos in carcere tenebrarum. [38] Venerat ex te incircumscriptibilis fabricatoris monos filius in perigrinacione abiectus incedens: formulam de te o prestantissima uirgo. perferens humanitatis nostre: truculentissimum homicidam. stabili mansuetudine denudauit: et animas fragilium ad habitacionem restaurauit desiderabilem. [39] Crucifixus enim pro prauitatibus orbis. morte nos dolorosa. incommutabili motori mundialium reconciliauit. [40] Iugiter itaque a catholicis omnibus continua cum sanctitate miranda es: quia per te redemcio impensa est credentibus. [41] Credimus itaque o nobilissima refocillatrix omnium mundari magnificis postulacionibus tuis coram omnipotente conditore cunctorum iesu christo quem amasti: qui te auscultabit in omnibus que precaris: teque constituit esse principem super. iustos omnes. commendans tuis beneplacitis omnia. [42] Poscimus o quater ornatissima uirgo exaltacio felicium omnium. et piissima mater supplicancium: quatenus expetas pro nobis infirmissimis peccatoribus ad magnum dominatorem animarum: et cum turbacio abeundi perurgere ceperit. tunc o purissima interuentrix nobis suauiter adesto: ne proiiciamur cum peruersis in certissimo moderatoris equissimi iudicio: sed tranquillitatem cum omnibus felicibus assequamur eternam. ω. α. [43] Mores sancte uirginis marie armarii immortalis flilii cunctipotentis die patris o claustrales mei eruditissimi continuo canamus: quoniam ipsa est

DIADOSES EX POLYGRAPHIA   505

sanctificacio omnium iustorum: per quam ianua nobis ad remuneracionem retribuitur supernorum. [44] O graciosa et sempiterna uirgo. interuentrix pauperum. que negligencie nunquam consensisti. sed pura et alienissima ⟨semper⟩ uixisti ab omni immundicia peccati: nos abiectissimi claustrales superlucentis filii tui rectoris omnium predicatores licet inutiles: incredibilem graciositatem tuam deuote postulamus ne proiicias nos desides propterea quod accidiosi sumus: sed memorare quoniam nisi oberrassent miserandi: in tali tu potencia minime consisteres. *Ex oracione dominica.* [45] DEus iustorum qui dominaris in eternum. laudetur cognomen tuum: firmetur premium tuum: diligatur. disposicio tua quemadmodum in celis et in mundo. [46] Potum uirtutis fortissimum offer optantibus abundanter. [47] Et abstergito nobis facinora nostra: uelut et nos subuenimus inimicis nostris. [48] Et ne mites abduxeris in pertinaciam: sed protege misellos tuos a reatibus: *Ex salutacione angelica diadosis quarta sequitur.* [49] COngaudeto puerpera uirtutibus refertissima: salus tecum: speciossisima tu in parentibus. et benignissimus fecundator somatis tui rector magnificus. [50] Amen. *Ex Antiphona hermanni contracti.* [51] SAlueris dominatrix gracie. uita. festiuitas. et releuacio fidelium ualeto. [52] Ad te fugimus miserrimi pueruli displicencie. [53] Ad te concupiscimus complorantes et perlugentes in hac uanitatis mansione. [54] Oramus ergo mater fidelium. illos tuos simplicissimos aspectus ad christicolas conuertito. [55] Et mediatorem saluberrimum fructum sanguinis tui postulantibus post hoc modicum demonstrato. [56] O misericordissima. [57] O piissima. [58] O graciosa maria. *Ex Oratione ad sanctam annam.* [59] EYa uiuficatoris auia tutatrix flencium anna sanctisssima: exemplar nuptarum omnium: deposcas pro populis christicolis ad deum christicolarum qui te uoluit esse excellentissimam in domo celorum. [60] Amen.

[61] finis est. [62] Quid prescripte signiuicent diadoses, id est distribuciones, et quid in se contineant archani, ex primo et secundo polygraphie mei libris oportet requiratur. [63] Scripsi enim vi libros polygraphie ad maximilianum regem romanorum, quos xxi die mensis Ianuarii incepi Anno presenti 1508, et compleui eodem anno uicesima prima die mensis marcii. [64] Clauem eciam scripsi librum unum, per quem polygraphia intelligi possit alioquin mysteriis obscurioribus inuoluta. [65] Eodem anno tercia uice literis imperialibus uocatus ipsum cesarem colonie personaliter accessi et octauo die mensis Iunii in castello lyns ad rheni fluenta polygraphiam meam et clauem in manus eius proprias nullo tunc presente obtuli et presentaui; exemplari tamen alterius manu scripto domi pro memoriali retento.

---

3 semper] *ergänzt nach 2, Sp. 23.*